あきらめないで

「育て直し」
「育ち直り」

乳幼児体験の大切さ・**角田春高**［著］

エイデル研究所

はじめに

　本書は、『"今"からはじめる育て直し』の続編です。前書を出版してから4年が経ちますが、現在の子育て事情、保育事情、そして世間を震撼とさせる様々な出来事はより深刻化し、その問題解決には閉塞感、無力感、手詰まり感を覚えます。そんな中、私は学生や保育者に育て直しの援助や事例を通した育て直しに取り組んできましたが、ここでも状況の悪化は続いていると実感しています。

　しかし、その一方で、1人の学生や1人の保育者が、保育事例を通して自分と向き合い、子どもとの関わり方に手応えを持つと、生きる元気を取りもどしてきます。また、対象児のみならず、育て直しに取り組んだ保育者や保護者、そして嬉しいことには、周囲の人たちまでもがその刺激を受けて「自分も育て直しをしたい」「自分も立ち直りたい」と取り組みをはじめています。

　さらに、事例検討を続けていると、保育者の育て直しを見ている年中児や年長児までもが、仲間の育て直しに取り組んでいる事例も出てきています。嬉しくなってきます。「育て直し」に取り組んだ結果、「育ち直る」連鎖が起きているのです。

　今年の5月23日、新聞各紙は通称「酒鬼薔薇事件」を起こした少年の生育歴と矯正過程を掲載していました。大見出しは「赤ちゃんから育て直し」。私の「育て直し」の実践を後押ししてくれているかのようでした。

　「育て直し」「育ち直り」は1人ではできません。仲間が必要です。年齢が早いうちに取り組んだ方が労は少なくてよいのですが、何歳であっても、今から始めても決して遅くはありません。少しでも早く、少しでも多くの人が「育て直し」に関心を持ってもらうことを願う気持ちで一杯です。

　読者の皆さん、育て直しに関心を持ち、育て直しに取り組んで仲間を増やしましょう。この本が、「育て直し」「育ち直り」のうねりを起こすことにつながることを願っています。

"あきらめないで！育て直し・育ち直り―乳幼児体験の大切さ

目　次

3　はじめに

第1章　なぜ今、子どもも大人も「育て直し」「育ち直り」が必要か

8　1　最近の事件・現象
8　2　最近の親
9　3　最近の保育者
9　4　これまでの事例検討の経験、経緯
11　5　二段階人格形成と発達課題とは
14　6　乳幼児体験の追体験による「育て直し」「育ち直り」の提唱
15　7　保育者が行う親との面談

第2章　保育における事例検討の必要性とその方法

20　1　最近までの「事例検討」
21　2　これからの事例検討に求められていること
24　3　私からの提案
29　4　ケースレポートの作り方と検討の進め方
33　5　保育者への期待
34　6　事例検討による学びと保育者自身の「育ち直り」

第3章　思春期の子どもから大人までの「育て直し」「育ち直り」

60　1　不登校と「育て直し」
73　2　ある精神障害者との語らいから
82　3　第一段階（実感：生きていることと死ぬことを実感する）からの育ち直り事例
94　4　第二段階（安全・安心：安全な場所や物の広がりがわかる）からの育ち直り事例

107　5　第三段階（信頼：人による安心感の広がり）からの育ち直り事例

第4章　保育者と保護者へのメッセージ

118　1　乳幼児体験の大切さ

125　2　乳幼児期を過ぎて大人になっても「乳幼児体験」は大切である

127　3　「育て直し」の役割を担う園と保育者の質が問われる時代

130　4　子育ての意義と見直し

第5章　事例検討（1）
「気になる子と親」に取り組む保育者への援助

134　1　「よい子」「悪い子」は大人の価値判断

146　2　「いじめ・いじめられ」の問題

161　3　「死」を正面から取り上げる

176　4　「見捨てられ体験」にどう向き合うか

186　5　子ども理解の原点は発達にある

201　6　「育て直し」の同世代への影響

第6章　事例検討（2）
「虐待」にどのように取り組むか

216　1　「虐待」が疑われるが、判断が難しい場合

229　2　明らかに「虐待」とわかる場合

246　3　「虐待をしている」と申し出た親

257　4　虐待の「世代間連鎖」について

第 1 章

なぜ今、子どもも大人も「育て直し」「育ち直り」が必要か

1　最近の事件・現象

　最近、小中学生から大人まで世代を越えて冷酷な殺人事件や傷害事件が相次いで起きています。気がかりなのは、従来は他人との間で起きていた事件が、家族の中で起きていることです。親の子殺し、子の親殺し、そして、夫婦間のバラバラ殺傷事件など……。いつの、どの事件であるか説明が必要なほど連続して起きています。

　一方、子どもの世界に目を移してみると、いわゆる「気になる子」が増加しています。笑わない赤ちゃん、おんぶや抱っこを知らない赤ちゃん、「ぶっ殺す」「死ね」などと乱暴な言葉を吐いたり、殴る蹴るなどを繰り返す幼児、保育者や子どもと遊ぶことができない子どもなどです。

　私たちはこれらの事件や現象から何を学んだらよいのでしょうか。社会全体として手づまり感が出てきていることがとても気になります。

2　最近の親

　「親」というと、乳幼児や高校生あたりの子どもを持つ大人を親と思いがちです。「親」とは「子」に対して付けた総称で、子が60歳を過ぎても親が生きていることは珍しくなく、そこでも様々な親子の問題が起きています。

　一方、若い世代の親に目を向けてみると、子どもを抱っこして授乳できない親、子どもをあやすことができない親、箸の持ち方などしつけを保育者や教育者に押しつけてくる親、我が子が保育者に懐くと嫉妬心をむき出しにする親、子どもの言うなりになってしまう親、子どもの気持ちを無視して押さえつける親、親としてのあり方を考えずに自分の気持ちを優先する親、など様々です。

　また、我が子が小中学生になり不登校や非行を起こすまで、子育てに関心を示さず、仕事や趣味に夢中になっていた親、虐待死事件が報道されると、やがて高校生の娘も自分の子どもを虐待するのではないかと心配する親、家に寄りつかずにわがまま勝手に放蕩する子どもに手を焼いたり、あきらめたりする親、いわゆる、子どもの発達に関心を持てないでいる親など、これもまた様々です。その一方で、子どもの成長・発達を気にして保育者や教育者に熱心に相談する親、子育てを適切にしているのですが、仲間がいなくて心細くなっている親もいます。

それから、我が子が不登校や非行になったことをきっかけに子育てを反省し、親としてのあり方を考えるようになった親、我が子がニートになってから自分のしてきた子育てを反省し、子どもに謝って「育て直し」に取り組んだ親、孫を持ってから自分の子育てを反省して若い親とともに子育てに取り組んでいる祖父母もいます。さらに、その経験をいかして子育て支援に手を貸す親や祖父母もいます。

3　最近の保育者

　平成10年代に入って、幼稚園や保育園では「気になる子」の保育が困難を極めるようになりました。「気になる子」に出会った保育者が壁にぶち当たり保育に自信を失ったり、採用試験の競争を勝ち抜いて保育者になった新人保育者が短期で離職したりするようになりました。また、保育者養成課程の学生が、実習に出て自分を見失って実習中断に追い込まれることも珍しくありません。養成現場からは、保育者の卵だけではなく、将来、乳幼児に関わる職場に就きたいと希望を持っている看護や栄養専攻の学生たちにも似たような学生がいるとの報告を聞くようになりました。

　保育者養成にたずさわる教職員から、こうした学生をどのように理解し、関わっていくようにしたらよいか、深刻な問題としてとらえている方がたくさんいます。筆者もその中のひとりですが、残念なことに年々深い心の傷を持つ学生が多くなってきているように思います。傷の深さのあまりか、今の自分の生き方に疑問を持ったり、生き方を変えようとする意欲すら持ち合わせていない学生が目立ってきたように感じます。その一方で、一見その日暮らしをしている学生であっても、身近なところに育ち直っていく学生がいると、それに揺さぶられるように生き方を変えていこうとする学生もいます。

4　これまでの事例検討の経験、経緯

　私が保育者と事例検討することになったのは偶然です。昭和50年代後半、全国的に校内暴力事件が起き、連日のようにマスコミが取り上げました。それが下火になりかけた頃ですが、担当地域の中学校で荒れている中学生たちをかつて保育した保育者から相談を受けました。乳幼児期に人間形成の基礎を培うとするなら、保育に問題が

なかったかどうかを、当時の記録で検討したいというものでした。私はこの気持ちはとても大切ですが、その中学生には役に立たないので、今いる子どもたちが中学生になって非行や不登校にならないように保育を事例検討しようと提案しました。それが組み立てて間もない「二段階人格形成論」による「育て直し保育」です。

　当時、保育者が事例検討というと、ある日の、ある時間帯の保育を取り上げて検討するものでした。私の事例検討の方法は、自分の経験を紹介し、保育者に賛同してもらって始めたものです。いつかは普通の人間になりたいと自分探しをしていた私はケースワークやカウンセリングに関心を持ち、仕事の上で相談・援助した事例をまとめることが最初の勉強になりました。上司のすすめをきっかけに愛知県公衆衛生研究大会で発表し、広く意見を求めました。また、故・河合隼雄先生の講演で聞いたことを参考にしながら、事例に関心のある仲間に提示して意見をもらうことで、さらにスキルアップを図りました。

　これをもとに、毎月、同じ事例を取り上げて保育者と一緒に考え、事例提供者が手応えを持つまで続けました。期間としては、半年の場合や１年の場合もありました。愛知県立保育大学校で教鞭を執る頃には事例の数も増え、そこから学ぶことがたくさんありました。そして、保育大学校には保育者が３ヶ月通って再教育を受ける「研究課程」と保育者を養成する「養成課程」があり、それぞれで講義をしました。

　平成５年頃は「気になる子」への関心は一部でしたが、まもなく「気になる子が増えた」「気になる子の保育に困った」などという声を聞くようになり、事例研究への関心が高まってきました。中堅を対象にした第一期の研修生３名が、私の講義を聴いて「気になる子」の事例をまとめたいと申し出があり、私が援助した（スーパービジョン）事例を主題研究として公表しました。この発表はおそらく保育界では最初の事例発表ではないかと思います。その後、事例研究への関心は高まりましたが、保育大学校の廃校とともに中断してしまいました。

　一方で、私は日本保育学会で口頭発表を始めました。養成課程の学生も卒業研究として取り組み、援助を受けた側からの発表をしました。さらに卒業や修了していった保育者が自主勉強会をしたいとの声が高まり、それをもとに研究会を立ちあげ、それが現在の『あいち子どもケア研究会』となり、現在も事例検討会を継続しています。

　昭和61年から事例検討に取り組んできましたが、実にたくさんのことを学んできました。１人の「気になる子」を育て直す保育に取り組み、事例検討することで、そ

れが周囲の子どもに波紋をよびます。「気になる子」の親や家族に波紋をよびます。周囲の保育者に波紋をよび、園の運営にも波紋を呼ぶことがわかってきました。育て直す保育に取り組むことで、気になる子だけでなく、保育者たちや親たちに生きる元気が出て、「育て直し、育ち直る」連鎖が起きています。

　園と家庭を結ぶ保育誌『げんき』に連載を始めてからは読者からの反響があり、「二段階人格形成論」や「気になる子」の「育て直し保育」の考え方だけでなく、事例検討をしたいとの声が高まってきました。3回で1セッションの事例検討を保育者研修に取り入れている保育者たちもいます。

　しかし、保育者や親の悩みを聞く度に、私としてはもっと速いテンポで全国に普及してほしいとの期待はありますが、思うようにいきません。その理由の1つに、自分と向き合うことを避けている方には、抵抗感や拒否感を持たせていることがあるようです。辛い、思い出したくない乳幼児体験を持っている方には、自分自身の乳幼児体験と向き合うことになりますので、「言うは易く、行うは難しい」問題です。育ち直っている子どもや学生、現職保育者といった大人がいることに早く気がつかれることを願っています。

5　二段階人格形成と発達課題とは

　立ち直った人が増えるに従って、従来の乳幼児が大人になっていくという右肩上がりの発達論は、立ち直った人を説明する理論として十分とは言えません。特に中学生の不登校生徒や非行少年が赤ちゃん体験をすると生きる元気がついてくるということ、順調に立ち直る場合は1～2年で立ち直るということが説明できませんでした。そこで、無いなら創り出そうと決意しました。

　最初、我が子の発達や心身が健康に育っている子どもを注意深く関心を持ってみていると、皆で遊ぶことやその中から仲良しを見つけることなど「繰り返し」起きている現象があることに気がつきました。そして最後に残ったことが、「9歳の壁」「危機的な9歳」「中間反抗期（口答え）」などの現象をどう考えたらよいかということでした。そこで、私は「私は私」との自己主張に注目し、これを自己の客観視の始まりと考えたのです。すると、繰り返し現象も自分自身の乳幼児体験を自己客観視する作業ではないか、自分自身の乳幼児体験がないと、頭で考えたり思い込んだりして借り物

の考えで生きるようになると考えました。それは砂上の楼閣のようなものですから、建っている間に乳幼児体験ができれば倒れることはないのですが、乳幼児体験ができないままでいると、楼閣が倒れる、すなわち、問題行動や症状を現すことになると考えたのです。

仮に問題行動や症状を出したとしても、そこから不足している乳幼児体験を体験できると、生きる力がついてくるのです。乳幼児体験の中でも3歳頃までの体験を満たすことができると、生きる力がついてきます。やり直しに取り組んで3年ほどの期間があれば相当に取り返すことができます。

これを説明できる理論が、「二段階人格形成論」です。もし乳幼児体験の積み重ねが人生の途中でとまっているのなら、その時点から不足している乳幼児体験を体験できたなら、その人には生きる元気が出てくるのです。

「二段階人格形成論」の特徴は、7つの発達課題を繰り返すところにあります。乳幼児期には、赤ちゃんは親をはじめ大人に可愛がられることで、7つの発達課題すなわち①実感（第一課題）②安全・安心（第二課題）③信頼（第三課題）④言葉（第四課題）⑤二人遊び（第五課題）⑥三人遊び（第六課題）⑦学びの体験（第七課題）という情緒体験（原体験）をします。

9歳頃からは、自分が体験した乳幼児体験を客観視する作業に取り組みます。9歳を過ぎた子どもは、親、先生や仲間などと読書や語り合いながら自己客観化に取り組んでいきます。

子ども自身について必要なことは、自分がしたい乳幼児体験をしたいと訴えることです。これが、自分が大人になるための乳幼児体験としての発達課題です。9歳以降、年をとればとるほど、赤ちゃん体験を求めると、周囲からは理解されないだけでなく、避けられます。例えば、乳幼児期に母親の乳房を触ったりおんぶや抱っこを求めたりすることは当たり前と思われます。その子どもは9歳以降になってスキンシップを求めないかというと、おんぶ抱っこは求めないかもしれませんが、ハグされたり背中をさすってもらうとか耳掃除してもらったり髪を梳いてもらったりなどという形でスキンシップを体験しながら自己客観化を行っています。

ところが、不登校になった中学生が母親の乳房を触ったり吸ったりしようとすると、「中学生がおかしい」と拒否されます。不足していた乳幼児体験をしようとしているとは受けとめてもらうことができません。第二段階（安全・安心）、第三段階（信頼）

表 二段階人格形成と問題行動

		原体験期（生涯にわたって人格の形成を大きく左右する影響を与える体験をする段階）	自己確立期（原体験期の体験を客観的に目覚めにするにする段階）	問題行動（乳幼児期の発達課題を達成しないことで生ずる原体験期の体験不足による問題行動が9歳〜の問題行動）
第1課題	実感　生きること・死ぬこと	0ヶ月〜 かわいいという気持ちで養育　授乳時のアイコンタクト	9歳 9歳の壁、危機的な9歳　だって、でも、しかし、私は私　動植物を同類だがる	乳幼児期 くすぐっても笑わない　おびえ笑い、虚ろ笑い	9歳〜 精神病（不登校（精神病型））／家庭内暴力／いじめられ（精神病型）／摂食障害／リストカット／自殺／無差別殺人
第2課題	安全・安心　慣れて落ち着く	3〜6ヶ月 抱っこ、おんぶで安心して世界を養育　抱っこ、安心の場がある　泣いて訴える	10歳 私の部屋、居場所、宝物　ふるさと我が家　多額な人好き	乳幼児期 自閉傾向、多動傾向　抱っこに強く抵抗　物や場所に強くこだわる　抱かれた場所にこだわる　関わりに反応しない	9歳〜 キレやすい（家出／排徊／不登校（混合型）／もりっ子／神経症（登校拒否型）／造リンケージ／母子分離不安／いじめられ（閉じこもり型）／たまり場非行／摂助支援
第3課題	信頼　基本的信頼感をもつ	6ヶ月〜1歳2ヶ月 人見知り（人間関係の広がり）後追い（見えなくても心は繋がる）抱っこでなくても心の要求	10〜11歳 大人の話に首を突っ込む　青年・大人の客観的な理解　みんなで秘密基地探検遊び　ギャングエイジ	乳幼児期 母親、家族の客観的な理解 抱っこされることに抵抗 人間関係の広がりを嫌う 客観的な人の好き嫌い	9歳〜 不登校（分離不安型）　家庭内暴力（家庭内暴力型）／母子無欠乏症／たまり場非行／摂助支援
第4課題	言葉　言葉で理解・表す	1歳2ヶ月〜2歳6ヶ月 口より先に手が出る 指差し（模倣、代弁されて）自分で気持ちを見つける 言葉理解して行動「お手伝い」	11〜12歳 親友（仲良し）探しと増加　男ことば、女ことば　性（さが）の覚醒と受け入れ	乳幼児期 登園拒否（在宅）引きこもりそうに在宅　言葉の遅れ／言葉の不足　わがまま、反抗、内弁慶	9歳〜 不登校（怠学型、いじめられ引きこもり思春期・家庭内暴力（登校型）　家族内言葉、会話の不一致
第5課題	2人遊び　語っての課題られたり	2歳6ヶ月〜4歳6ヶ月 「いや」（交渉の始まり）気持ちを確かめて交渉を受け入れ　自分で課題・確かめ　言葉理解した2人遊び（仲良し）	12〜14歳 仲良しの中間でのいじめ　仲良し（親友）3人組　社会への参加	乳幼児期 強い弱いの関係（対等でない）　物やりで群れ作り　仲間力不足	9歳〜 いじめ、いじめられ（一過性）
第6課題	3人遊び　対人関係の完成	4歳6ヶ月〜6歳 仲良しの間での仲間外し、外された3人遊び（対等な立場関係）集団を求める　ルール組織の理解	14〜20歳　立志の式 将来を考える　親しさ、無力感　虚しさの受け入れ　宇宙の中の私	乳幼児期 仲良し3人の中でのいじめ、いじめられ（一過性）	9歳〜 いじめ、いじめられ（一過性）
第7課題	学び　世界観、宇宙の中の私	6歳〜9歳 豆博士、図鑑への関心　親の言うことより先生に従う　憂鬱、虚しさの実感		乳幼児期 学ぶことの疑問抵抗	9歳〜 生かされていることの疑問抵抗

第1章　なぜ今、子どもも大人も「育て直し」「育ち直り」が必要か

といった発達段階でやり直そうとしているとは見立ててもらえません。求めた相手が他人であると、多くの場合、変人・奇人あるいは犯罪人として扱われ避けられます。しかし、親からでも誰からでも不登校の中学生がスキンシップや見捨てられない体験など不足している乳幼児体験を気持ちよく体験すると、人間形成の基礎となる体験ができたので、2度と同じような問題行動や症状といった現象を現す必要はなくなります。もし、登校ばかりに関心を示して乳幼児体験をさせていないと、一旦は登校しても進級や進学などをきっかけに再び同じような不登校状態になります。

6　乳幼児体験の追体験による「育て直し」「育ち直り」の提唱

　そもそも人間は、生まれてからその発達に合わせて適切に関わってもらっていたなら、非行とか不登校などといった問題行動や問題症状を出すことはありません。「三つ子の魂、百まで」「乳幼児期は生涯にわたる人格形成の基礎を培う時期」「一つ二つという『つ』のつくうちの子育て」などと言われるところです。

　もし、子どもが発達の途上で適切に関わってもらうことがなかったら、そこから心の栄養失調が始まります。やがて、栄養失調であるサインを出すようになりますが、いつ気がついてもらえるか、それが本人には大問題です。乳幼児期に気がついてもらえることもあるでしょうし、思春期になって気がついてもらえることもあるでしょう。大人になってから気がついてもらえることもあるでしょう。誰にもわかる形で訴えるまで気がついてもらえないことが最も悲しいことです。しかも年をとるほど乳幼児体験の不足に悩んでいることを理解されることは困難です。

　対症療法で問題解決ができ、生きる元気が出てきている場合は、本人にとっても家族にとっても心晴れやかです。しかし、対症療法で問題解決の方向に動いていない時や問題を繰り返している時は、根本からの発想の転換が必要です。それが、乳幼児体験に注目し、不足している乳幼児体験を気持ちよく体験できる関わり方、すなわち、「育て直す」関わり方をすることです。悩める本人には診断名や問題形成過程の説明を必要としているのではなく、"今"からでも自分が必要な関わり方をしてもらいたいのです。発達に視点をおいて、不足している乳幼児体験を体験できるように保証することです。

育て直しに取り組んで20年が経過しました。たくさんのことを学びました。自分が可愛がられていると、子どもを可愛がり、人に優しくできます。そこに気持ちよい人間の輪が広がります。自分が可愛がられた思い出が乏しい人はそのことを自覚して、可愛がられる体験をすると、生きる元気が出てきます。その姿を見た人の中には育て直しに協力したり、育て直しを求めたりして、育て直し・育ち直る輪が広がります。

　"今"必要なことは、「二段階人格形成論」の7つの発達課題に関心を持って「育て直し」に取り組むことです。自分の発達段階までは相手を「育て直す」ことができます。「育て直す」ことで自分の発達段階が確かなものと確認できます。親をはじめ大人にしてもらった乳幼児体験を、それを必要としているあなたの周りの人にすることです。正の連鎖、正の繰り返しをすることです。自分に不足している、あるいは未だ体験不足の発達課題は、それを認める努力をして、子どもでも大人でも仲間でも、誰かに乳幼児体験をさせてもらうことで「育ち直る」ことができます。1人では乳幼児体験はできませんので、気持ちよく乳幼児体験できる人を大切にし、そこで気持ちよく乳幼児体験をすることです。

　今こそ、外見的な「自立」ではなく、子育てや保育、心の教育を通して、内面的な「自立」に取り組むことです。それは、生き甲斐を感じることになり、自己実現がはかられることだと思います。

7　保育者が行う親との面談

　保育者が行う面談には、「保育者である」という特性をいかしたいものです。それは毎日のように、子どもと園の中で関わることができるという立場です。保育者が子どもに与える影響力は、親と比べて勝るとも劣ることはありません。親が何もせずに今まで通りであっても、保育者が育て直しに取り組むと子どもは変化・成長をします。子どもの姿が変わると、今まで通りの生き方をしていた親でも子どもの変化に気がつくものです。

　保育者は子どもの発達段階を知っていますし、あるいは育て直しに取り組んでいるので、これに自信をもつように不断の努力を重ねましょう。どんな親と向き合う時でも、この実践が保育者を支えてくれます。親にも子ども時代がありましたので、どの段階まで育ってきているのだろうか、今までの人生で自分と向き合う気持ちを持つよ

うになっているだろうかなどについてまず知ろうとします。親から何を言われても、保育者は、親自身の発達段階と自分の育ちと向き合う気持ちがあるかどうかの判断に努めることです。保育者は充分に親の言い分を聞く前に、親に少しでも適切に理解してもらおうとして、園での様子を伝えるとか親の主張にすぐに弁解したがるものです。生身の人間ですから仕方がないのですが、慌てることはありません。あくまで、保育者は親の言い分と親の理解に努めましょう。

　そのためには、1時間や2時間は覚悟することです。そして、相談室は特別にありませんから、保育室か職員室のコーナーを使って親には壁に向かって座る位置にかけてもらい、こじんまりした感じの空間を用意します。座る位置は、正面よりも90度の角度をとって座ることすすめます。こうすることで、怒りに渦巻いている親の気持ちを軽減することができます。親にその気が出てくれば視線は合い、視線を合わせて話をするようになるからです。

　親と話し合う準備ができました。どこから始めるかというと、まず親に喋ってもらうことが基本でしょう。特に、親がイライラしているとか不安が強そうだと思った時には、まず今の気持ちから話をしてもらい、落ち着いてもらうようにします。そして、少し気持ちが落ち着いてきたかなと思ったら、子どもの生育歴や家庭での様子を聞きながら、具体的に親が子どもとどのようなやりとりをしているかを聞きます。そして、

園での様子と照らし合わせながら、内心では子どもの発達段階を理解するように質問をします。

　親に園での様子や保育を知らせてもよい時期の目安としては、親が自分自身の生い立ちと子育てのありのままを語ったと思われる頃からでしょう。親が自分の親からどのように育てられ、どのような気持ちで子育てをしてきたかのあらすじを把握した頃です。ですから、それまでは、保育者は何時間でも何日でも、何回でも、時間をかける気持ちでいるようにします。

　保育者なりに子どもの発達課題がわかってきたら、それを親に説明し、具体的に関わり方を提示してみます。それを聞いた母親の反応を見て、一緒に考えていきましょうと提案するのです。

　親は自分がどのように育てられたかを思い出すようにして子どもと関わります。親自身がしてもらっていないことは、親が見様見真似で取り組むことをすすめ、取り組んでみた感想を確かめながら、親の体験に合わせて一緒に進むことです。

　これは、子育てを通した親の「育て直し」です。子どもへの関わり方を頭で考える前に、親自身が子どもに関わりながらどのような感情体験をしているかを取り上げましょう。頭で理解してもパターン的な学習になり、方法ばかりを求めることになります。子どもに関わり、子どもの反応を見て、子どもをかわいいと思えた時、親にとって子育てが楽しいという感情体験ができます。そして、親はわが子に自分なりに取り組んでみようと前向きになります。

第 2 章

保育における事例検討の必要性とその方法

1　最近までの「事例検討」

　今でいう「気になる子」は昔からいました。その一部は情緒障害児とも言われていましたが、問題児あるいは問題行動児といわれることが一般的であったと思います。園では大事になる前に、職員会議の中で意見交換されて、最後は園長の方針に従って担任が気をつけて関わるようにしていました。それでおおむね当面の問題解決はできていました。

　保育者養成においても、保育研究が学生に取り上げられることはあっても、調査研究あるいは文献研究が主でした。また、保育者による研究も調査研究あるいは文献研究が目立ち、事例検討や事例研究への関心は弱いものでした。当時の愛知県立保育大学校研究課程の主題研究集録を見ても、大半がアンケート方式による調査研究でした。

　保育者養成課程では1年生からゼミナール活動がありましたので、私は学生に事例研究を説明してゼミナール活動に取り組みました。研究課程での取り組みに比べると、事例研究の場を提供してもらうにも大変でした。まず、私が園長に電話で「事例研究」について説明して了解を得ていましたが、園長に理解していただくのに時間がかかりました。当時行われていた公開保育で、ある半日の保育を観察して後で検討するものと混同されたり、毎日関わっていても変化・改善されないものが週1回程度子どもと関わったくらいで子どもに変化・成長が現れるのかと疑問を持たれたり、さらには園のあら探しでもされると思われたりしたのか、園長の理解が得られなかったこともありました。

　事例検討・事例研究を養成校で習うことも珍しく、現職教育や研修会で取り上げることもほとんどありませんでしたから、無理もないことです。保育の現場では、「気になる子」が見つかっても、園内で園長、主任、担任で話し合って対処してきました。この場合は、会議の中で話し合う形式のものでした。園内で話し合いますので、園長以下その園の保育者仲間での話し合い、内容は園長や主任の顔色を見ながら話し合うものが多かったようです。組織としては最後に園長の責任が問われますので、これもやむを得ないことです。そして、他の子どもに噛みついて歯形が残ったり、突然小さい子を突き倒して転倒を繰り返すといった「気になる子」の被害を受けた保護者からの苦情を受けた時には、一段と園長の責任が問われます。園長・担任が謝罪して再発しないようにしたり、時にはどちらかが転園することになって問題解決が図られてい

ました。

　ところが、近年になって「気になる子」が目立ち、増加するにしたがって、従来の話し合いでは限界が出てきました。そうした場での話し合いは、ある理論に基づいた考えではなく、保育者の主観や、かつて私はこのようにしてうまくいったとか、あの子はこうしてうまくいったそうだよといった経験談を紹介するものでした。それがヒントになり問題解決に向かうこともありましたが、いくら話し合いを繰り返して取り組んでも、思うような変化や改善が見られなくなりました。また、担任に任せていても事態が深刻になってくると、園長や主任が対象児をそれまでの保育経験で関わってみますが、一向に改善されないことも出てきました。話し合いの最後は言い尽くした疲れで、親や家庭の問題点をあげて「あの親にしてこの子。仕方がないよね」で終わっていたようです。

　そこで、保育者の中には、園外での研究会に参加して問題解決に取り組もうとする人たちが出てきました。その多くは、臨床心理士や心理判定員などの肩書きを持つ方が指導者になっている勉強会です。勉強会では、保育者が事例提供すると、園内では耳にすることがない細かい説明や分析を聞くことができました。しかし、その場では大変に感動するのですが、園に戻っていざ対象児を前にすると、私はどうしたらいいのだろうかと、立ち止まってしまうことが出てきました。

　それは、問題状況の構造分析や問題の形成過程の説明を聞いたのであって、今からどのように関わるとよいかという説明がなかったからです。したがって、説明を聞いた保育者が自分の中で保育をアレンジできた時には問題解決の方向に動き出すのですが、関わり方を求めてそれをそのまま取り入れようとしていた保育者にとっては混乱が起きました。説明を聞いてもアレンジして保育にいかせない保育者が多かったので、やがて参加意欲が減退し、保育者向けの勉強会も消滅していくということも少なくはありませんでした。

2　これからの事例検討に求められていること

　保育の現状では、「気になる子」の増加だけでなく、その親への対応にも苦慮しています。保育者は頭をかかえて取り組んでいても、世間の保育への関心は良くも悪くも乏しすぎます。これは、保育者だけが責められる問題ではありませんが、保育者と

しても、ただそれを嘆いてその日のストレスを発散して明日の保育に向かうのではなく、問題を打開できる保育を真剣に求めることで、ストレス発散をして欲しいのです。その中の１つに、事例検討を繰り返し行うこと、ケースレポートをまとめることなどに取り組むことがあります。子どもの発達を促す関わり方ができると、保育に喜びを持って臨めるようになります。そこで以下、事例研究をどのようにして進めていったらよいかについて、筆者の考えを述べることにします。

(１) 園長、主任に期待される保育の向上にむけての取組み

　現在園内で行われている事例検討だけでは限界に来ていることは明らかです。このことを認めて、園長以下皆が手わけして勉強し、改善に向けて取り組む姿勢や雰囲気をつくることが必要です。組織としては園長が率先して取り組むことでしょう。

　今、園長に必要なことは、自分自身、素直に根本から保育を見直してみようという気持ちを持つことです。園長が対象児の指導や担任への助言ができなくても、部下の保育者や保護者は誰も文句を言いません。園長にとっては、文句を言われたら自分はどうなるだろうと漠然と不安におそわれて、自分の責任感を前面に押し出していることの方が、保育にとっては大きな障害となるのです。

(２) 現在、園で行われているケース検討、あるいは、研修会で行われている検討の
　　 内容を直視してみること。

　保育者が自分の主観で話し合っていては、何に基づいて話し合っているか曖昧になってしまいます。必ずしも主観がいけないと言い切れませんが、自分の主観がある段階まで育っているものなのかを振り返る必要があると思います。経験年数や肩書きは必ずしも役に立つことばかりではないからです。自分の発言は事例提供者のためになっている発言か、事例検討した結果が対象児の発達（育ち直り）に貢献しているかなど、小学校低学年との交流会で追跡してみましょう。

　また、検討会への参加が日頃の不満のはけ口になっていませんか。これらのことに、保育者自身は曖昧になっていることにも気がついているでしょうか。

　園外での事例検討会では、参加した保育者で話し合ってまとめを発表する形式、保育者の話し合いを聞いて助言者からコメントを受ける（その時だけでその後継続的に受けることはほとんどありません）形式のものが多いようです。しかし、それに参加

して得た満足感が、園に戻り子どもに向き合った時に生きているものでしょうか。かつての臨床心理の分野で見られたように、現在の保育の分野でも、保育者が真に求める助言者（スーパーバイザー）は期待するほどいないというのが現状なのです。

（3）すべての保育者が求めているのは、子どもが健やかに発達すること。

　この原点に立ち返って、保育者自身が求めているもの、自分のしていることを振り返ってみましょう。自分自身のあり方、あるいは、自分の育ちも含めて直視する気持ちを持つようにしたいものです。

　保育者や学生に事例の継続検討の指導を続けてきていますと、様々な例や声に出会います。気になる子に対して、この子はこういう子だからと決めつけて放置していたり、声を荒らげて子どもの手首をもって関わっている保育者に出会います。毎日保育していても子どもに変化・成長が見られないのに、週1回くらい関わって何ができるのかとか、気になる子が増えているので1人に丁寧に関わっている余裕はありませんといった、学生の意欲をそぐ発言を平気でする保育者もいます。

　筆者の援助を受けて、気になる子の育て直しに取り組み、保育者の予想以上の成果が得られることが度々ありますが、保育者はその感動を他の保育者に伝えるのです。それを聞いた保育者でその喜びを共感できることは残念ながら少ないようです。

　さらには、学生が気になる子に継続的に取り組んで、その子どもに変化・成長が現れると、学生は担任から歓迎されなくなることもあります。保育者のいらだちが学生に向けられるのです。最近では、2週間ほどの実習においても見られます。実習前に気になる子について指導しておくと、実習形体にもよりますが、学生が気になる子をくすぐって抱きしめたり手をつないだり背中をさすったりします。2週間の終わりには、乱暴な子が学生になつき、学生に抱っこを求めることもあります。すると、「学生は気楽でよいわね」とか「実習後に大変だからやめてちょうだい」などと保育者から言われることもあります。

　もちろん、こうした悲しい話ばかりではありません。「学校でどのように習ったのか教えて」と聞いたり、学生のテキストに関心を持つ保育者もいます。「学生のうちから事例研究ができるってすばらしいことだよ、しっかり勉強しなさい」と励まされる学生もいます。

　事例検討した結果を保育にいかしたいので教えてほしいという保育者がいました。

そのケースでは、気になる子が友だちの中に入る最初のひと言がわかっていないことがはっきりしました。その学生が、1ヶ月ほどたって久しぶりに園に出かけたところ、対象児は学生を見ても寄ってくることなく、友だちと遊んでいました。担任に1ヶ月間の様子を聞くと、学生の報告をヒントに担任が関わったところ対象児が今の姿になったということでした。学生は嬉しいような寂しいような複雑な気持ちだったということです。

　また、実習初日に担任の指導をきっかけに素直に子どもをほめることができないことを打ち明けた学生に対して、学生の努力を応援して素直に喜べる体験を実習中にさせてくださった保育者もいます。

　どちらの保育者が正しいか間違っているかではなく、保育者1人ひとりの育ちが現れている結果だと思います。保育者には自分の育ち（発達段階＝情緒体験）と向き合う勇気が必要です。自分がどの程度の育ちであるかに関心を持ちたいものです。

3　私からの提案

（1）継続検討をする

　現状では、園内であっても自主勉強会であっても、事例検討は同じ対象児について、単発ではなく1ヶ月に1度くらい同じ事例を継続して行うことをすすめます。保育者のみによる場合も、助言者を得ての場合も、単発の事例検討はおすすめできません。

　現状では、保育者は自分の事例の読み取り方や事例検討の仕方などを学習したり訓練を受けたりしてはいません。また、保育分野では事例検討そのものが取り上げられていませんので、保育者が必要とする助言者がそれほどいるとは思えません。

　単発ではなく継続を強調するのは、参加者や助言者が事例提供された子どもと事例提供した保育者に対して、それぞれ責任を持つ必要があると思うからです。人間形成の基礎を培う乳幼児期に、保育者は保育していることを忘れてはいけないと思うからです。事例提供者は検討後に対象児に関わりますが、保育者の気持ちがちょっと変わったり関わり方が変わったりすると、1～2週間もすれば乳幼児に変化が出ます。その結果、保育者は対象児の変化をどう理解したらよいか、自分の関わり方が対象児のためになったか、新たにわいてきた疑問などを確かめることができます。

　参加者は、次回の実践報告を聞くことで、自分が考えたことや助言したことの結果

に直面します。助言者は報告を聞いて、助言者自身の対象児理解が適切であったか、助言内容は適切であったが事例提供者に適切に伝わったか、事例提供者自身の理解が適切であったかなど助言者の助言能力が常に問われます。

単発の場合には、事例提供者に対する助言も言いっぱなしとなり、その後の展開を知ることはありません。対象児に役に立ったかどうかを問われませんので、継続検討と比較すると気楽な助言となりがちです。助言を聞く方も聞きっぱなしになります。助言をもとに再度対象児に関わった結果を報告することはありませんので、そのうちにうやむやになってしまいます。参加者にしても自分の発言の結果を聞くことがありませんので、いつの間にか忘れてしまいます。こうした結果、対象児が最も放置された状態となりがちです。

保育者にとっては、事例提供を定期的に継続することが最も保育実践力をつけると筆者は思っています。しかし、これは自分の育ちが関わり方の中に出ますので、大変に勇気のいることですし、冷や汗を流すことも覚悟する必要があります。経験年数や保育観の違いで済ますことはできません。自分と向き合うことを避けている方は直感的に事例提供を避けるようです。

継続的に参加して聞くことで、事例の展開にしたがって自分自身の対象児理解や関わり方を勉強することになります。参加者で発言する方は、自分の発言が事例提供者に役に立つか、あるいは、対象児に役に立つものであるかを事例の展開に添って勉強することになります。事例理解が適切であり、発言が事例提供者に役立つことが多くなればなるほど、実践力や指導力が付いたことになります。

あくまで、保育者は自分の発達段階を認めようとし、あるいは認めて、事例検討を繰り返しながら自ら育ち直ることを最も大切にして欲しいと願っています。

(2) 事例をまとめることの大切さ

保育者が事例をまとめるにしても、まとめ方ひとつについて新たに学習しなければなりません。いきなり言われても戸惑う保育者が相当多数いると思います。どこかに参考になるものはないかと探しますが、なかなか見つからないのが現状と思います。どのような項目でまとめるとよいかは、後ほど紹介します。

仮にまとめ方がわかっても、実際にまとめること自体が大変な作業となります。保育者は口頭で発表するだけでも何をどう言ったらよいか迷うものです。ましてや資料

として提供するためにまとめるとなると、さらに大変です。すべての保育者に大変とは言いませんが、まとめる作業の中に、自分の育ちが見え隠れしてしまうからです。

　事例にまとめること自体で、保育者は対象児の理解と関わり方を客観的に見ることができます。必要な項目がわかれば、比較的簡単にまとめることのできる保育者もいれば、まとめることに困難を伴う中で、いったい自分は何をしていたのかその現実に直面することになり、愕然とする保育者もいます。愕然としても挑戦する保育者とまとめることを避けてしまう保育者がいます。

　事例にまとめることに困難を感じてもこの作業に取り組むことをすすめます。何年にもわたって事例提供に挑戦してきた保育者は、全員が保育に手応えを持つようになっています。保育者としてだけでなく自分自身に自信を持つようになっている保育者を多数見てきました。「継続は力なり」と言いますが、まさにそれを実感しています。

　仮に1ヶ月であっても、3ヶ月であっても、その期間を保育者が対象児との保育をまとめることは、まとめること自体が大変な勉強になります。保育者が対象児にどの様に関わりながら理解を深めたのか、どのように理解しながら関わってきたのか、その結果子どもはどのような姿に変化したのかをおさえることになります。もし対象児の姿が思わしくなければ、保育者は対象児の理解の仕方や関わり方を点検して取り組み直すことになります。そして、その結果で、対象児の育ちや育ち直りにどのように役に立っているのかを確かめることになります。

（3）検討会の持ち方

　事例検討は誰のための事例検討会になっているでしょうか。参加者全員が目的を確かめる必要があります。

　多くの場合、目的と実際の内容とに食い違いが生じることが多く、事例検討会は事例提供者のため、あるいは、事例提供された対象児のためというより、参加者1人ひとりの意見表明の機会になっていることが多いようです。その結果、事例提供者は話題提供者となってしまい、期待はずれでどっと疲れを感じてしまいます。事例検討会であるなら、参加者はあくまで事例提供者、あるいは、提供されている子どものためになることを念頭に置いて発言する必要があります。

　原則として参加者は、この約束を念頭において自由に発言してよいと思います。自分には受け入れられないような発言もでると思いますが、お互いにその存在まで否定

する気持ちにならないことが大切です。仲間内でこじれが出るようでしたら、その保育者は子どもとの世界でも同じことが出ていることになりますので、早めにこのことを自覚したいものです。

　司会者は、参加者の発言を事例提供者とその子どもにとって役に立つものであるかの観点で、発言者の発言を確かめたり制止したり促したりするように心がけるのです。事例検討会の目的を忘れて、参加したからには何でもよいので一度は発言しようと思って発言する方もいます。その方には貴重な経験になるでしょうが、事例検討会の趣旨から外れたものであり、それは別の機会にしてもらいたいものです。また、事例検討をする時は、園長・主任とか新人・臨時（パート）とか肩書きや経験年数にこだわらないことで、あくまで1人の保育者として対等であることを時々参加者で確かめたいものです。難しいことですが、これも司会者の役割でしょう。

　さらに、園内検討会では、園長自ら1人の保育者として検討会に参加する姿勢が必要です。ただでさえ組織の中で行うことですから、どうしても自分の顔色を見て部下が発言しがちになることに注意を払うことです。できることなら、園長には園外の自主勉強会において自ら事例提供して、自分の対象児の理解と関わり方を仲間からあるいは助言者から聞いて保育する体験をして欲しいものです。その際、最低でも連続3回は同じ事例を提供していただきたいのです。汗をかきながらも、実に様々な勉強ができます。

　また、園長として助言者を呼んで園内検討会を持つ企画をすることも可能です。民間園では園長の采配で予算措置がとれますので、3回1セットの事例研修会を実施している園も出てきました。現在のところ公立や団体ではなかなか理解が得られないようですが、いくつかの事業を寄せ集めて試行的に行って、その内容を報告して理解をえるようにしてください。その場合も1回ではなく、同じ事例で最低3回実施することをすすめます。いずれ公立や団体でも保育事例の継続検討を研修として取り入れられることを期待しています。

（4）事例の出し方

　クラス担任は、自分のクラスで理解や関わり方に困難を感じる対象児についてまとめることになります。この場合は、自分が毎日のように対象児の保育にあたっていますので、仮に資料に載せていなくてもその場で質問に応えることができます。まとめ

る項目については後で述べますので、参考にしてください。

　仲間の保育者が、気になる子の保育で困っていると言って事例提供する場合があります。この場合には、自分の責任で仲間から検討に必要な項目や具体的な場面（仲間の子どもとのやりとり）を聞いてきて、事例提供するのがよいでしょう。担任でないのでわかりませんという言葉をしばしば耳にしますが、これは事例提供者が気にとめなかったということですから、仲間に役立つ検討結果を伝えることが難しくなることを理解してください。

　園長やクラスを持たない主任の場合は、事例提供の仕方は二通りあります。1つは、対象児に対する自分の理解と関わり方を提供するものです。園内の子どもを対象にしていますし、朝夕の送迎時や自由遊びの時間あるいは応援に入った時に対象児に関わることができますので、事例提供は可能です。担任のように毎日多くの時間を対象児と関わる立場にないので、事例提供は困難と思うかもしれませんが、それは違います。子どもは保育者に自分が理解されたいと思っていますし、自分に必要な関わり方を求めています。園長や主任は少し心がければ週1回は必ず対象児に関わることはできます。少しの時間を毎日でも対象児に関わることもできます。臨床心理士が行うカウンセリングやセラピーは、ほとんどが週1回か2週に1回のペースで行われています。その関わりのなかで成果を上げているのです。

　もう1つは、担任から聞いてきて、事例提供する場合があります。先にも述べた代理提出の場合と同じで、担任が言ったことをそのまま報告し、結果を聞いて帰るだけでは、園長や主任が事例提供して勉強したことにはなりません。多くの場合、事例検討するにあたって「それは担任でないので知りません」「それは聞いてきませんでした」などと言われることが多いほど、事例検討ができません。園長や主任が担任から何を、どのように聞いて来るかというところに園長や主任自身の事例理解力が出てきます。別の言い方をすると、園長や主任は「気になる子」の保育に悩む担任に、「このように助言しましたが、私はこんな疑問があります」とでも事例提供していただくように心がけて欲しいものです。

4　ケースレポートの作り方と検討の進め方

　提供者は、手元にある資料（家庭調査票、保育記録など）と保育実践（子どもとの取り組み、親との立ち話、他の保育者からの情報など）からまとめて事例を紹介することとします。親との立ち話では、その子どもがどんなひどい状態であっても、自分が子どもを理解するために、親に助けてもらう気持ちで親に向き合いましょう。

　その際、原則的に、事例を聞いた参加者がイメージアップできる内容となるようにまとめて報告します。ひと通り事例紹介された後、参加者が事例を理解するために必要な質問をしますので、提供者は思い出せる範囲でまとめておくことでしょう。

　園内研修の資料としては、少々の余白を作り、そこに参加者が適宜書き込めるようにします。あるいは、右ページを白紙にした印刷を行い、たくさん書き込めるような資料を作ります。

　公開事例検討・園外事例検討などでは、プライバシー保護（守秘義務の履行）のため事例を回収した方がよいでしょう。

（1）第1回目資料の項目
・検討年月日：　　年　　月　　日（　曜日）
・何回目か：初回あるいは第　　回目
・事例提供者の所属と名前：
・提供の理由：担当者の知りたいこと（確認、悩み、疑問など）
※　担任が自分のクラスの子どもを取り上げる時には問題ないが、主任や園長が事例を取り上げる時には、対象児と自分との関わりを取り上げるのか、担任指導として自分の取り組みを取り上げるのか、気持ちを整理する必要があります。
・子どもの名前：仮称またはA君あるいはBさんとします（実名をそのまま使わない）
・検討開始時点での年齢：○歳×カ月（年長組）（生年月日は使わない）
・家族構成：（父方あるいは母方）祖父母、両親、兄弟（学年或いは年齢も表記する）など。両親の考え方や態度・様子など。その他、家族の特徴、周辺環境など。
・子どもの姿の特徴：せいぜい数行（数項目）で表すようにします。事例をまとめる時には、表題（タイトル）になることもあります。
・担当してからの保育：自分が担当してからの子どもの理解の仕方と関わり方、その

時の子どもの反応など。自分なりの保育の結果とも言える。
・具体的なやりとり場面：最近の子どもとの応答（やりとり）場面を記入例のように、2つか3つくらい。実践日や簡単な場面状況を古い順に記述します。
・その他：子ども理解を深めるための子どもの姿（わかる範囲での生育歴、入園後の姿など）　親子の姿、エピソードなど。

〈記入例〉
＜場面1＞（　月　日）　登園して自由遊びをしている時、
私1：（母親は門の近くで他児の母親と話していた）正面から近づいて「おはよう」とあいさつしました。
A君1：「ふん」と言って、横を向きました
私2：（おかしいぞ、何かあったな）A君の横に回って、もう1度「おはよう」と言ってみました。
A君2：さらに、避けるような態度をとりました。
※「　　」は、しゃべったこと。
　（　　）は、保育者が内心で思ったこと。

（2）**検討会では**
　提供者は、資料に添って、適宜、内容を追加しながら割り当てられた時間内で紹介します。
　資料が細かいほど、事前に読む時間さえあれば、後は簡単な紹介で、追加質問に入れます。その結果、時間短縮に役立つあるいは検討時間を多く持つことができます。
　助言者や参加者から、追加質問を受け、それに思い出せる限りで答えます。
　その上で、資料作成の項目にしたがって、パソコンで打ち出すことをおすすめします。喋るよりも文字化した方がその作業の中で意識化でき、そこで自己勉強ができます。自分で子ども理解や子どもへの関わり方に気がつくこともあります。これができなくても、走り書きでもあると、口頭のみでの紹介より、頭の整理に役立つので、学習効果が得られます。レポートを見ることで質問や理解がしやすくなります。

〈助言者からの質問〉
　提供される内容を聞きながら、子どもの発達段階を見立てようとします。質問する時は、表情はあるか、くすぐった時の反応、おんぶや抱っこした時の反応、しがみつ

くか、人見知りや後追いはあったか、譲ったり譲ってもらったりができるか、送迎時の親子の姿はほほえましいか、表現する力はあるか、お手伝いはできるか、友と喧嘩できるか、喧嘩になった相手と仲直りできるか、お互いに仲良しの間でいじめたりいじめられたりしたかなどで、報告されていないところを聞きます。

　親（特に母親）の姿勢 ─ 自分の子育てを認めているか、子どもの発達に関心があるか、自分の生い立ちを語ることができそうかなどなど。それとも、表情が硬い（能面面）か、作り笑い（笑顔）をしているか、自己弁護が強いか、責任回避が強いか、非難・中傷が多いか、人の悪口を喜んで語っているか、不平不満が目立つか、親仲間の人間関係はどうか、などを聞きます。

〈助言内容〉

　助言者は、発達段階を見立て、おおむね見当がつくと、その課題を達成するための関わり方を具体的に伝えます。これには、拙著『今からはじめる育て直し～問われる乳幼児体験』（エイデル研究所）を参考にして、自分で検討して、方針を出して取り組むこともできます。これができると、自分で検討しながら方針を出して、考察を加えた事例研究（事例報告）となります。これは、立派な（保育学会で十分に通用する）事例研究になります。

　助言者の助言を聞いて、提供者の思いや今後の保育方針などを述べます。提供者に感想を紹介してもらうことで、次の取り組みの方針を確かめます。

（3）2回目の提供にあたって

〈資料作成にあたって（項目）〉

・2回目：
・検討日：　年　月　日
・事例の概略：初めての人が聞いて、おおよそのことがわかるような内容。例えば、家族構成、子どもの特徴、どのような助言を得て、子どもに取り組んだか、子どもの変化など。
・前回の検討を終えて：どのような助言を得て、どのような思いで保育に取り組もうとしたか。
・その後の場面1（実践日：　月　日）
・場面2（実践日：　月　日）：子どもとの応答の様子を2つか3つ提示する。（初

回を参考に記述）
・エピソード：事例理解に関する、関係ありそうな親子の様子・エピソードなど。
・提供にあたっての思い：疑問、質問、感想など。

（4）検討日

　資料に従って、適宜、追加しながら、その後の実践を紹介します。
　参加者から質問を受け、事例のイメージアップに応えます。
　助言者からの助言を聞く、確かめます。
　助言者は報告を聞いて、見立てがはっきりするとか、変更することもあります。また、関わり方のポイントが明確になったりします。もう1回くらい検討してはっきりすることもあります。
　助言者の助言を聞いて、提供者の思いや今後の保育方針など話し合います。助言を鵜呑みにしないで、自分なりに理解するように心がけましょう。

（5）これを何度か繰り返す。

　事例提供者には、初めに子どもの姿がはっきりしてきて、次に関わり方が明確になります。さらに、保育には次の展開が待っています。親が反省している場合は、保育者の育て直す力に任せられます。対象児には生きる元気が出てきます。親とも協力関係が生まれて、保育は楽しくなります。
　親が反省していない場合、保育者は子どもの育て直しに取り組みながら、親の理解のし直しに取り組む必要があります。それから、保育者による親援助・指導に取り組むことになります。虐待事例にみられるように、検討回数は1年や1年半に及ぶこともあります。

（6）考察（事例研究を通しての感想）

　最後に、実践と検討を繰り返した結果に基づいて、考察としてまとめます。考察とは、提供者なりに気がついたこと、学習したこと、反省したこと、先行研究との比較などを行うことです。したがって、その時その時の提供者が受けとった助言内容や自分の思い・感想をきちんとメモしておくことで、考察はまとまってきます。

（7）抄録または事例の作成にあたって

　事例研究としてまとめる時は、初めに研究動機、問題意識あるいは先行研究の紹介などを述べます。次に、研究の構造（実践と検討の方式、二段階人格形成論による助言であることなど）、さらに事例紹介と展開（実践と検討の流れ）、最後に、考察（まとめと今後の課題）の順で文章化します。紙面の制約を考えながら、取り上げる場面は、はじめにと考察に関連ある場面に絞ります。

5　保育者への期待

　事例検討は、1人の対象児を中心に取り上げることがほとんどです。1人を取り上げて検討しても、えこひいきにならないか、他のクラスメイトが放置されるじゃないかなどと言った声を耳にしてきました。しかし、1人の対象児の育て直しを体験した保育者は、子どもを見る目ができたとか他の子どもに応用できるとかなどの声を耳にしています。1人でケースレポートをまとめるだけでなく、事例検討する仲間づくりをしてください。

　保育者が事例発表することはまだまだ珍しいことです。保育者の場合、気になる子が立ち直ればそこで満足してしまうところがあります。よほど義務づけられない限り、考察を加えて研究にまとめることはしません。しかし、「事例研究」を大げさというなら、ケースレポート集でも作成してはどうでしょうか。女性保育者に見られる傾向と思いますが、みんなで発表するならよいけれど、個人発表には相当な抵抗があるようです。

　繰り返しになりますが、すべての保育者は、子どもが健やかに発達することを願っています。そのために、事例検討は、子どもの発達に寄与することです。これを拠り所にして保育者の資質の向上を図ることにつなげて欲しいものです。ケースレポートの作成は、まとめるだけでも保育者にとって勉強になります。そして、それを見せて他の人から意見を聞くことで、もっと勉強になります。熟練者に聞いてもらうともっと勉強になります。心理学や児童精神医学などの近接分野の方から意見を聞くことも勉強になります。さらに、事例研究として学会や雑誌などにレポートするともっと広くから意見が得られて勉強になります。さらに、次節に述べるように、事例検討は保育者自身にも、自分自身の乳幼児体験と向き合い、それを客観視するよい機会を与え

てくれるものなのです。特に保育者による事例発表が増え、その実績を基に保育者養成にたずさわってくださる方がでてくることを願っています。

6 事例研究による学びと保育者自身の「育ち直り」

　筆者は平成5年から5年間、愛知県立保育大学校で教鞭を執りました。ここでは、保育者養成としての養成課程と、全国唯一の現職教育としての研究課程（Ⅰ期3ヶ月間、Ⅱ期120名定員）があり、保育者養成に事例研究を取り入れ、保育者養成の一環として講義や演習の中でも事例の読み合わせやケースレポートの提出とその検討などを行ってきました。

　養成課程では、保育特別研究（通称ゼミ、以下ゼミと表す）Ⅰ、Ⅱが2年間にわたって設定されていましたので、早速私のゼミ活動では学生に事例研究をすすめました。

　研究課程では、学生（現職者）に主題研究（毎回、主題研究集録として発行）が課せられていました。研究課程の学生が事例研究に取り組むのは希で、筆者の講義を聴いて希望した学生のみにスーパービジョンと主題研究に仕上げる指導をしました。

　当時、いずれの場合も学生の見本となる事例研究が報告されているものは見あたりませんでした。そこで、それまでの私自身のスーパービジョン経験を参考に、レポートないしは研究として形にまとめることにしました。残念なことに、平成12年度で保育大学校は廃校になると共に、卒業研究集録や主題研究集録は廃棄扱いとなり、公的には閲覧できなくなりました。

　ここでは、学生の事例指導にあたった立場から、手元に残っている資料を基に、当時、学生がどのような気持ちで事例研究に取り組み、事例研究を通して何を、どのように勉強したのか、コメントを加えて紹介します。なおプライバシーの保護のために、少しばかり加除訂正した箇所があることをお断りしておきます。

（1）Xさんの場合

　昨年、保育特別研究（以下ゼミと表す）Ⅰにおいて、保育実習園でのクラスのボス的存在の年中男児のS君と関わりを持ち、実践と検討を繰り返すという事例研究に取り組みました。その際、言葉がけや甘えを満たすということの重要性を知り、事例研究に取り組むことによって子どもの成長とともに自分自身への成長にもつながったよ

うに思えました。しかし、まだ自分自身に押しの弱いところがあるように思え、子どもとの関わりの中で自分の保育の仕方を見直したいと思い、再度事例研究に取り組もうと考えました。

今年の２週間の保育実習で、昨年関わりを持ったクラスの園児とまた関わることになりましたが、その中で単独行動をするＡ君がとても気になっていました。Ａ君は言葉が少しばかり遅れており、行動面でも５歳児の好む遊びはやりませんでした「保育所保育指針」（平成２年改定、以下同じ）によると３歳児から４歳児の発達年齢のように思える子どもでした。

集団で行動している時に突然いなくなるというような突発的な行動がみられたので、Ａ君がなぜ単独行動をするのか、Ａ君と深く関わることでその要因を自分なりに考えていきたいです。また、Ａ君と関わりを持つ中で自分自身の押しの弱さを克服できるように、指導教授に助言をいただきながら適切な援助方法を学びたいです。

この後、５歳児のＡ君と１～２週間間隔で３回の調査と６回の実践と検討を繰り返して、以下のようにその結果をまとめました。

今年、Ａ君と関わりを持ってゼミの指導教授と検討してみると、昨年とあまり変わったところはなく、私は自分の思っていたことが言葉にして出せていないことや見当違いの言葉がけをしていました。私の考え、あるいは意思が言葉に出せないことについては、私の育ってきた過程にあると指摘されて、私には明確になりました。昨年の事例研究の時にも、子どもたちと関わっていく中で自分の考えが出せず、子どもたちの言いなりになっていたところがあり、自分の押しの弱いところに改めて気がつきました。だから、Ａ君と関わっていく中で自分が育ち直っていこうと試みました。

最初は指示口調なところがあり、Ａ君と信頼関係を築くことができませんでした。指導教授と検討を繰り返すうちに、私は変化していきました。指摘されてから指示口調なことに気がついていたものが、書いている時に「ここが指示口調だ」と気がつくようになり、最後の方ではＡ君と関わっている時に「今の言葉は、指示口調だったな」と気がつくようになりました。

このように、Ａ君との関わりの中で自分が変わっていくのがわかり、最終的には自分の考えを言葉に出せるようになっていきました。このことによって、Ａ君との信頼関係を作ることができ、Ａ君が私に甘えられるような援助ができたと思います。

先に同様の研究を行ったＤさんは「子どもの反応を敏感に受けとめ、細かな返事を

求める援助が弱いことがわかった。自分では子どもと共感しているつもりでも、自分の判断で細かな子どもの反応、返事をもらっていないことに気づき、実践を繰り返したところ、次第に私の関わりが子どもとかみ合うようになった」と述べています。Eさんは「自分の事例を検討し、その積み重ねから自分自身の子どもの見方や関わり方の傾向に気づく」と述べています。また、Fさんも「自分自身が育てられている経験の一部ではないか」と述べているように、事例研究を行ったことによって、自分自身の人格形成でのつまずきを見直し、克服していくことができると言えます。

『課題研究・ゼミナールの手引き』（1992 萌文書林）による事例研究法は、「何らかの意味で問題行動を持つ子どもについてどうして、そのような行動をとるのか・性格特徴を持つのか・その原因を探り、メカニズムを明らかにし、今後の指導や治療の方策を見つけるための研究法」とされています。しかし、私の行った事例研究は問題行動の原因を探り、今後の方策を見つけることを目的としていません。また、問題行動に限らず子どもとの関わりを記録し、助言者と検討するもので、しかもそれを繰り返し行うものです。

実践と検討を繰り返す事例研究に取り組んだことによって、自分の子どもの見方や子どもとの関わり方を見直すことができ、また自分自身が育ち直ることができたのではないかと思います。

A君と関わるようになったばかりの時は、何かをさせようとして、A君が何をしているかを考えないで言葉がけをしていました。そのため、A君は納得いかないような様子で、私が言葉がけの仕方に気をつけて、A君の気持ちをよく考えて、角田の述べる「代弁」をしていくことによって、A君も自分の思ったことを言葉に出すようになりました。また、A君は抱っこやおんぶを要求するようにもなりました。

A君が私に甘えてきてくれているのがわかり、少しずつ信頼関係が出てきたと思いました。信頼関係ができてからは、当初気になっていたA君の問題行動はほとんどみられなくなりました。

Dさんも「事例検討を重ね、甘えることが確実になってからの子どもの変容は、大きくなった。甘えられる保母（保育士）のいるクラスが安定基地となり、多動とみられる行動も減少した」と述べているように、甘えを満たすことによって、子どもは安定できるのではないだろうか。

私は最初「保育所保育指針」における「自我がよりはっきりしてくる」ということ

や「平行遊びが多い」ということから、Ａ君は甘く見ても３～４歳児の発達段階ではないかと思っていましたが、Ａ君との関わりの中で何か漠然と違うものを感じていました。そこで、指導教授に指摘され、一般的な発達ではなく、角田の述べる「二段階人格形成」に改めて注目しました。これは、①実感、②安全・安心、③信頼、④言葉、⑤二人遊び、⑥三人遊び、⑦学びにわかれており、これらのいずれに属するかを見立てることで、なぜこの子がこういう行動や考えをするのかが理解できます。

　Ａ君の場合、「二人遊び」が不完全であると見立てられ、そのためにＡ君の気持ちをくみ取った言葉がけをするように心がけていきました。その結果、Ａ君の気持ちを私に言ってくるとか友だちに話すようになり、甘えられることによって人との関わりもスムーズに行くようになったと思います。

　角田の述べる「子ども同士で交渉をすることを覚えて、対等な立場で二人遊びができるようになる」という「対等な二者関係」が私との関わりによってほぼ完成したと言えるのではないでしょうか。

　このように、保育者の関わり方によって、子どもは変化していくのだと実感しました。私もＥさんの述べている「発達の見立てができたことから、子どもに必要な保育（やりとり）が明確化し、子どもの反応を見ながら実践することができたのではないか」ということに共感します。この子を理解するように関わっていき、発達の見立てができたことによって、子どもとじっくり関わっていく中で発達を促すことができるようになったのではないでしょうか。

　自分の保育を見直すことができ、保母（保育士）になった時すぐに役立つと思い、昨年から引き続いて事例研究に取り組んできました。保育所へ遊びに行ってもＡ君が来ていなかった日もたくさんあり、なかなか思うようにいきませんでした。そのために保育所にはいろいろと迷惑をかけてしまいました。

　Ａ君が単独行動をする要因がいくつか私なりにわかることができましたが、Ａ君に集団で遊ぶこととの楽しさを教えることができなかったことが心残りです。これからの保育現場に出て行った時に、この２年間で学んだことを活かすことができるように、子どもの気持ちをくみ取って保育するということを、もっと勉強していきたいと思います。

（2） Yさんの場合

　昨年、1年生では実践と検討を繰り返す事例研究に取り組みました。その時は初めてということもあり戸惑いながらでしたが、1人の子どもと関わることで、自分の保育態度、子どもの様子と変化を客観的に見ることができました。そして、子どもとのやりとりから、意外にも自分自身の内面を考えることができました。

　しかし、昨年の研究により自分の反省点、課題も出てきました。それは子どもの行動からその子どもの気持ちを正しく読み取れなかったこと、子どもと関わる時しっかりした自分なりの方針が立っていなかったことなどがあげられます。このようなことから、今回も実践と検討を繰り返す研究に取り組みたいと考えました。

　この研究で取り上げるのは、保育実習中、私のクラスや担任との会話で丁寧語を使う5歳児のB君です。B君はあいさつだけでなく、こちらが質問したことやB君が尋ねてくる場合、その応答、口調は丁寧語であることが多かったです。B君の丁寧語の使用は本人が意識して使っているものとは思えませんでしたが、やはり不自然に感じました。また、担任から過去に長期間登園しなかったことがあると聞きました。長期間登園しなかったことはどうしてか、丁寧語の使用と併せて、これらの疑問があって、B君を対象児にしました。

　この研究では、昨年の課題も含め、B君の行動からどういう気持ちかをくみ取り、自分がそれにどう対応するべきかを知り、自分との関わりから、B君をどういう子どもとしてとらえたらよいかを考えていきたいです。

　実践と検討を繰り返した結果、次のように述べています。

　研究に入る前、私はB君の丁寧語が気になり、それが関わるきっかけとなりました。この時の私はB君を6歳になった子どもとして見ており、「なぜ、この年齢で丁寧語ばかり使うのか」という生活年齢と言葉遣いの相違ばかりに気をとられていました。しかし、3回の実践をまとめて行った第1回目の検討で、「育て直し法」に取り組む時には、人格形成段階では1歳前後で見立てた方がよいのではないかということになりました。それは一人遊びは何とかできるが、そのレパートリーは少なく、また1歳児に比べると人との関わりが少ないという観点からでした。

　それ以後、積極的にこちらから特に身体接触を伴う関わり方（くすぐりなど）をしていく方針を立てました。そして、B君を1歳前後と見立てた上で関わっていった時、その見立てが当たっていれば、B君との関係ができているということを知りました。

ですが、その後の実践と検討では、B君との会話は増えてきたものの身体接触を伴う関わり方（スキンシップ）が私にできていないことがわかりました。B君との会話の時、何気なく体に触れる機会は何度となくありましたが、できていませんでした。
　これは、B君から丁寧語が出てくると「また使っている」と言葉に気をとられ、1歳前後と見立てた上での関わる方針に添っていなかったためといえます。また、自分ではB君と腕相撲などの遊びで手がつなげたのを、スキンシップができるようになったと判断していました。しかし、検討してみると、遊びの上での必要な時には手をつなぐことは義務で行っていると考えられ、本当に人に身を任せられるか、甘えの意味を知っているかの確認にはならないことがわかりました。
　Fさんは人格形成上の理解で「対象児のとらえ方や関わり方の方針がはっきりし、悪循環にならなかった」「第一段階からの育ちを確かめ、つまずきのあるところまで下げた関わり方をすることが大切だと考える」と述べています。同じく、Gさんも「生活年齢ではなく、その子のつまずいている人格形成段階に年齢を下げた関わり方をすることで、その子の変化、成長に大きな影響を与えることがわかる」と述べています。
　以上のことは角田の「育て直し法」にある「問題の形成や症状の現れた時、いかにして問題行動や症状の解消を図るかの考え、それだけでなく時として『大人になる（自立の）』手助けとして相手の人格形成段階に合わせた『やりとり』をしていく、別の言い方をすると、当面の問題行動や症状の解決だけでなく、人格形成の発展にも対応していくのである」と深く関連し、また立証していると言えます。
　しかし私には、見立てることに手間取り、FさんやGさんのような理解はできませんでした。これらから対象児の「育ち」の年齢で見た上で関わることが、いかに重要なことであるかがわかりました。
　次に、B君と関わろうとする時、他児が私の元に来るとその子の相手をしてしまい、流されがちであったことを考えてみます。
　これは昨年の研究でも自分自身の反省点であり、課題となっていたことでした。しかし今回の研究でも繰り返しているのは、他児に断りを入れてからB君に関わることに自分でも気がつかないうちに抵抗を感じていたためであると言えます。そしてB君との間に信頼関係を築きたいという思いはあったものの、なかなかスキンシップをとることができず、「今、こういう行動をとったらB君は逃げるのではないか」「こうい

う『代弁』をしたらうるさいと思われるのではないか」といった思いも自分の中にありました。

　このようなことから、改めて自分自身の内面の弱さが、子どもとの関わりに深く影響してしまうことがわかりました。

　これはＥさんのいう、「『やりとり』が行える保育者の気づきや育ち（人格形成）がないと子どもの発達も促せない」というところに通じていると言えるでしょう。さらにＤさんは「私の実践の中で、子どもの反応を敏感に受けとめ、細かな返事を求める援助が弱いことがわかる」とし、それは自分自身の人格形成の象徴であり、つまずきであると述べています。

　これらから、子どもの人格形成だけでなく、自分自身の内面の問題も、実践と検討を繰り返す中で密接に関わっていることを改めて実感し、そして、どういう言葉を選んで声かけをするかという技術的な面での対応だけではなく、このもとになる自分自身の育ちをよく知ることの必要性を感じました。

　この事例研究は、自分が子どもと関わることから問題点の発見や心の動きを読み取り、それを実践するものであります。言い換えれば、自分が子どもと関わらなければ何も始まらないということであります。私が昨年初めて事例研究に取り組んでみようと思ったのは、これが理由であったとも言えます。また、自分の関わりようによっては子どもが大いに変化する可能性もあり、その点でも関心を持っていました。

　今回の取り組みでも実際に実践と検討を繰り返す中で、自分が関わって立てた方針に添った関わり方ができていないことや、自分自身の問題が明らかになったわけですが、その一方でそこからわずかながら子どもの変化も見られ、毎回同じような失敗を繰り返しながらも何とか実践を続けることができました。

　今回関わったＢ君の場合では、実践をして検討をするたび、自分の関わり方に問題があったこともあり、子どもに変化が見られない気がしていました。しかし何度か繰り返し、検討も最後の第10回になると、指導教授から「こういう点は以前には見られなかった」といわれ、わずかながらも変化が見られることがわかりました。

　もちろん、子どもの行動とそれを受容する自分との間にズレがあったり、検討で出した課題の確認が実践できていなかったりと、まだまだ課題は多いです。しかし、検討を繰り返すことで次第に指導教授から指摘される前に「この時こうする機会があった」等と気がつけるようになりました。

そして今回の研究では、特に最後まで粘り強く続ければ自分の課題も含め、様々な成果が得られるのではないかということを実感しました。それをＤさんがその後の実践の繰り返しから「意識して取り組むことが自分の人格形成のつまずきも克服していくことになる」と述べていますが、ここからも私の体験は貴重なものになるのではないかということを感じました。

　今回の研究の結果、自分の保育態度の向上が見られるような、自分が期待したほどの成果はなく、それどころか昨年と同じような失敗を繰り返していたり、さらに違う反省点が生じたりと様々な問題が出てきました。実践も最後の方になると、「今、スキンシップがとれたのに」「わかっていてなぜできないだろう」と自分自身に苛つくこともありました。この研究で本当に甘えることを相手が知らなかった場合、それを教える、体験させることがいかに難しいかを知りました。

　これから子どもと関わる時の自分は、学生としてではなく保育者としてたくさんの子どもを見ることになります。その子どもたちを理解する時、生活年齢に当てはめて問題視するのではなく、この事例研究をいかした上でしっかりとした関係を作り、保育をしていきたいと思います。

（3）Ｚさんの場合

　私は昨年度の研究レポートで事例研究法に取り組みました。ここでいう事例研究とは、実践と検討を繰り返し行うものであります。対象児と自分との「やりとり」を記録し、検討することで、自分のとった行動や言葉について見直すことができました。しかし、自分が何をしたいと思って事例検討に取り組んだかということがはっきりしていなかったために納得のいくまで追求することができませんでした。また、２年生で行った保育実習中の子どもとの関わりを振り返ってみると、子どもの本当の気持ちを読み取り、受けとめることの難しさを痛感しました。

　そこで、今回、再び事例研究に取り組むことで、子どものとらえ方と自分の関わり方について深く考えることにします。

　今回、事例研究するに当たって関わりを持った５歳児のＣちゃんは、園の保母（保育士）や実習生に対して自ら関わりを持とうとする子どもで、時に激しく甘えたりべたついたりする姿が見られました。私は、Ｃちゃんの行動の中にある気持ちを知りたいと思いました。そして、どういう関わり方をすればＣちゃんとの関係を深めていく

ことができるか、ということについて考えてみたいです。

昨年度の事例研究での反省と保育実習で学んだことをいかし、Ｃちゃんと関わっていきたいです。それを経験として自分の中に取り入れることで、保育者としての私を成長させることができたらいいと思います。

7回の実践と検討を繰り返して、次のようなことをまとめました。

保育実習中での私のＣちゃんの見方は、甘えたがる子、べたつく子というイメージでとらえていました。Ｃちゃんの甘えたいという気持ちはおんぶという形で表れていました。

研究をするにあたって、5歳児の発達段階を考えてＣちゃんとの関わりを持ちましたが、私の考えていた5歳児の姿と、Ｃちゃんの行動や態度にはズレがあることに気がつきました。そして、指導教授にも、Ｃちゃんは人格形成上につまずきがあったのではないか、と指摘されました。私は5歳児としてＣちゃんとつきあっていましたが、発達年齢を考える必要があるとわかりました。

そこで第3回の事例検討までの実践結果から、Ｃちゃんを1歳2ヶ月から2歳6ヶ月の段階であると見立ててつきあうことにしました。

しかし、さらに事例検討を進めていくうちに、Ｃちゃんは人見知り・後追いの段階でつまずきがあったのではないか、と助言をいただきました。この助言により、Ｃちゃんを6ヶ月から1歳2ヶ月の姿であると見立て直すことができました。こうすることで、Ｃちゃんとの関わり方の方針が立てやすくなりました。そして、Ｃちゃんのおんぶを求める行動や抱きつきに対しても、否定的な気持ちではなく、肯定的な気持ちで受けとめられるようになったと思います。このように、子どものつまずいている人格形成段階に戻って関わっていくことが大切であるとわかりました。

実践と検討を繰り返すうちに、私の声かけに対するＣちゃんの「うん」「うーうん」という応えが増したように思います。それとともに、私の関わり方も変わりました。事例検討を始めた頃は、Ｃちゃんの甘えやべたつくということを重視してしまっていました。そのため、Ｃちゃんとのやりとりの中で、一歩引いてしまうという場面がありました。

しかし、事例検討を重ね、Ｃちゃんのすべてを受けとめたいという気持ちが強くなっていったことで、少しずつ視野も広がり、他の子どもとのやりとりも気にかけられるようになりました。そして、Ｃちゃんからの私に対する関わりを嬉しく思い、自分

からも積極的に関わっていくことができました。

　私は検討の中で、指導教授から私自身の育てられ方について質問を受けました。自分では気にしていませんでしたが、幼い頃の体験、経験が私の今の私に結びついているとわかりました。さらに、それが私の子どもへの関わり方にも現れていることを知り、自分の関わり方を意識するようになりました。その結果、子どもとのやりとりの中で私からの声がけが増えたと感じました。

　この研究を通して、自分を知ることができたし、少し成長もできたと思います。これは、同じような事例研究を行ったEさん、Fさんも述べています。

　今回の事例研究では、私の行った実践を記録し、指導教授に検討していただきました。実践していると、場面はすぐに移っていってしまいますが、記録し、振り返ることでゆっくりと見直し、反省することができました。特に声がけ、「代弁」をすることについては反省点が多くありました。さらに指導教授の助言、指摘を受け、自分では気がつかなかった部分に目を向けることができました。

　1つの行動に対する見方でも、いろいろの方向から見ることができました。指導教授に指摘され、「あっ、そうか」と思うことがたくさんありました。そして、今後の関わり方の方針を立てることで、目的ができ、自分の中に次の実践に対応する心構えができました。

　このように、研究を進める中で、子どもとの関わりを経験しながら、たくさんのことに気がつくことができました。そして自分で考え、意識して行動することで自分の実践の向上にもつながったと思います。

　Cちゃんとの7回の実践と検討を繰り返した事例研究に取り組みました。その結果、発達年齢をとらえて子どもに関わることの大切さを体験しながら学ぶことができました。Cちゃんとのやりとりも、最初は無言が多かったのですが、表情から「代弁」したりすることで、段々と会話と呼べるものになったことを実感することができ、研究を続ける喜びにもなりました。

　保育者となった時には、子どもの気になる点ばかりを重視するのではなく、その中にあるつまずきに気づけるようになりたいです。そして、発達年齢にあった関わり方ができるように努力していきたいと思います。

　普段、子どもと接する機会のない私にとって、今回の研究で保育園を訪れ、子どもと関わることができたことは、とても意味のあるものになりました。よい経験であり、

勉強になりました。

(4) Qさんの場合

　私は（Qさんは）中学、高校と対人関係で悩んでおり、友達が信頼できませんでした。毎日、消えない不安や孤独感も感じていました。両親に対しても心から感謝できず、なぜだかわからない苛立ちに悩み、そんな自分に後ろめたさを感じ、苦しんでいました。

　また、保育者を目指すにあたってボランティア活動をしている時も、いざ子どもを前にすると、心の中では子どもと関わりたくない、子どもと遊んでいても心から楽しくない、はしゃげない自分がいました。初対面の時には、私になれて欲しいと思うのに、私になれてくるとうっとうしいと思う自分に違和感を持っていました。

　入学してまもなく『社会福祉』の授業で「親の七掛け幸福論」のビデオを見た時、まさに自分の家だと思い、愕然としました。そして、「二段階人格形成」による「育て直し」を受けることが自分も必要だと実感しました。また、親から愛されず、私の幸せを妬まれて育ってきたこと、自分自身も人の幸せを妬む人間になっていることにも気がつきました。私は、角田先生にこの話を聞いてもらい、自分と向き合うことにしました。そして、自分の変わるべきところや、取り戻さなくてはいけないところを知ることができました。

　この事例研究を通して、自分の課題の曖昧な部分をもっと具体的に知り、向き合うことができるのではないか、少しずつ変わっていく自分を本当の自分だと自信が持てるのではないかと期待して取り組みました。

　その後、対象児は年長児で別れた父親から暴力の虐待を受けており、友達との関わり方が暴力的でした。4回の実践と検討の様子を紹介し考察をします。

① 単発と繰り返し検討の違い

　1年後期の授業「養護原理」で実例検討を単発で行ったことがあり、実習で気になった対象児をレポートし、検討を行いました。しかし、対象児への理解を角田先生と話し合っても、その対象児への実践をすることができないので、自分の知識にとどめるだけになってしまいました。ここでは角田先生と検討を行い、助言を踏まえた実践をするということを同じ対象児に半年間続けました。

　授業での実例検討とは違い、角田先生のいう発達段階にあった働きかけ方について

順を追って、対象児に接することができ、それにより子どもの変化を見ることができました。1人の子と関係が途切れることなく関わることができたのは、自分が保育者になった時の子どもとの関係と類似するところがあり、とても現場で役立つと思いました。

② 発達段階の理解の仕方

角田先生のいう7段階の発達段階により、私は第1回の検討時にA君（5歳児、実父から虐待を受けていて、友達に暴力的関わり方をする）を第一段階（実感）だと理解しました。でも本当は、第1回目検討時から既に第三段階までの課題をクリアしていました。A君をくすぐって抱きしめた時、A君はすでに満足していて、「しなくていい」と嫌がりました。それを、私はスキンシップが足りないので嫌がっていると理解していました。

なぜこのズレが起きてしまったのか。そこには、私の発達課題に関係がありました。私の人を妬む気持ちがまだ消えていなくて、私はA君の反応をすべて悪い方に理解をしていたことに気がつきました。A君を見下していたのです。事例検討をして、初めは自分が人を見下しているということについて曖昧だったけれど、後半になって、それに向き合うことができるようになり、間違えを直すことができました。

どこまで言えるかわかりませんが、見下しや育て直しが必要な人が、それに気がつかずに保育をしていると、子どもの理解を間違えてしまい、その子をどんどん不幸に仕立て上げてしまう恐れがあると思いました。

③ 自分の変化

ゼミ（2年生）での1年間では、前述したような自分と向き合いました。そして両親にも「もっと愛して欲しい」と伝えました。人を妬む自分を認め、人の幸せを受けとめ喜ぶようにも努力しました。自分の中の欠けているところを友人に伝え、埋めてもらいました。具体的には、不安な時、友人にそばにいてもらったり、膝枕をしてもらったりしました。その時には、満たされる自分を感じました。不思議なことに、自分がしてもらうと子どもにもすることができるようになっていました。また、子どもの側にいることで安心したり、温もりを感じたりしたくなりました。

A君との関わりについても、そばに寄り添ったり背中をさすったりすることが自然にできました。A君もまた、その温もりで安心したようで、私に寄り添って一緒に教室に戻るとか膝に入って話してくれました。私はA君のその姿をかわいいと感じるま

でになりました。そして、自分が温もりを与えてもらえてなくて、子どもを妬んでいたことを再確認しました。

　今、私は妬みが消えた自分にほっとしています。そして、子どもと関わることが楽しいとまで感じています。私生活も充実し、親友もできて、自分が愛されていることに自信がもてるようになりました。人と接することを楽しみ、やりたいことをして、毎日満たされて過ごせることがとても幸せに思えています。

（5）Rさんの場合

　私は母に依存して生きてきました。母の言動はすべて正しいと思い、「本当にそうか、他にも答えがあるのではないか」などと考えたことは一度もありませんでした。そんな私は、常に母の顔色を見て、母を怒らせないように、母に嫌われないように、母に捨てられないようにして生きてきたのでした。

　また、私は他人を信頼することができず、心を開こうとしませんでした。だから友達の前ではいつも演技していました。例えば、何か友達に相談されると、私は頭でこの子はこう言って欲しいと考え、それを自分の意見として伝えていました。当然、友達は喜び、私に相談して良かったと言います。しかし、私にとって友達が傷つくことなんてどうでもよかったのです。傷ついたと言って相談してきたら、また、慰める演技をすればいいだけの話です。

　私は自分を守ることに必死でした。とにかく誰からも嫌われたくなかったのです。みんなの顔色を見ていました。今、思うと、私の本当の気持ちを理解してくれる人なんているわけはないと、周りの友達を見下していたように思います。でも、そんな自分が嫌だとも変えたいとも思っていませんでした。私には、母さえいればそれでよかったのです。

　では、こんな私がなぜ角田ゼミを希望したのか。それは、実習に行って子どもと上手く関わることができなかったからです。子どもはかわいいと思えるのに、言葉がでてこないし、喧嘩の仲裁もできませんでした。初めは私に保育という仕事がむいていないとの一言で片付けようとしていました。そんな時に、角田先生の授業の中で気になる子とのやりとりを具体的に取り上げているのを聞いて、私もうまく子どもと関われるようになるかもしれないと思い、角田ゼミを希望しました。そして、角田先生に話を聞いてもらっているうちに、私に思い残しがあることがわかってきました。その

ことを私自身が認めるにはかなりの時間が掛かりました。なぜなら、私にとって母は全てであったのに、先生の話はその母を否定するものだったからです。

やっと、自分の中で少し整理ができて、事例研究にも積極的に取り組んでみようと心に決め、自分自身をしっかり見つめ直そうと思いました。そして、少しでも自分が変わることができたら、自分自身と自分の保育に自信が持てるのではないかと思い、事例研究に取り組みました。口より先に手が出やすい４歳児のＢ君を対象児にして、４回の事例検討を行いました。その結果を踏まえて、以下の考察をまとめました。

私は角田先生に思い残しがあること、母から見下しされていることを指摘されました。私の家族は会話も多く仲がよいと思っていたので、そのことは、なかなか受け入れられるものではありませんでした。

ところが、このことは実際に子どもとの関わりの中に出てきてしまっていて、１年生の時の実習や前期の実践では、私は気になる子を見つけると退いてしまったり、逃げてしまったりしていました。自分でも知らず知らずのうちに「見て」「こっち来て」など私を必要としてくれる子など、子どもから私に関わってくれる子ばかりを相手に選んでしまっていました。

私が対象児に選んだＢ君は、第四課題（言葉）から取り組んでみようという子でした。私自身は第三課題（信頼）が課題だと先生の方から言われていたので、私よりも対象児の子の方が発達してしまっているという状況でした。自分が親からしてもらっていないことは子どもにしてあげることができないということは、以前から勉強して知っていました。でも逃げずに頑張ろうと思い、実践に取り組みましたが、初めの３回はなかなか事例としてまとめることができませんでした。Ｂ君が欠席しているというわけでもないのに、私はほとんどＢ君と関わっていなかったのです。

なぜ、こんなにＢ君との関わりの場面が少ないのかと先生に指摘され、私は「他にも気になる子がいて、その子と関わっていました」とか「とても強引な子がいて引っ張っていかれました」などと言いました。しかし、それは自分を正当化するための巧みな言い訳にすぎませんでした。

角田先生に話を聞いてもらっているうちに、私は自分の本音がわかってきました。私はＢ君の側にいても何もしてあげられることがなかったのです。つまり、Ｂ君の側に私の居場所はなかったのです。それが私には堪えられませんでした。そんな時、第一課題（実感）、第二課題（安全・安心）、第三課題（信頼）を課題にしている子ども

たちに「先生、こっち来て」と言われると、私でもしてあげられることがあるので、そちらに逃げてしまっていたということに気がつきました。そんな私に、角田先生は「何もしなくていいから、とにかくＢ君から逃げず、Ｂ君の側にいられるように頑張ってみよう」と言ってくれました。

　４回目の実践では、とにかくＢ君と一緒にいようと、私は心に決めて臨みました。すると、私の言動に少し変化がみられました。園庭に出て遊ぶという時、Ｂ君が私の手を握り、「先生、一緒に遊ぼう？」と言ってきました。私は「いいよ」と答えましたが、靴を玄関に置いてきてしまったことに気がつきました。以前の私なら「先生もう少し中ですることがあるから、Ｂ君、先に行ってくれる？　ごめんね、後で行くね」などと言っていたように思います。私は昔からどうでもいいことをごまかしたり、嘘をついたりしてしまう所がありました。この話でいうと素直に「玄関に靴を置いてきた」と言えばなんでもないのに「まだ中で用事がある」などと言い換えてしまう所です。そして、「私が靴を忘れてきたがためにＢ君の遊ぶ時間が減ってしまっては申し訳ない」というように、変に気をつかってしまう所もありました。

　でも、今回は違いました。「ごめん、Ｂ君、先生の靴、玄関にあるんだった。一緒に取りに行ってくれる？」と言ったのです。なんでもないことのようですが、私にとってはとても大きな嬉しい変化でした。代弁はまだまだですが、少しずつ子どもの気持ちを受けとめ、交渉することもできるようになってきました。

　この日の事例を角田先生に検討していただいた時、先生に「すごいじゃないか、前はこんなこと、言えなかっただろう？　すごい！　すごい！」と言ってくださいました。その言葉が私にはとても嬉しく、あっ、これが保育に手応えを持つってことなのかな？　今、先生が言ってくれたことが自分の頑張った姿を認めてもらう、気持ちを受けとめてくれる、喜びを共感してくれるという、私に欠けていて私が一番して欲しいことなのかなと感じました。

　これからも勉強し続け、初めは見様見真似であったとしても、いつかは自分のものにできるように頑張っていきたいです。そして、子どもたち１人ひとりを受けとめ、しっかりと抱きしめることができる保育者になりたいです。

　Ｒさんは、働きたかった園で一度は不採用になりましたが、このように目覚めた後、再び同じ園での採用試験では見事に採用されました。後ほど耳にしたところによると、

同じ人とは思えない、別人のようにしっかりした人のように思えたとのことでした。目覚めてまもなく「先生」として子どもの前に立つことになりましたので、初めのうちは相当苦労したようですが、先輩や上司の支持、指導を得て、徐々に元気が出てきたとのことでした。

（6）Sさんの場合

　私は、今まで体の成長と心の成長とが一致しているのが当然であると思い込んでいたために、授業の中で「気になる子」の話をされても、理解することができませんでした。しかし、実習の中で実際に実年齢に見合った発達をしていない子どもを目にして、初めて「育て直し」の重要性に気がつくことができました。さらに、私には以前から自分に自信が持てず、自分のことを好きになれなかったので、自分と向き合うよいきっかけになると思い、この角ゼミを希望しました。

　私は、4歳児のC君を対象に、事例研究に取り組みました。私がC君を対象児に選んだ理由は、C君が口より先に手が出てしまうという暴力的な態度が目立ったからです。

　先生の助言を受け、くすぐって抱きしめるなどのスキンシップを大切にしてC君に関わると、後期の初めにはC君から抱っこを求めてくるといった姿を目にすることができるようになりました。私はC君の思いを受け入れ、さらにスキンシップを図っていくと、次第にC君が私を独り占めするようになり、その姿が赤ちゃんのように見えてきました。しかし、「一般に赤ちゃんと言っても月齢差で発達の様子が大きく異なるので、C君をよく観察し、それに合った関わり方が必要だ」と、先生に指摘されました。

　先生の助言を受け、その後C君と関わってみると、自分が「代理ママ」をしているような気持ちになり、人見知りをしている親子関係はこんな感じかなと思うようになりました。C君の姿は、生後6ヶ月過ぎから始まる「人見知り」現象に似ており、その後「後追い」と思える現象も見えてきたために、C君との別れ方が頭を悩ませることとなりました。

　私は初め、別れを嫌がるC君の気持ちを受け入れることよりも、授業開始の時間を気にする自分の気持ちを押しつけてしまっていました。第2回では、「時間にゆとりを持ってC君に終わりの話を切り出すと、自分の気持ちにもゆとりを持って関わるこ

とができる」と助言を受けたので、第3回では、おわりの時間を告げながらもC君の気持ちを受け入れるように関わったところ、一旦はC君もわかってくれました。しかし、いざ私が靴を履いて帰ろうとすると、C君は半泣き状態となり、担任の助けを借りてやっと別れました。そのために、C君は第三課題（信頼）の課題が達成できていないことがはっきりしました。

　第4回では、おわりの時間が来たのでC君にいきなりおしまいであることを告げてしまい、C君が怒り出して私をたたいてきました。C君にたたかれながら、C君は私と別れることが辛かったのだと気がつき、それをやりとりすると納得して別れてくれました。この点について、先生からはC君にいきなり別れを切り出したことを指摘され、今日は楽しかったねとC君と会話してから別れを切り出すように指導されました。

　5回目では、別れる時に助言を思い出して切り出したところ、思いの外すんなりとC君が別れてくれて驚きました。

　私は1年を通してC君と関わりましたが、思うように進展せず、頭を悩ませることが多々ありました。しかし、一方で、C君の成長を感じることができてとても嬉しく思います。「育て直し」を学ぶ以前の私は、C君のような口より先に手が出てしまう暴力的な子どもを「問題児」として分類してみていたでしょう。しかし、C君との関わりを通して、それが子どもの発する「SOS」であること、子どもの気持ちを受けとめて「代弁」をして接していくことの大切さに身をもって気がつくことができました。私自身まだまだ勉強の途中ですが、子どもの心に目を向けることのできる保育者を目指したいと思います。

　最後に、私は人前で涙を見せることが嫌いでした。しかし、ゼミ活動を通して、嫌いなのではなくできなかったということに気がつきました。母は私を他の兄弟と同じように愛していてくれているのかと不安で、自分に自信が持てませんでした。他のゼミ生と先生との本音の会話に混じっていた時、母は私の身方をしてくれた時があったことに気がつき、1つ不安が減り、それが自信へとつながりました。私自身がまだまだC君と同様に発達の途中ですが、1つずつ自分と向き合い、学んで成長していきたいです。

　ゼミ生とのゼミ活動やC君との関わりが自分に自信を持たせてくれて、自分を好きになれたことをとても嬉しく思います。

（7） Tさんの場合

　私が角田ゼミに入った理由は、子どもとうまく関われなかったことに不安を感じたからです。また、「自分」という私が不安で、もっと自分自身を改善したいと思ったからです。

　1年生の時、角田先生の授業で、人間は親にして欲しかったことや言ってもらいたかったことをしてもらっていないと、成人しても思い残しとして持ち続けるということを知りました。これを知った時、何かが私の中で引っかかりましたが、多少両親に不満があっても、私はやりたいことをさせてもらっているし、両親が働いてくれているおかげで今の自分がいる。親から虐待をされているわけではないから、私は幸せな方だと思っていました。しかし、それは間違いでした。

　私が実践させてもらった保育園は、実践時間がすべて自由遊びの時間でした。自由遊びよりも子どもの前で手遊びや絵本を読むことの方が楽しかった私には、毎回の実践は、年中児D君とうまく関わることができないことも含めて苦痛でした。

　私は、スキンシップにも抵抗があるし、代弁もなんと言えばいいのかわからないし、喧嘩の仲立ちもできません。私はそのような自分に疑問を持っていました。後からわかってきたことですが、それは乳幼児期の大切な人間形成としての基礎を作らなければならない時期に、スキンシップをとること、人見知りや後追い、代弁してもらうこと、仲良し二人遊びや三人遊びと、どれも体験していないことが事例検討を重ねるうちにわかってきました。どうしていいかわからなかったことは全て乳幼児期の体験がなかったことが原因でした。

　普段の生活から、私は笑うし、人見知りは経験したし、友達もいるし、もし自分が発達課題で引っかかるとすると、三人遊びの段階だろうと2年生の6月頃まで思っていました。だから、私が、第一課題（実感）、第二課題（安全・安心）で発達がとまっていることを知った時、本当にショックを受けました。

　私は、前期に対象児として関わっていた年中児のD君に「嫌い！」と言われました。その「嫌い」の意味を友達や好きな人に言われたのと同じように受けとめてしまったために、これ以上D君に嫌われないように、D君と関わらないで避けていました。

　それは、私が今まで人に嫌われないように自分をごまかして生きてきたからでした。D君との関わり方は、友達にも家族にもつながっていました。誰からも嫌われないように、相手の顔色をうかがって機嫌をとり、気をつかって、自分に正直になっていま

せんでした。

　私はこれをきっかけに自分と向き合うようにしましたが、最初は何をどうすればいいのか、自分がどうなっているのかなどわかりませんでした。自分の過去を振り返り、思い出し、自分と向き合うことは辛くて悲しいことばかりでした。それでも、私は自分の中で整理して、自分というものがわかり、子どもと接する時はこうすればいいんだとわかってきたのです。

　しかし、2年生の11月末の事例検討から、本当は自分と向き合っていないことがわかりました。それは後期に関わった年中児E君に接したことでわかりました。向き合っていたつもりが、辛いことを頭で受けとめ、心で受けとめていませんでした。「この時私はこうしてもらいたい、このように言って欲しかった」というものが私にはなかったからでした。今まで私は何をしてきたのだろうかと、本当にショックだったし、くやしかったです。

　自分の情緒体験の乏しさから、子どもとうまく関わることができない、間違った関わり方をしているなんて情けなくなくなりました。さらに、自分自身が保育者を目指してよいのかと不安になり、自信をなくしました。また、E君に関わることが怖くなって園に行くことが嫌になりました。

　しかし、「E君＝自分」と置き換えて、E君には自分がして欲しかったことや言って欲しかったことをしてあげたいと思いました。その結果、次の4回目の実践の時、これまでE君には拒否され続けていてうまく交われませんでしたが、先生がE君を見て「E君、今日は元気がないね。お熱があるかな？　体温計を持ってくるからそこで待っていてね」と言い残して部屋に行きました。その間に、「E君、お熱があるかな？」「のどが痛いのかな？」と声をかけると、E君は頷きました。「お母さんにお話ししたの？」と言うと、E君は首を振りました。「そう。E君、偉かったね。よく我慢してきたね」と言うと、突然E君は自分から私の膝に入ってきました。それまで、E君に拒否され続けましたが、私に甘えてきてくれてびっくりしたけれど嬉しかったです。このことで、保育に手応えを持つことができて、私にもできるのだと自信を持つことができました。

　結局、E君は私より発達段階が上でしたので、E君を育て直すことはできませんでした。その反対に私はE君から、本当の自分に向き合うきっかけをもらいました。E君のおかげで、自分に自信を持つことができました。私の課題はまだまだありますが、

今、自信を持って「昨年までの自分とは違う、新しい自分になれた！」と言えます。

私はもっと成長し、今回の事例を通して、保育者になっても子どもとの関わり方をいかしたいです。「育て直し」を必要としている子どもには、私は「代理ママ」になり、乳幼児期に大切な体験をさせてあげることを目標としたいです。

（8）Uさんの場合

Uさんは自分で自分の生い立ちを語らなかったら、彼女が未だにそのような苦労をしているととても想像がつかないほど、明るくしっかりとした学生生活を送っていたので、話を聞いた時には一同驚きの声をあげました。

私は、今まで家族での楽しい思い出は1つもなく、家は苦痛の場所でした。例えば、幼少時は、母親にたたかれて裸で外に出されたことも度々ありました。短大に入ってからも、頭痛がするので医者に行きたいと、母親に言うと「あんたは金食い虫だ！」と言われ、アルバイトで貯めた金で診てもらいました。保育園でも悪いことをすれば頭ごなしに叱られ、気持ちを受けとめてくれる先生なんて1人もいなかったし、毎日行くのが嫌で泣いた思い出があります。

その中でも最も辛かったのは、給食の時に食べきれなかったパンのみみを園服のポケットに入れた時のことです。2人の先生に別の部屋に連れて行かれ、1人の先生に椅子に座らされ、両手を押さえつけられました。もう1人の先生が私の目の前でカッターナイフをちらつかせたので、すごく怖い思いをしました。

私は1年生の授業で、「親を大切にできなければ、子どもを大切にできない」と聞いた時、私は自分が保育者の道に進んでよいのか悩みました。だから、私はこのゼミに入って、子どもと関わり、自分が本当に保育者になってよいのか確かめることにしました。

2週間の保育実習で出会ったF君は年少児でした。実習初日から、「先生、死んで！」とか「ぶっ殺す！」と口走り、蛙を踏みつぶして笑いながら「死んじゃった」と言うような子でした。くすぐっても笑いませんし、気に入らないことがあると、砂やおもちゃを手当たり次第に投げつけます。そこで、私はF君をくすぐっては抱きしめたり、背中をさすったりしてみました。

2週目になって、ジャングルジムの上からF君は「怖いから降ろして」と言い、初めて正面から抱くことができました。実習最終日、いつも私のことを「くそババー」

と呼んでいたF君が「先生、隣に座って！」と言い、私の手をとってくれました。私は嬉しくてもっとF君と関わったらどうなるだろうと思って、後期の事例対象児にしました。

　事例研究では、週1回くらいしかF君に会えませんでしたが、会うたびに少しずつ変化していくF君がいました。私に向かって「ばか！」「あほ」などと言ったり、蹴るとかパンチしたりしてくるのは、F君の中にある誰にも受けとめてもらえない寂しさや怒りの訴えだとわかってきました。一見、乱暴な子だと思うかもしれませんが、全面的に受けとめてあげることで、素直になりたい気持ちが見え隠れしていることもわかってきました。

　今までの私の人生を振り返ると、いろいろなことがありましたが、隣のおばさんや4年に1度くらい会う父方のお祖母さんが、辛い時に側に来て私を抱きしめ、そのままの私を受けとめてくれていたから、今、私は自分に自信を持って自分の道を歩くことができるのだと思いました。そして、私は今、気になる子と心から向き合うことができます。私が角田ゼミを選んだ理由は、自分と向き合いたいと思ったからですが、本当によかったと思っています。

　なお、Uさんは隣のおばさんに就職祝いの品をもらい、卒業パーティーを開いてもらって最後はおばさんと泣いて抱き合ったと聞きました。当時、母親は自分の子育てに過ちのあったことを詫びていませんでしたが、母親との関係改善の糸口をつかんで、Uさんは卒業していきました。

（9）Vさんの場合

　Vさんは筆者のゼミ生ではありませんので実践と検討を繰り返す事例研究は経験していません。筆者は2年間の養成課程の中で毎前後期に講義や演習の授業を担当しており、その教え子の1人です。この授業では、時々、二段階人格形成による育て直しの話をしたり育て直しに関するビデオを見せたりしていました。Vさんは2年生の6月、保育所実習を前に突然面談を申し込んできた学生です。

　Vさんの家族は父方祖母、両親、姉と弟の三世代6人家族です。幼少時、姉が遊び相手になってくれましたが、Vさんは両親に可愛がられた記憶がありません。中・高校時代も姉や弟に比較され、自分なりにいい点数をとっても「もっと勉強しろ」と言

われて、ほめられたことはほとんどなかったそうです。Ｖさんが親に少し甘えると、親は憂鬱そうにするとか相手にしてくれませんでした。中学時代の保育体験では、友達が上手に子どもの相手をしていて恥ずかしかったと言います。

短大に入ったのは、他になりたいものがなく、何となく保育者に向いていると思ってのことです。初めて筆者の授業（社会福祉）を受けた時から「とても嫌でした。触れられたくないところを触られたような気がして、泣きたくなるような気持ちになると同時に、何でこんなことを言うのかと怒りに似た感情さえ持った」ことを覚えているそうです。

その後、筆者の授業を受けるのが嫌になり、本を読んでいるふりをしたり時間をつぶすことに精一杯になったりしていました。１年生後期のテストではくすぐって抱きしめたと書けばいいだろうという思いで回答しました。先輩のゼミ発表（事例研究に取り組んで）を聞いた時、こんなふうに思い切り話せてよいなーと半分思い、「角田先生のやらせかな」という気持ち半分で聞いたそうです。

その一方、一年秋の幼稚園実習（２週間）で子どもを素直にほめることができない自分がいることに気がつきました。しかし当時はそれを認めるのが嫌で、ずっと心の奥にしまっていました。しかし、１年生末の保育所実習（２週間）ではその気持ちが強く浮き上がり、筆者を訪ねようと思いましたが、そのまま時間が経ってしまい、２年生の保育所実習の前にやっと筆者を訪ねてきたというものです。

筆者はＶさんの今までの内心を聞いて、よく自己分析できていることがすばらしいことと、ぎこちなくても保育所実習では子どもをほめる努力をして、その結果で話し合うことを約束しました。なお、１年生の間の筆者の授業にはまじめに出ていたので、そのわけを聞いたところ、いくら不愉快であっても「よい子」をしていないといけなかったので、まじめに出席していたそうです。面談後は、胸のつかえがとれてすっきりしたし、もっと早く訪ねればよかった、とＶさんは思ったそうです。

しかし、夏期休暇中だったからかもしれませんが、実習が明けてもＶさんから連絡がないまま次の面談は２ヶ月が経っていました。Ｖさんと廊下ですれ違った時、さえない顔であったので筆者から声をかけると、そこで面談となりました。

保育所実習初日、担任からほめ方がぎこちないと指摘された時、本当にショックでした。しかし、それをきっかけにすかさず内心を打ち明けたところ、担任はＶさんの努力を「肩の力が抜けてきたよ」「ほめ方がうまくなったね。それでよいよ」とほめ

てくれました。実習最終日、これでよいのか自分自身がどう変わったのかなど不安が続く中で、自分でもスムーズにほめられたかなと内心思った時、出張に出かける間際の担任が「それでよいよ！」と叫んでくれて、ものすごく嬉しかったそうです。

　その後、親にほめられたことはないけれど、Ｖさんは母親の得意な料理を中心に自分から母親をほめるようにしました。当初母親は「何言っているの？」と怒った感じでしたが、徐々に受け入れて「そうでしょ」と笑顔すら出るようになりました。しかし、就職採用試験で不合格の知らせが届くと、母親は昔の母親になり、努力が足りないとＶさんをののしりました。母親の態度に愕然としたＶさんは、「私の努力がたりなかった」と自分を責め、母親と距離を置くようにしているとのことでした。

　そこで筆者は、Ｖさんも自分を責めるといった昔の自分に戻っていたので、喜びを共感できるようになった新しいＶさんになっていると支持しました。子どもにほめられて笑顔を見せられるようになった母親は、昔の姿を出した自分への自己嫌悪に陥っていると所見を伝えました。もう一度母親を見て間違っていないようなら自分から母親の機嫌をうかがうことなく、次に控えている幼稚園実習では新しいＶさんで園児をほめるようにと指導しました。

　筆者が園を訪問した時、Ｖさんは明るい笑顔で、その都度膝を折りながら子どもの相手をしていました。園長もＶさんはいちいち膝を折って子どもの気持ちを確かめながら保育をしているとほめていました。幼稚園実習で使用する教材の支度をしている時、当初母親は黙って手伝ってくれていましたが、まもなく「今まであまりＶ子をほめることなくて、ごめんね」と言ったそうです。突然でしたが嬉しかったし、Ｖさんは母親に対するわだかまりがとれて、母親を許す気持ちになったとのことです。

　本学科の秋の恒例行事『こどもまつり』では、あるセクションの責任者を務めましたが、母親は応援の声をかけるより「あんたにできるの？」「しっかり準備しなさい！」など言いました。Ｖさんは以前と違ってそれにへこたれることなく、逆にＶさんは母親に「お母さんは私を励ましてくれているの？」「悪い癖が出た。応援してよ」などと言い返したことを冷静に語っていました。私は新しいＶさんが確実に定着していることを感じました。

　暮れの授業（社会福祉援助技術）で口より先に手を出す乱暴な子どもの事例検討をした時、その授業後Ｖさんは私の側に来ました。Ｖさんは保育園時代からカッとなると物にあたることがありましたが、「代弁」されないと改善できないかとの質問でし

た。私はVさんがそうした育ての親に出会えれば幸いだが、どうしたいきさつでカッとなったか、後からでもよいので思い出してメモするとかその場にいた人に教えてもらうことなどして、自覚することをすすめました。Vさんには合点がいったようでした。

　同期生のゼミ発表を聞いた時は、事例を読むことができて共感できました。昔の自分のように未だに角田先生を嫌だと思う学生もいるだろうなとも思ったそうです。

　２年生後期試験後、内定園に研修に入りましたが、卒業までに今までの経過をレポートするように依頼したところ、４月になってやっと届きました。そこには、Vさんの家庭では親子、両親それぞれがほめられたことがないことを認め、お互いにほめあうことをして育て直しをしており、Vさんが姉や弟と比較されることもなくなったとのこと。内定先での研修中クラスの先生から「先生のほめ方はよいね」と認められたこと。さらに悩んでいる後輩が思い残しを自覚するきっかけや先生に話そうと思えるようなきっかけになれば幸いですと添え書きがありました。

　Vさんのレポートは私の期待に添うほどの詳細なものではありませんでしたが、自分の手元の記録と食い違うものがあることに気がつきました。Vさんとのその時々の問答とVさんの記憶に残されたもの（レポート）との間に、付き添う者が残す記録があることの大切さを実感しました。

　なお、Vさんの賛同を得たので、早速、後輩に育ち直りの例として紹介しました。

（10）事例指導を振り返って

　Xさん、Yさん、Zさんは、10年ほど前に指導・助言した当時の保育者養成課程で学んだ学生の研究レポートや卒業レポートです。研究レポートの後半に引用されているDさん、Eさん、Fさん、Gさんは、研究課程の学生で事例研究を主題研究集録におさめた方たちです。当時の研究課程の学生で事例研究に取り組む方は毎期１割弱でした。まだ、保育研究というと文献研究や調査研究が大半という時代でした。その後、気になる子が増えて個別対応に迫られるようになるにしたがって、また事例研究法があることが知られるようになり、まもなく養成課程の学生は半数以上の学生が事例研究に取り組みたいと希望するようになりました。ゼミ生としては最大９名まででしたので、講義や演習の中でスーパービジョンした事例や研究課程の学生が行った事例研究を資料にして勉強してもらいました。また、Qさん以下、学生時代に事例研究

を通じて自ら育ち直る過程に入ることができた事例の一部を紹介しました。育て直しに関心を持って大勢の立ち直る人たちに出会うと、そこに共通点があると思います。簡単にまとめると、次のようです。

　彼女たちは、乳幼児期には人間形成の基礎を培うことに十分とは言えない体験をしています。それを何とか自分で自分に言い聞かせたり、ごまかしたりして必死に生きのびてきたように思います。乳幼児期に育て直しに出会う人もいれば、学生時代になって育て直しに出会う人もいました。乳幼児期から虐待を受けていても、同時に可愛がってくれる人に出会っていると、生き生きと生きることができるようです。

　乳幼児期に育て直しに出会っていないと、どこかおかしいと感じながら生きている人、どこかおかしいと感じながらもそのようなことはないと自分を言い聞かせて生きてきている人がいるようです。中には、自分には思い残しはないと思い込んで生きている人もいます。当事者にとって自分に思い残しがあることを認めることは、自分で何とかしたいと思っていても大変に苦労と苦痛を伴う作業のようです。ましてや私が授業で取り上げたように誰かから自分に向き合うような刺激を与えられた時は、反感や反発心がわくようです。しかし、保育で子どもと関わることがあると、関わり方のぎこちなさを自覚して、思い残しを認めざるを得なくなるようです。

　この時、誰かが支持してくれると、思い残しを認めやすくなるようです。本人は一時的には自己嫌悪に陥りますが、誰かに受けとめられ、心地よいものを感じられれば感じるほど、今までがおかしかったことを自分で受け入れられるようになります。

　生まれ変わった後は、可愛がられる体験が大切です。自分の存在が認められ、自分の挑戦・取り組みを支持されると、一層やる気が出てきます。事例研究に取り組み、子どもの発達課題を促す関わり方に手応えを持てると、嬉しさが込みあげて、もっと子どもと関わりたい気持ちになります。子どもに関わりながら自分自身に手応えを持つようになるのです。

　当時の1年生や2年生が取り組んだレポートを読み返しながら、今の私だったらこの学生にもう少し適切な学生理解と指導ができたのではないかと思うものがいくつかありました。当時の学生には申し訳なく思うとともに、ここに私自身の成長あるいは熟達した努力の跡がうかがえるのかと思いました。保育者養成や現職教育のためにだけではなく、自分自身の成長と熟達のためにも事例検討に取り組んでいこうと、思いを新たにしています。

第 3 章

思春期の子どもから大人までの「育て直し」「育ち直り」

1　不登校と「育て直し」

　思春期以降の子どもや大人が心の問題を現した時、一過性のものとその人自身の育ちに関わるものを現している場合があります。きれいに2つにわかれるわけではありませんが、一過性の場合はその後の経過を見ると、本人が自分と向き合い周囲が立ち直りを支援した結果で、一過性と言えることになります。

　その人の「育ち」に関わるものを取り上げてみましょう。例えば、不登校、いじめ、非行、摂食障害、精神病、人格障害、神経症、アルコール等依存症などです。これらの名前は、医師が名づける診断名や心理職員が名づける心理判定されたものなどです。精神病といじめを比較した時、何となく精神病の方が重いとか治療が難しいと誰にもわかっています。しかし、診断名にしても心理判定したものにしても、これらは並列的に並べたもので、はっきりと発達の視点でとらえていることはないようです。

　このような病名や判定などは、誰もが体験して大人になるものではありません。むしろ発達途上で、発達の停滞や歪みが問題行動や症状となって現れたものといえます。また、仮に精神病の1つである統合失調症になったとしても、その後ずっとその状態の方もいますが、一方では立ち直っている人がいます。この場合、立ち直っている人は、仮に通院・服薬の必要がなくなっても「寛解」として扱い、「治った」と聞くことは珍しいことです。

　筆者は、心の問題行動や症状を現した人（思春期以降）を発達の視点から理解することを提案し、未だに体験していない乳幼児体験、あるいは今体験しようとしている発達課題を達成できるように関わることをすすめています。以下では、立ち直っていった人たちを紹介します。

　文部科学省が行なう学校基本調査によると、小学生・中学生の年代における「不登校」児童・生徒の数は昭和50年代初頭から増え続けています。一説によると、それよりさらに10年ほど前、すなわち昭和40年代初頭からこの傾向は続いているとも言われています。今40代から30代の人たちは不登校の増加傾向の中で小・中学校生活を送ってきたことになります。

　不登校については、これまでも多くの人たちが実践活動や研究活動に取り組んできました。その結果、不登校が過去の問題になった人もいれば、不登校を「とじこもり」

として引き継いでいる人や、自分の子どもが繰り返していて問題解決に至っていない人もいます。

　今では、不登校の問題は、小・中学校の教育問題から社会問題となってきました。全体としては「不登校」の問題は深刻さを増すばかりで、どこから取り組んだら解決策や予防策が打ち出せるのか、深い霧に包まれた状態といえます。

　「不登校」は誰もが経験して大人になることではありません。不登校になる人は、その時、その人にとって必要性があったことでしょう。そこで、どのような必要性があったかが問題になります。不登校になっても、何かに気がつくと再び不登校になることはありません。それは何に気がついたからでしょうか。さらに、不登校になった人が親になって、その子どもが繰り返した人もいれば、子どもには現れていない人もいます。この違いをどのように理解したらよいでしょうか。

　筆者は、小学生や中学生とその親や教育者などとの不登校についての相談においても、「二段階人格形成論」による「育て直し」という考え方で実践活動をしてきました。こうした相談活動から学んだことを紹介しましょう。

(1) A子の場合（精神病症状の事例）

　私が相談を受けた時、A子は中学3年生で、不登校状態を脱して登校できる時だけ登校する状態になっていました。それまでの経過を聞くと、中学2年の秋、不登校になる少し前から中学校から帰宅すると、「怖い、皆が追ってくる」とか「皆が私を見ている。目が怖い！」などと言いながら、部屋の隅っこで1人で震えるようになりました。

　母親は若い時に保育士をしていたことのある義理の母親で、A子を見てかわいそうに思い、家事もそこそこにしてA子の震えが収まるまで抱きしめていました。

　そのうちに、A子は登校をやめて、母親に添い寝を要求するようになりました。そこで、母親はA子の思いを受け入れて添い寝をするようにしました。一方では、A子の様子を見てこのままでよいのか心配になり、知人に相談をしました。すると、知人は心の相談室に電話相談をかけてくれて、その結果を教えてくれました。精神病の心配があるので、児童精神科医に診せる方がよいというものでした。それを聞いた母親は、A子を精神病扱いにはできないと思いました。A子をあずかってから初めて自分に甘えてきているので、もうしばらく様子を見ることにしました。

やがてＡ子はただ寝ていることに耐えられなくなったのか、ごそごそと部屋の中で遊び始めました。そして、母親に絵を描いてくれとか折り紙をしてくれなどと言いだしたので、園児を相手するようにＡ子の相手をしました。

　やがて、Ａ子は妹の帰りを待ちわびるようになり、帰宅すると妹を相手に遊ぶようになりました。

　その後、Ａ子は中学校の様子を気にするようになり、帰宅時に立ち寄って届け物を置いていってくれていた幼なじみと会って話をするようになりました。そして、彼女たちと土曜日や日曜日に外出するようになりました。私との面談は、その友達と一緒に登校を開始したところだと言います。

　私は義理の母親の話を聞きながら、Ａ子が震えてうずくまっている時に、抱きしめたことが何よりもＡ子には適切な関わり方であったと、他の事例を引き合いに出しながら具体的に説明しました。この時、第一段階の実感が課題であったか、第二段階の安全・安心を課題にしていたのかは確かめませんでした。それはその時、精神病であったかが問題ではなく、当時母親がとった関わり方がＡ子にとって必要な、求めていた関わり方であったと思ったからです。

　部屋の隅で震えているＡ子は、拒まれることなく抱きしめられたことで人とのつながりができ、甘えることで見捨てられないことを実感したのではないかと思います。

　Ａ子は育ち直りの過程を歩んできた、母親はＡ子の育て直しに取り組んできたと思いました。義理の母親は、今でこそ落ち着いていられるが、一時はＡ子を精神科医に見せた方がよいのではないかと真剣に考えたこともあったそうです。

〈コメント〉

　久しぶりに出会った母親からは、Ａ子が結婚し、楽しく子育てをしていることや、Ａ子に連れられ実家に顔を出す孫も、健やかに育っているとの報告を聞きました。

　相談を受けた時点ではＡ子が精神病であったかどうかは定かではありませんし、過去そのような状態であったかどうかも聞き出してはいません。本当は聞き出したいところですが、この時はその後の経過を聞くことができたことに感謝したものです。

（２）Ｂ君の場合（自室に籠城の事例）

　Ｂ君は中学１年の一学期は元気よく登校していましたが、二学期になると時々休むようになり、学期末には不登校状態になりました。学校を休んだ時、Ｂ君は家の中で

気ままに過ごしていましたので、両親は怠学と判断し、登校刺激を与えていました。三学期には担任のすすめで巡回不登校相談を受けたり、市民病院で受診したりしましたが、その指導結果は当分登校刺激をしないで、見守るようにというものでした。

しかし、中学2年の一学期にはB君は家族との接触を避けるようになり、母親の作った食事もとらないで、コンビニで買い食いをする状態となりました。あまりに静かなので、生きているかと心配になるそうですが、内側から鍵がかかっているので、中を覗くことができない状態です。

中学2年の二学期になって、学校のすすめで母親が来談しました。生育歴を聞くと、抱っこしたことは少なく、クーハンやベビーカーを使っていました。人見知り・後追い現象はなかったし、母親はそれが当たり前と思っていました。保育園では元気が良く遊んでいたためか、保育者から何か指導されたことは記憶にないそうです。

生育歴から、B君は人になつくことがなかったようですし、現在は自室に籠城し、家族意識が持てないようです。そこから、母親の置いておく金を使って買い食いをしているので、第一段階の生きていたいことは確かかなと思いました。第二段階の発達状態、すなわち家の中の自室がB君にとって「安心できる場所」だとわかっているとも理解しました。次には、誰かとつながっていること、できることなら家族の誰かとつながる感じが持てるようになることでしょう。そのために母親はまずB君が食べなくても食事を作って、黙ってあるいは「ここにごはんを置いておくよ」とだけ言って部屋の前に置き、時間を見て引き上げることから始めることを助言しました。

以後、母親からは継続的に相談にのって欲しい旨の依頼がありましたので、カウンセリングを開始することになりました。その後の経過を簡単に紹介すると次のようになります。

家族が食べる食事を部屋の前に置くことを開始しても、しばらくは全く見向きもされませんでした。母親はこのようなことをしても無駄であると思っていました。しかし、それに対しては、B君が食べることを期待するのではなく、親としていや人として当然するべきこと、ここでは3回の食事を必ず作って置いておくことを行うことと助言しました。

やがて、B君の好きな食事について、お盆の位置がずれていることに気がつき、食事を置いて階段を下りる時に物音がするようになりました。さらに、2ヶ月も経つと食べてあることも見られるようになりました。そこで、何が食べたいかをメモして4

つ折りにしてお盆に載せておくと、自分の食べたいものがメモしてあるようになりました。母親が床につく頃、1階のトイレを使うようになり、母親から声をかけると返事をして2階に戻るようになりました。そして、母親だけが起きている時、冷蔵庫のジュースを飲むようになり、お腹が空いた時には母親の作る軽食を母親の前でとるようになりました。

　母親とだけしゃべるようになり、そこに妹が入るようになり、弟も入って話すことができるようになりました。最後に父親も入って食事がとれるようになりました。

〈コメント〉

　この事例では、B君の発達段階を第二段階、すなわち安全感覚は持っていると判断し、人による安心がわかっていないので、それがわかるように関わることを助言しました。必ず母親が食事を作って届ける、その機械的な行為がB君には安心となり、それを行っている母親への関心が向くことをねらって助言しました。食べないものを作って無駄であるとか、もったいないとか考えがちですが、物による安心感覚から取り組むことをすすめました。

(3) C君の場合（家庭内暴力についての母親との面談事例）

　C君は登校しても学校では問題を起こしていませんが、中学2年の三学期から家庭内暴力がエスカレートしました。

　担任に家庭での暴力について相談しても信じてもらえませんでしたが、中学3年の三学期になって私立高校に進学が内定してからC君は学校を休むようになりました。心配して登校をすすめるために訪問してきた担任は玄関の電話線がちぎられていた跡や障子戸の桟が折られているなどした現場を見て、初めて家庭内暴力のあったことを認めてくれました。しかし、家族に対してどうしたらよいか指導がなかったので、母親は来談しました。

　C君の生育歴を聞くと、人見知り・後追い現象があったようななかったようなと、曖昧な記憶でした。家庭内暴力について聞くと、最初は物に当たっていましたが徐々に母親に向かって投げるようになりました。今では母親と2人の時に些細なことで母親を殴ったり蹴ったりする一方で、母親が鼻血を出した時には、それに気がついたC君は慌てて手当したこともあるそうです。

　生育歴と現在のC君の家庭内暴力の様子から、C君は直感的には母親を大切な人と

認めていますが、裏切らないか、見捨てられないかを確かめているように思えるので、母親には第三段階（信頼）の課題からやり直すことと説明しました。生育歴が曖昧なことを詫びて、大きな赤ちゃん扱いをして裏切ることのないようにC君にいちいち断りを入れて行動するように指導しました。自分1人で取り組む自信のなかった母親とは、申し出によりカウンセリングをすることになりました。

　翌週には、母親は開口一番、C君の暴力の振るい方に変化が見られるとのこと。先週帰宅してから姉とC君のアルバムを見ながら生育歴をさかのぼった時に、姉に泣きじゃくるC君を置いて仕事に出かけたことがあったと言われ、母親は反省したそうです。

　この後、母親がC君を大きな赤ちゃんと見て、裏切らないようにC君の気持ちを確かめながら関わると、暴力の振るい方に変化が見られました。当初は母親の顔面に向けて物を投げていましたが、顔をめがけなくなり、上半身から下半身に向けるようになり、さらには、母親の足下に投げ、壁に向けて投げるようになりました。さらに、言葉で自分の気持ちを言うようになる（第四課題の言葉）と、それだけ暴力に訴えることがなくなりました。

　一応中学を卒業し高校に進学しましたが、夏休み前には欠席が目立つようになりました。二学期には休むことが多くなり、C君と親は相談してひとまず休学して進路を考えることにしました。母親がC君に、誕生日の祝いに何が欲しいかを尋ねると、C君は「出席日数だ」と答えることもありました。結局、高校を退学して、自分を雇ってくれる電気店で働くことになりました。しばらくして、C君は、店主が丁寧に教えてくれるので仕事が面白いと言って喜んで出かけていると、母親から報告がありました。

〈コメント〉

　他人のいない時に些細なことをきっかけに、母親や兄弟姉妹が対象になる「家庭内暴力」は、子どもが母親を母親として大切な人として直感的に認識していると思います。ですから、どのような暴力を受けていても、母親は子どもを裏切るような言動をとったことはないか、見捨てるような言動をとったことはないか、などしっかり振り返り、思い当たるようだったらそれを子どもに詫びることが必要です。暴力に気持ちを奪われるあまり、母子分離を考えがちですが、私は母子分離を極力避けるべきだと考えています。母子分離したことで生きる力がついて改善していった事例報告にはほ

とんど出会っていません。

（4）D子の場合（小2のいじめ事例）

　この事例は、明らかな不登校状態にはなりませんでしたが、対応の仕方によっては不登校になったかもしれない事例だと思います。

　小学2年の女児を持った母親からの電話相談で、学校には内緒で相談にのって欲しいというものでした。分団登校（集合場所に集まってグループで登校するもの）の途中で、いじめにあっているというものです。親がいろいろと聞いてわかってきたことは、小学校1年の二学期頃から、6年生から口でからかわれたり嫌みを言われたりが始まったようです。その6年生が卒業してからも上級生が続いていじめをしたそうです。頭に砂をかけたり、ランドセルに石や砂を入れたりしました。ランドセルが汚れていることを不審に思って問いつめたところ、D子がいじめに遭っていることが判明しました。親が担任に相談したところ、学級会や分団会などで各先生がいじめをしないように注意をされたそうですが、一向に改善の方向に動かないとのことでした。

　そこで、私はD子の生育歴を母親に尋ねました。3ヶ月の微笑みはあった、ほどよく抱っこやおんぶはしたとのこと。人見知り・後追いもあったそうです。しかし、自己主張が弱く、ぐずぐずした態度や行動が見られるとのこと。幼稚園の頃から言動の不一致も認められるとのことでした。

　そこで、私は、D子は第四段階の「言葉」で発達が留まっていると見立てました。D子の様子を見て、親はその時の感情や行動や意思を言葉でD子に言ってみること、すなわち私のいうところの「代弁」をすすめました。指示・命令的な関わり方をしていたと反省しながら、母親は他にも思い当たることがあるとのことでした。

　それから2ヶ月ほどしても何の音沙汰もなかったので、こちらから電話してみました。すると、先生もびっくりするほどにD子は明るくなり、言動の一致が見られるようになったとのことでした。電話相談を受けたその夜、父親と話し合い、両親で言動の一致が見られるようにD子に「代弁」から始めたところ、みるみる変化が見られたとのことです。

　最近になって先生も認めてくれたので、お礼の電話をしようと思っていたとのことでした。

〈コメント〉

　この事例では、母親がきちんと子どもの生育歴を思い出せるような子育てをしていたので、第四段階から育て直しに取り組むように助言しました。D子がどの段階で発達が留まっていたのかはっきり理解でき、的確に関わることができたから、D子の育ち直りが早かったと思います。いじめの解決に取り組むのではなく、D子を育て直すことでD子が育ち直れば、結果としていじめはなくなると助言したものです。

　別のケースで、いじめがきっかけで不登校になった小学5年女児の相談にのった時も、母親とカウンセリングを実施しました。当初は1人で留守番するよりもついていきたいとのことで、カウンセリングルームの中にいたり、別の部屋で待つなどしたりしていましたが、1ヶ月ほどで留守番をするようになりました。

　人付き合いが苦手である母親が子どもの相談相手になることができないことを認めた頃から、女児は登校を始めました。しかし、女児は人付き合いがうまくできなくて、人間関係に疲れると数日休んではまた登校することがしばらく続きました。母親が女児に任せる気持ちになれた後、休むことなく登校するようになりました。

　中学校では、人間関係でつまずくことなく、部活動では皆をまとめる動きをするようになっていると報告を受けました。

（5）E君の場合（不登校・ニートからの自立事例）

　中学1年の秋から不登校の始まったE君でした。親は担任に相談しながら一方では不登校に関する書物を手当たり次第に読んで、親としてどうしたらよいのか勉強したそうです。しかし、不登校のタイプとか家族の特徴などについては書かれていますが、親としてどうしたらよいかはどこにも書いてなかったそうです。三学期になって母親が来談しました。

　E君（第一子）の生育歴を聞くと、妹（第二子）にはあった「人見知り・後追い現象」がE君にはなかったそうです。E君は自室に閉じこもるほどではありませんでしたが、親との関わりは希薄であったし、現在もよそよそしい関係であることを認めていました。

　しかし、親だけではどのようにしていったらよいか不安だということで、母親とのカウンセリングを始めました。まもなく父親も参加するようになり、両親とのカウンセリングとなりました。父親も自分にできることとして、ハイキングや映画を見るな

どE君の関心あることに関わるように努力しました。しかし、登校につながることなく、進学に際しては本人を交えて話し合いましたが、親子で話し合うことができませんでした。そこで、まず私とE君が話し合い、E君の気持ちをつかんでから両親と話し合ってE君の気持ちを確かめるようにして、定時制高校に進学することになりました。

　初めのうちは高校を休むこともありましたが、登校自体は順調に続けました。そこで、両親とのカウンセリングは終了し、時々相談にのることにしました。その後、友人関係で悩むこともありましたが、進学の時期が来ました。E君は親に内緒で気持ちを聞かせてくれました。私との間で、E君は自分の気持ちを整理し、確かめていたようです。自分の行きたい大学に進学し、さらに、自分の希望する就職先に進みました。

　1年半ほど勤めてから、上司に働きぶりを認められて、期待されて新しい仕事についたのですが、そこでの上司との関係で悩み、両親と相談して退職してしまいました。しばらくして次の仕事に就く予定でいましたが、今でいうニート状態となりました。再び親からの相談にのることにしましたが、私が何度E君に電話しても出てもらえず、E君に拒否されてしまいました。

　そこで、私が考えたことは、高校進学、大学進学、就職など両親より先に私が面談してきましたので、E君が私を拒否したのは親とのぶつかり合いを求めているのかな？と思いました。

　育て直しが展開する4つの要素の内で、4つ目の要素、すなわち親が自分と向き合っているかです。カウンセリングを受けながら両親は努力してきましたが、親子の隔たりを感じてきました。これには、私のカウンセリングの力不足もあったと思います。そこで、E君の再就職をあせらないで、両親とのぶつかり合い、中でも母親とのぶつかり合いが起きてからでないと、再就職にはつながらない可能性があると助言しました。

　E君は閉じこもりながらも好きなコンサートや映画を見て生活することが1年以上続きました。そして、心配している両親に対して暴言が飛び出し、母親は少しばかりの家庭内暴力を受けました。両親はE君がぶつかってきてくれたことを、E君との関係の糸口が見つかったと受け取り、E君に関わっていきました。

　それ以後、家庭内暴力はほとんど繰り返されることなく、E君の気持ちとふれあうことができるようになり、職業訓練校に通い、就職したいと考えていることがE君と

両親との話し合いでわかりました。両親はE君の気持ちを活かすように応援しました。

親子で話し合いながら、職業訓練校を卒業してから父親の仕事仲間先に弟子入りして技術を覚え、独立して仕事を始めました。

やがて人を雇って仕事をするようになり、部下との人間関係についても両親と話し合いをしながら、人間的成長とともに会社としても大きくなっていっていると報告を聞きました。

〈コメント〉

この事例のように10年以上にわたって何らかの相談関係が続くことはあります。この事例でも、私は相談者として、1人の人間として、貴重なことをたくさん学ぶことができました。

まず、子どもに対する親のあり方について考えさせられました。親がどのような子ども時代を過ごしてきたのか、あるいは親自身も人間形成の基礎となる体験をいつ、どこで、誰によって体験してきたが問われていたと思います。そして、親自身が子どもと感情的な交流ができる、すなわち情緒体験の必要があると思います。親は子どもにどのようになって欲しいと思って子育てしたらよいのかについても、一石を投じていると思います。

中学の先生にしてみれば、定時制高校に通い続け、卒業したと聞けば、うまくいったと思うでしょう。高校の先生にしてみれば、希望大学に進学し、第一希望の会社に就職したと聞けば、うまくいったと思うでしょう。しかし、何をもって不登校の問題解決というのか、改めて考える必要があると思います。

（6）小・中学校における不登校の理解

不登校を理解する時、なぜ不登校になったのか、どのようなタイプの不登校か、誰が原因で不登校になったかなどと考えがちです。しかし、30年いや40年前から不登校児童が増え続けており、未だにこの問題解決の方策が見つからないでいる現実を直視した時、こうした発想自体から問い直してみる必要があります。

不登校はいつ、誰がなってもおかしくない問題であると言われた時期もありました。しかし、不登校は誰もが体験しないと大人になることができない発達課題でないことも、周知の事実です。

不登校においても発達の視点で見て、問題解決に向けた取り組み、すなわち不登校

児童・生徒を育て直すことで、子どもが生きる力を身につけていった事例を見てきました。現在までの不登校問題の取り組みにおいて、「心の発達」の視点が見落とされていたと思います。

　現在、私たちが意識的、無意識的を問わずに拠り所としている発達観そのものから見直してみる必要があると思います。しかも、「心の発達」は不登校児童・生徒に限ったことではなく、その親、彼らに関わる先生や専門家自身の「発達」も密接に関係している問題と思われます。

　小・中学校における不登校の問題は、小・中学校の教育の問題としてとらえ、世間は責任を追及しています。また、学校および学校関係者はその責任を一手に引き受けています。これは本当のことでしょうか。私は疑問を持っています。だからといって、学校の責任は何もないというものでもありません。学校には学校の責任があります。

　従来の学校教育は、読み書きそろばんと言われるように、子どもは先生に教えてもらい覚えるところです。すなわち、小学校入学の時点で、子どもはその段階まで心が発達していることを前提にして学校教育が成り立っているのです。義務教育を受ける中で不登校になっても、その時期からでも人間形成にとって必要な乳幼児体験をすると、子どもは学校で学びたくなり、自力登校して皆と一緒に学ぶ事例を相談事例の中でたくさん見てきました。

　学校は学校教育の前提を見直すことなく、不登校児童・生徒の数を減らすことに関心を向けてきました。立ち直った事例を分析してこなかった点については、責任追及をされても仕方がないと思います。だから、キレる生徒の問題や小1問題（小学1年での学級崩壊）などで心の教育が必要と訴えても、命の大切さを教えたいなどと言っても、具体的取り組みをしてこないので、荒れる小・中学校が出現することになります。

（7）不登校児童・生徒の求めているもの

　不登校児童・生徒は何が不足しているから、あるいは何を求めて不登校状態を続けているのでしょうか。学校の先生との不登校事例検討に参加していると、ほとんどの先生はどうしたら登校できるかに関心が向かっています。子どもの精神的自立、生きる力に関心が向くことは極めて珍しいことです。担当の先生だけを責めることはできません。先生が取り組む際の参考となる文書や書籍に、それらが載ってないからです。

学校教育を受ける前提としての乳幼児体験としては、次があげられます。
① 　微笑むことで感情の表出ができていること
② 　安全感覚で身を守る基礎ができていること
③ 　人への基本的信頼感（見捨てない人との出会い）を持っていること
④ 　言葉で表現し、言葉を理解する基礎ができていること
⑤ 　意志を持ったら譲ったり譲ってもらったりする基礎体験ができていること
　これらの乳幼児体験を持っていて、不登校になっているとか、不登校を続けている事例はあるでしょうか。もしあるようでしたら、是非教えていただいて、一緒に考えたく思います。
　これらの乳幼児体験は、子どもの立場に立つと、必ずしも親からの働きかけでなくてもよいのです。実の親にこだわる必要はありません。先生でも友達でも親代わりをしてくれたなら、それでよいのです。この後に、親自身の親としてのあり方が問われることになります。

（8）不登校児童・生徒と親

　不登校児童・生徒が親と一緒に相談に訪れることは、一般的に珍しいことです。しかし、親や担任は相当に心配して来談します。その時、親や先生は本当のところは不登校の解決というより、自分にできることを求めているように思います。親とのカウンセリングに取り組んできましたが、親を通して子どもの今の発達課題、すなわち乳幼児体験の停滞している段階を見立てて、未達成な課題を達成するように助言・指導するようにしてきました。
　親自身がしてもらった、あるいは親自身の体験した乳幼児体験は、子どもが体験するように関わることができます。
　さらに、親自身が関わることができない段階は、子どもの発達に合わせた関わり方を提示して関わってみることをすすめています。言われたように行ってみて子どもに今までと違う変化が見られると、親は嬉しくなります。当初、親は意識して子どもに関わっていても、子どもの変化に支えられて自然にできるようになります。
　こうしたカウンセリングを筆者は、発達に視点を置いた「育て直しカウンセリング」と名づけました。
　不登校の相談でも、親や先生には子どもの発達について説明します。その時、不登

校児童・生徒が順調に育ってきていると思い、手こずらせた子が問題児と思って、子どもの発達を誤解していた親などは、1ヶ月に1回程度の面談で子どもの育て直しに取り組むことで、子どもは生きる力を持っていきます。

　昔からの言い伝えに、親といっても産みの親と育ての親がいるとあります。産みの親としては、子どもにとっては男女1人ずつです。育ての親については、産みの親より育ての親という言い伝えがあるように、育ての親は必ずしも産みの親に限定をされていません。子どもが不登校になっても、親としては特に育ての親として自分と向き合う必要があり、子どもをどの段階まで育てることのできる自分であるか、自分の育ちを認めることがなによりも大切なことと思います。

　拙著『"今"からはじめる育て直し』（エイデル研究所）の読者で、この本に書いてあることを自分はしてきたと気持ちの整理ができ、これで良かったと思った方がいます。2人の娘が2人とも不登校になった時、自分は親に可愛がってもらった思い出がいっぱいあるのに、娘2人とも祖母に任せて仕事に夢中になってきたことを反省し、手探りではありましたが自分なりに娘と向き合って大きな赤ちゃんと思って関わってきたとのこと。自分が可愛がってもらっていると、自分のしてもらったことを子どもに対してもするようです。

　こうしてみると、親にとって子育てが本当に終わるのは、最後の孫が3歳を過ぎて第五課題である譲ったり譲ってもらったりの基礎ができた時だろうと思うようになりました。自分たちのしてきた子育ては、孫の子育てに現れてきます。この時になって、老いては子に従えとの言い伝えがありますが、人はそれを受け入れられる心境になるのでしょうか。

（9）不登校児童・生徒と教育者

　小・中学生の不登校問題に際して、先生の関心は子どもが登校することにあります。しかしそのことに責任を持つのではなく、先生にできることとして、子どもの心の発達段階を見極めて、子どもに関わることをしてみることが必要です。不登校の子どもを育て直す手応えを持てないまま、その親への指導はできないことをはっきり自覚することです。

　不登校児の事例検討に参加していますと、少数ですが、子どもの育ち（心の発達）に関心を持って関わっている先生に出会います。目の前の子どもに向き合っている先

生としては、この子どもの今の発達段階、なかでも情緒体験としての発達段階を見立てて、人間形成の基礎となる発達課題を達成するように関心を持って関わることが大切です。先生がそうすると、何よりも目の前の子どもが救われ、先生を親代わりに慕い始めます。これが一応教育者として期待されることだろうと思います。

今日の子どもたちは、おんぶや抱っこ体験も乏しく、ましてや、人見知り・後追い体験も乏しい子どもたちが多数派を占めていますので、心の教育すなわち育て直すことが大変なのです。学校教育としては、先生が学校でするべきことではありませんが、何はともあれ情緒体験の乏しい子どもが目の前にいる時、教育者には世間からこれが期待されることだろうと思います。

小・中学生を育て直す時、先生には教え方ではなく、心の育て方すなわち自分自身の乳幼児体験が問われています。先生は教科の教え方は勉強してきても心を育てることは勉強してきていません。先生が心を育て直すことは、一層困難な問題となります。

今中学校では1クラスに2ないし3人の不登校生徒がいると耳にします。非行傾向の生徒を含めると、5～6人いるとも聞き、他の生徒たちからは自分も不登校になりたい、だって先生が家まで顔を出してくれて学校に連れてきてくれるから、と言われて、担任が頭を抱えていると聞いたこともあります。それだけ、乳幼児扱いをして欲しい、乳幼児体験の乏しい子どもたちが多数いることを示していると理解します。

不登校問題は、不登校問題の解決だけではなく、生涯にわたる人間形成の基礎作りに関心を持つように、との問題提起をしているように思います。

2　ある精神障害者との語らいから

(1) A青年との出会いと語らい

筆者は、精神障害者とのデイケアにも企画・参加していました。その頃、中学生の不登校や非行の相談経験があり、親や教育者といった来談者が「来て良かった」と思って帰宅できるような相談活動をしていきたいと思うようになっていました。ですから、初めて精神障害者とのデイケアに参加することになった時も、どのような気持ちで参加するか、いろいろと考えました。結果、精神障害者といっても私と同じ人間であり、私とどこが共通で、どこが違うだろうか、そこを知りたいと思って参加しました。

精神障害者との毎週のように1日のデイケアに取り組んで、3年目に入る頃のことです。精神病で精神科に通院中のA青年が話しかけてきました。「今日は自分の話を最後まで黙って聞いて欲しい」というのです。

　はじめに、この日までにA青年から聞いていることを紹介します。当時A青年は、両親と兄、弟と生活していました。中学2年と3年の時、冬になると不登校になり、自宅に閉じこもって時々障子戸を開けて外を見ていたそうです。その後なんとか中学を卒業して就職しました。そこで、A青年にとって生きるモデルになる先輩に出会い、彼の身なりや態度・行動を取り入れて社会人1年生をスタートしたそうです。しかし、何かとモデルにしていた先輩が突然1年で転職してしまいました。A青年はそこから大混乱に陥り、誰の目にもわかるような発病状態になったようです。まもなく統合失調症（当時は精神分裂病）で精神病院へ入院することになり、すでに7回ほど入院歴を持っていました。仕事に就くことはできなくて、定期的に通院して投薬を受けながら精神障害者のデイケアに通ってきていました。

　自分の同級生は、生まれてからずーっと「人間の世界」にいて、今では「社会の生活者」になっており、中には結婚して子どもがいる者もいます。それに比べて、自分たち精神障害者には、いつ同級生のようになれるかわからないし、結婚などできないだろうと言います。自分たち精神障害者には、「猿の世界」と「人間の世界」とがあり、「人間の世界」には、「病院の生活者」と「家の生活者」と「社会の生活者」とがあると言います。

　さらに、今、自分は「家の生活者」だと言います。それは、かつて入院していた頃は自分も「病院の生活者」でしたが、今は違うと言いきります。病院へ薬をもらいに行きながら、入院中の人（患者）を見てくると、彼らは入院していないといけないし、かつての自分の姿だと言います。そして、A青年は「猿の世界」から「人間の世界」に移る時、「無限地獄に堕ちていくような」怖い体験をしたと言い、最後に、これから先どうしたら「社会の生活者」になることができるか知りたいと言われました。

　「猿の世界」と耳にした時は、なんということを言うのだろうと、正直言ってA青年は精神障害者だと内心で思いました。しかし、A青年の話には実に興味深いものを感じ、彼が私に伝えたいことを理解するように努めながら聞きました。

　そこで、A青年の言いたいことを確かめることにしました。A青年にとって「猿の世界」にいたというのは、中学生の閉じこもっていた頃のことかと確かめると、「そ

うだ」「生まれてからずーっとそうだ」と言います。入退院を繰り返すうちに少なくとも今は「人間の世界」にいると言えるのかと確かめると、Ａ青年はそうだと言います。そこで、思い出したことがありましたので、それを確かめました。

　この話を聞く少し前に、Ａ青年には次のようなことがありました。

　Ａ青年は憤慨して手紙を持って警察に訴えに行ったことがありました。もちろん裏で警察に手配して、耳を傾けてから追い返していただくようにお願いしておきましたので、Ａ青年は警察では話を聞いてはくれたけど、これだけでは事件扱いにはできないと言われたと戻ってきました。その内容は、テレビ局に精神病院での経験を長々とつづって取り上げてくれるように手紙で訴えたのですが、丁重に断りの手紙が来たというのです。その内容をかいつまんで紹介すると、次のようになります。

　２回目だか３回目だかの入院中、「眠れないので眠剤をください」と看護師に申し出たところ、３人の男性看護師に毛布でくるまれ、病院の廊下を足蹴りで転がされたことがあったそうです。それはどうしても許せないことだと語気を強めて言います。自分が「猿の世界」にいる時は自分でも自分がどうなっているかわからないので、何をされても仕方がないと言います。しかし、当時Ａ青年は「人間の世界」におり、「病院の生活者」になっていたが、人として扱ってもらえなかったのでどうしてもその看護師を許すことができなかったのです。テレビ局が取り上げてくれないなら、警察に行って処罰して欲しいと思っているというのです。

　そこで、ここまで自分のことをしっかりわかっているから、Ａ青年には働いて稼いでいないことに引け目に感じるかもしれないけれど、大人すなわち「社会の生活者」といえるだろうと言いました。しかし、Ａ青年は、即座に「違う！」と言い切りました。それだけでなく、いったいこの後、何がわかったら俺は一人前になれるか、すなわち「社会の生活者」になれるかというものでした。この質問には、即答できないだけでなく、彼にわかりやすく説明することはできませんでした。

　この質問は私自身に向けて投げかけても答えが見つかりませんでした。私が１人の人間として一人前との自信はさらさらなかったからです。そこで、宿題としてあずかりました。

　また、Ａ青年がこの話を聞かせてくれる少し前に、兄からもらったというネクタイをたくさん持ってきたことを思い出しました。その時のネクタイの縛り方やスーツ（この時は、青年らしいスーツでしたが、少し前までは、いつも真っ黄色や真っ赤の

スーツを着ており、内心誤解されるのでは？と思っていました）にどれが似合うかといったことを話し合ったことがありました。それは「社会の生活者」になるための努力をしていたのかなというと、Ａ青年は頷いてくれました。

さらに、しばらくしたら、突然「俺を馬鹿にしている。おかしい」などと言って荒々しく相談室に飛び込んできたことがありました。「嫌なことがあったね」「ものすごく腹の立つことがあったね」と言いながら、Ａ青年を落ち着かせてから何があったかを聞き出すと、次のようなことがありました。

Ａ青年は近所の店に買い物に行くのですが、いつも黙って必要なものを買って帰っていたので、何とかお店の人とお話ししながら買い物をしたいがどうしたらいいだろうかと思ったとのこと。そこで店主と買い物に来たおばさんたちの話の様子を聞いていると、エッチな話をすると最も盛り上がるとわかりました。そこで、本日、Ａ青年は思い切ってエッチな話をして話の中に入ろうとしたところ、おばさんたちはたちどころに帰ってしまったというのです。自分を避けたといって怒って来たようです。

そこで、私はＡ青年をほめました。Ａ青年が買い物に店に入って、店の人とどのような話をどのように話していったらよいのか、よく観察して話の輪に入ろうとした努力。エッチな話をしている時が一番盛り上がっていたので、それを持ち出したことを認めました。その上で、Ａ青年は男性であるので、女性と話をする時にエッチな話をするのは、男性という理由でほとんどの場合避けられるでしょう。Ａ青年が精神病院に通院中であるからではないが、男性である上に精神病院に通っていることも誤解を与えて避けられることになったでしょう。店を訪ねておばさんに話す時の最初の話題には、今日の天気、今日のニュース、店の品物に関すること、店のおばさんの服とか髪型とか素敵なところ等を話題にする様にすすめたところ、Ａ青年は熱心にメモをして帰ったことがありました。Ａ青年は「家の生活者」から「社会の生活者」になろうと努力していることがはっきりとしてきました。

（２）Ａ青年との語らいで学んだこと

一人前になるとは何ができるようになることか、当時は彼の質問の答えは見つかりませんでした。しばらくの間あれこれ考え、私は彼の言いたいことを自分なりに次のような図にして、Ａ青年に確かめてみました。

「猿の世界」とは、生まれてから発病するまでの時期を指します。この時期は、自

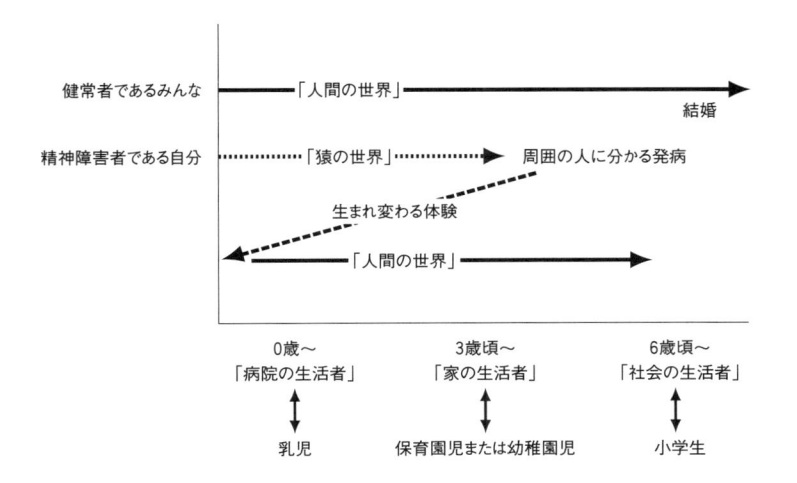

```
健常者であるみんな ────「人間の世界」──────────→ 結婚
精神障害者である自分 ······「猿の世界」········ 周囲の人に分かる発病
                         ╲ 生まれ変わる体験
              ←──────「人間の世界」────
              0歳〜         3歳頃〜        6歳頃〜
              「病院の生活者」 「家の生活者」  「社会の生活者」
                ↕             ↕             ↕
              乳児      保育園児または幼稚園児  小学生
```

　分が自分でもどのようになっているか自分でもわからない状態といえるかな。あるいは、感情に彩られた思い出がない状態と言えるかな。
　そして、自分がどうなっているか疑問がわき始めると、いわゆる精神病状態になります。ある時、何かをきっかけにして自分がどうなっているのかおかしいと感じて恐怖心におそわれますが、気がつくと「人間の世界」に入る、すなわちそこで気持ち的に「生まれ変わる」のだろうか。
　そして、A青年のいう「病院の生活者」とは乳幼児でいうと「親の手が届くところにいる子ども（乳幼児）」で0歳から2歳児くらいだろうか。「家の生活者」とは「親から少し離れて生活できる保育園児や幼稚園児」で3歳児以降の子どもだろうか。そして「社会の生活者」とは「子どもで一人前をいうと勉強する小学生」で6歳以降の子どもあろうかと説明すると、A青年は即座に了解してくれました。
　デイケアに参加した他の青年たちもA青年の話にはそっと耳を傾けていたようで、次には自分の話を聞いて欲しいというものでした。メンバーの話に耳を傾けながら、A青年の話を聞いてもらうと、よくわかると言って話が続きました。そして、何人もの話を聞いていると、彼らの話に何か共通点があるように思いました。
　精神病者にとって、「猿の世界」は生まれた時から始まっているといっても過言ではないようです。自分でもどうなっているかはっきりつかめない、楽しいとか懐かしい思い出がないような実感が持てない状態のようです。強引に注射を打たれて精神病院の個室に入れられましたが、何日かして「私、生きていると初めて実感した」と語ってくれた女性もいます。

精神病状態というのは、本人以外の人に映る姿であって、ある時から、何かをきっかけにしていったい自分はどうなっているのか、言い知れない不安に襲われるようです。彼らの言葉で表現すると、「無限地獄に堕ちていくようだ」「突然、天井が落ちてきた」「いつも壁に変なものが見えるようになった」「皆が２１世紀の世界に行って、自分１人が取り残されるようでものすごく不安になった」等というものでした。

　そうした精神病状態の中で、自分が生きているという実感を持つようになります。すなわち、「生まれ変わって」「猿の世界」から「人間の世界」に移った状態になるようです。それを、精神障害者の人たちは「自分は生きていると思った」「地に足がついた」「私って、生きているよね」などという言葉で語ってくれます。こうなると、彼らの人生の上では、生まれて初めて実感に彩られた生活が始まり、成長を始める状態になるようです。その最初が「病院の生活者」すなわち「乳児」の状態と似ているというわけです。

（３）Ａ青年との会話からの発展

　精神障害者が対象となるデイケアでしたが、メンバーの中で最後に話しかけてきてくれた青年がいます。仮に彼をＢ青年としましょう。

　Ｂ青年は中学生の時からシンナー吸引を始めて１０年ほど多量に吸引するようになったそうです。２度ほど幻覚が現れて、それを医師に言うと、彼から聞いた診断名を思い出せませんが、「精神病」ということで入退院を繰り返したそうです。その後、精神障害者通院医療費公費負担制度の適用を受けて精神科に通いながらデイケアに通っていました。

　Ｂ青年は、Ａ青年のいうことが理解できないと言います。そして、幼少時代の思い出を語ってくれました。Ｂ青年が小学校に入る前のこととして、祖母と電車線路近くの畑に連れて行ってもらった時のこと。いつの間にか、Ｂ青年は線路に入って遊んでいたらしく、電車が止まって運転手が自分をよけてくれて、走り去ったそうです。しかし、祖母は知らない顔をしており、何か言葉をかけてもらった記憶がないと言います。小学生の頃、自宅を建て替えるということで、父が取り壊しの作業で２階から１階のある部分に廃材を落としていました。あらかじめ父からそこには絶対に入らないようにと注意を受けていましたが、気がつくと弟が入っていました。Ｂ青年はあわてて弟を連れ出したところへ、父が廃材を落としました。そのままだったら弟は今頃ど

うなっていたかはわからないと言います。しかし、父は何も自分に言ってくれなかったと言います。さらに、小学高学年の頃、家族で旅行に出かけた時、父が「この川は、日本三大河川の１つの〇〇だ」といったそうですが、Ｂ青年にとっては何か言葉だけが残っていて、どうでもよかった思い出だそうです。

　Ｂ青年の思い出を聞いた精神病の人たちは、自分の体験と違うと言いました。ある精神障害者からは、「幼稚園時代、寒い冬の朝でも、起きると、まず机に座ってひらがなを書かされた。お腹が空いていて食べたいと言っても、母は犬に朝ご飯をやって自分は犬よりも粗末に扱われたと思った」と語ってくれました。

　Ｂ青年の思い出には、家族に無視された、あるいは相手されなかった寂しい孤独を感じさせるものと思いました。後ほど耳にしたのですが、Ｂ青年は主治医が変わると、「精神病」ではなく「シンナー依存症」ということで、精神障害者通院医療費公費負担制度の対象から外されたそうです。

　このように、精神障害者からは幼少時代のことを何も思い出さないとか、あった事実だけを思い出すとかいった傾向が見られ、精神障害者とシンナー依存症者では幼少時代の思い出に何か違いがありそうに思いました。

　また、精神障害者の気持ちを理解するために、次のような体験を語ってみたことがあります。

　ホームに停車していた電車に乗って対向線路を見ていたら、そこへ電車が入ってきて止まりました。何気なくボーッと見ていると、やがて電車が動き出しました。私はその時疲れもあって座席に寄りかかっていましたが、どっちが動き出したのかわからなくて不安になりました。怖くなってきて、わかろうとしましたが手で座席を持って電柱を見てどっちが動いているかを理解しました。この時の恐怖心は印象に残り、精神障害者の精神病状態の発病と似ているのだろうかと思いました。

　Ａ青年にこの体験を話すと、ニコッと頷いてくれました。

　さらに、断酒会というアルコール依存症の家族会の例会に参加している時のことです。アルコール依存症本人や家族が語る言葉の中で、「酒は身内」と語る場合と「酒は友達」と語る場合とがあることに気がつきました。「身内」と「友達」は言葉が違いますが、きちんと使いわけているだろうかと思って、何人かの酒害者本人にこの違いがわかっているかを尋ねました。「酒が身内」のうちは仮に断酒していてもそれは何かが怖いから我慢しているだけで、「酒が友達」になると仮に酒が目の前にあって

も飲まないといえると言います。「酒が身内」から「酒が友達」の気持ちになるのは、「身内」が見つかってからだと言います。「身内」というのは、自分は1人ではない、お前がいるとはっきりした後だと言います。だから発言する時に、「酒は身内」「酒は友達」と確かに使いわけているとわかりました。

（4）「猿の世界」と「人間の世界」

　精神病者の体験として、「猿の世界」に生きており、あるきっかけで「生まれ変わる」現象が現れて「人間の世界」に生きることになります。「人間の世界」に移ってからは、「病院生活者＝乳児」「家の生活者＝保育園児あるいは幼稚園児」「社会の生活者＝小学生」と発達していくようです。

　精神病や依存症に関する人の相談を受けると、精神障害者本人や家族に具体的にこうした話を紹介します。そして、精神障害者本人が今どこにいると思うのか返事を聞いたり、家族が精神障害者はどこにいるかを理解するのにその返事を聞いたりすることで、こうした道のりのどこにいるかが私にもわかってきます。精神障害者本人にとっては、自分が今どこにいるかを理解してもらえることを望んでいるのではないでしょうか。私たちも精神障害者本人が今どこにいるかがわかれば関わり方がはっきりしてきます。

　また、「猿の世界」「人間の世界」の話を依存症の人に聞いてもらってもよくわからないという返事が返ってきます。それよりも「酒は身内」か「酒は友達」かのどちらかと尋ねて返ってくる返事には、彼を理解する重要な手がかりが得られます。「酒が身内」の返事には、誰がどのように心配していると言っても彼自身の感覚ではまだ身内が見つかっていないと教えていてくれていることになります。彼は天涯孤独の状態にいることになります。だから、シンナーを取り上げても缶酎ハイを飲むようになったりして、酒を飲まなくなったと思ったらギャンブルにのめり込むようになって、「身内」の対象が移るだけになります。

　「猿の世界」というのは、精神病の診断を受けた人から聞いた言葉です。しかし、能面づらで笑うことができない人、くすぐられると我慢したりキレてしまうような人は精神病とは言われていません。あえて診断をつけるとするなら「失感情症」とか「愛情欠乏症」等という診断名を聞いたことがありますが、このような人がかなりいるにもかかわらず一般的に診断名が普及していません。診断名はともかくとして、彼

らは生きている実感がない、あるいは生きている実感が乏しいようです。楽しいとか悔しいとかいった感情が伴う思い出が極めて少ないようです。おいしいとか寂しかったという感情がわかるようになると、一時戸惑いや混乱が起きますが、その後に生きる元気が出てきます。精神病の人が「生きている」ことを実感すると、そこから生きる元気が出てくることと似ています。

さらに、「猿の世界」「人間の世界」は、次のように考えるヒントも与えてくれました。自分で自分の状態を認めることができていない時「猿の世界」にいると言えます。「私、こうなっている」と認めた時、そこで生まれ変わりが起き、「人間の世界」に入ったとも言えます。この時、必ずしも０歳相当の「病院の生活者」からやり直すとは限りません。０歳と言っても「実感」からやり直す場合もあれば、「安全」あるいは「信頼」、「言葉」からやり直す場合もあります。

乳幼児期に可愛がられた体験の乏しい人や虐待をされた人は、自分の感情を押し殺して相手に合わせて、その場その日を生きてきました。さらに頭で考えて周囲から嫌われないようにその場を繕って生きている思春期の人がいます。その多くの場合は、自分は楽しく生きていると言い、そのような態度をとっていますが、自分に嘘をついて思い込んでいることに気がついていません。むしろ周囲の人の中には、この人は何か無理をしているような違和感を持っていると気がついている人がいます。時に「あなたこうなっているよ」と言ってあげても受け入れる人は少なく、初めは指摘すると激怒することがあります。何かをきっかけに自分の状態を受け入れると、そこから人は成長・発達を始めます。そうすると、このように自分の過去を語ることができる人になります。ただし、一口にやり直すと言っても、精神障害者と違って、「病院の生活者＝乳児」のようだといっても１人でないことがわかれば第三課題「信頼」がわかったことになります。指示命令的口調であったものが、相手の都合を聞いて自分の気持ちをいう練習をし始めると、「家の生活者」も１～２歳児並と言うことができます。

このようになると、一般的に診断名は、医師が患者の病状を診て判断し名づけたものと言えます。決して発達のつまずいている段階を示しているものとは言えません。発達という視点から見ると、精神病の人も能面づらで笑うことができない人も、感情が凍りついているか感情の動きが極めてぎこちない人として共通する状態にいると言えるでしょう。

社会的な問題を起こすか起こさないかではなく、青少年だから幼児だからではなく、

人として感情の動きが凍りついているとか極めてぎこちないことでは共通していることと言えます。ですから、人間形成の基礎として、赤ちゃんだけでなく人として、最初に感情がスムーズに動くことは極めて大切なことではないでしょうか。「笑う門に幸（福）来たり」とは、よく言ったものです。

3　第一段階（実感：生きていることと死ぬことを実感する）からの育ち直り

　以下では、一般的に知られている病名や心理判定名から立ち直った人たちを発達段階の順に並べ替えて紹介します。また、心の発達は身長や体重のようにはっきりと目に見えるものではありませんし、事例ごとに多少のズレはありますので、どの段階からやり直すかは１つの目安として理解してください。

（１）Ａさんの場合（「猿の世界」の状態）
　Ａさんと別れた奥さんから、精神病院に入院しているＡさんに会って欲しいと相談がありました。Ａさんは子ども２人を児童養護施設にあずけていますが、奥さんはＡさんの病状（診断名：統合失調症）によっては子どもを引きとってもよいというものでした。
　早速、私はＡさんを病院に訪ねました。ケースワーカー（以下、ワーカーと表します）に伴われてＡさんが面談室に現れました。自己紹介と会いに来たいきさつを説明しましたが、初めから落ち着きなく動き回りながら私に「たばこはないか」とのこと。私は驚くとともに、内心ではタイミングを見て「猿の世界」「人間の世界」の話をしてみて、Ａさんの状態を判断しようと思いました。
　精神病状態の人から聞いた話として「猿の世界」「人間の世界」の話をしました。ワーカーの制止も聞かないでＡさんは終始動き回りながら時々「たばこはないか」と言いました。私がたばこを吸わないこともあって、持ち合わせていないと断りながら話を続けました。時々、Ａさんに話を聞いているかを確かめながら話を続けました。その都度、Ａさんは「聞いている」「わかっている」などと言うのみで面談を終わりました。私としては、Ａさんは「猿の世界」にいると判断しました。
　１年近く経って偶然、Ａさんは退院を視野において日常生活ができるように訓練を

受けていると聞きました。早速、Aさんはどのような状態だろうと思い、再び会いに行きました。

　面談室に通されたAさんは目こそ合うことが少なかったのですが、落ち着いて椅子に座って面談に応じてくれました。再び「猿の世界」「人間の世界」の話を持ち出すと、Aさんは「その話は聞いた。覚えている」と言います。それでも一通り説明してからAさんが今どこにいるかを聞いたところ、即座に「中間だ」と言いした。Aさんは「家の生活者」と「社会の生活者」の間にいると言います。ワーカーによると、Aさんは社会に戻るために、日中病院を出て自宅に戻り、知人の助けを得ながら電気、水道などが使用できるように手続きをしています。それが終わったらしばらく自活生活しながら社会にも出て、仕事に就くように慣らしていく段取りになっていると言います。なるほどとAさんが言う「中間だ」という返事を理解しました。

　Aさんがいつ、どのようにして「生まれ変わった」のか、Aさんに聞いても、ワーカーに聞いてもわからないとのことでした。

（２）　Bさんの場合（診断名不明のまま生まれ変わった）

　晩秋の頃、担任に付き添われて来談したBさんは顔立ちの整った女子中学生でした。担任によると、二学期になってからBさんは多弁になり、初めはクラスで友達に話し始めたが、徐々に避けられるようになりました。すると、部活で同じようにしゃべり始め、部員に避けられました。暮れに入ると、パジャマにガウンを羽織る姿で自転車に乗って先生のお宅訪問を始めました。さすがに心配になった担任が家族とともに相談に来たものです。

　Bさんとも面談しましたが、担任や家族から聞いた話の内容を確かめることはできましたが、目はうつろで存在感を感じませんでした。しばらくあずかってもらうことにしました。

　２週間ほどしてBさんに訪問面談をしました。風邪気味のため部屋でごろごろしているとのこと。職員の方と入室すると、Bさんは布団に入って横になっていました。私のことは覚えてくれていましたが、改めて簡単に自己紹介と面談までのいきさつを説明しました。そして、Bさんには「実感」がわかるだろうかと思い、本人の了解を得て握手をしました。握手して引っ張ったり、手首を持って引っ張ったりしてみて、その違いがわかるかなと繰り返し言ってみましたが、わからないとのことでした。女

子中学生と手をつなぐなんてことは中学生時代のフォークダンスをした時ぐらいだなと言ってみましたが、Bさんは全く表情が変わることなく終始能面づらでした。

　そこで、精神病との診断はついていませんでしたが、感情を押し殺しており、感情を解放する必要があると思いました。少し続けていると、Bさんが首を傾げました。時間をかけて確かめると、握手はよいが手首は嫌だと反応しました。私は「それでよいよ。よいことに気がついたね」いい、もうしばらくここで生活をしてもらい、様子を見ようと話し合って退室しました。

　自宅に戻ってから1週間ほどして家庭訪問しました。玄関に出てきたBさんがあまりに瞳が輝いて生き生きした顔をしており、別人のようなBさんにびっくりしました。昨日、母親と一緒に友達のところでおしゃべりしたとは聞いていましたが、私は「実にいい顔をしているね。何かよほどよいことがあったの？」と聞くと、即座に「地に足がついた」と返事がありました。さかのぼるっていつ頃から「地に足が着いた」感じがしたのかを聞くと、握手をした頃からだとの返事が返ってきました。

　Bさんは「猿の世界」ではなく「人間の世界」にいると実感しました。なお、その後のBさんはしばらく不登校状態でしたが、夕方登校から始めたと聞きました。

（3）　Cさんの場合（生まれ変わる瞬間に出会った）

　Cさんは中堅の保育者で、ある研修会で出会いました。当時、Cさんは保育者としてはトラブルメーカーで、仲間内では問題視されてお荷物扱いの状態だったそうです。私のグループで話し合う勉強をしている時、突然わめき散らし始めました。これは「精神障害者のフタがとれた状態」と言うのだそうで、私は初めてのことでびっくりしました。しかし、とっさに座布団を敷き詰めて同郷の女性にあぐらをかいてもらい、そこにCさんを横にして頭をのせてもらい、Cさんと手をつないでもらいました。そして座布団をかけて同宿の医師を呼んでもらいました。

　この対応をしたのは、精神障害者から混乱した時にどのようにしてもらうとよいかを聞いていたからです。後日、この体験を精神障害者にどう思うか聞いてみたところ、それをされると助かるし、Cさんは嬉しかっただろうと言ってくれました。何も知らないと、Cさんをそのままにしてすぐに医師を呼ぶか、医師がいなければCさんを避けてしまうことでしょう。その夜は、Cさんの求めに応じて同郷の仲間が添い寝をしたそうです。何度も子守唄を要求し、頭をなでてもらったと聞きました。

しばらく職場を休み、再び復帰しました。時々Cさんから電話が入りましたが、初めは子どもたちに遊んでもらう状態で、どっちが先生でどっちが園児だかわからなかったそうですが、徐々に子どもたちと遊ぶことができるようなって、自分にも自信が持てるようになっていったと言います。
　ある時、Cさんが「話を聞いて欲しい」と言うので、耳を傾けました。すると、自分の今の課題は三人遊びの課題にぶつかっているのではないかと思い、それを確かめたかったようです。私の所感を伝えたら、やっぱりそうでしたかと言って納得していました。それにしてもよくここまで生きる力がついてきたなと感心しましたし、だからこそ仕事が続いたのだと思いました。周囲の理解を得て、保育者として保育にたずさわっていたからとも言えると思います。
　しばらくして、子どもさんの1人が不登校になりましたが、育て直しに取り組みたいと思うとの電話が入りました。自分が立ち直ってきたように、子どもが立ち直るように関わっていきたいが、それでよいかというものでした。その通りだと返事をしましたが、時々経過報告と助言を求めることがありました。Cさんは子どもさんを育て直す関わり方をしていき、生きる力がついてきて自力登校するようになり、子どもさんは卒業しました。
　久しぶりに私の講演会に参加し、話を聞きながら今までの自分の育ち直りの過程を、そして不登校になった子どもの育て直しなどを思い起こしながら話を聞いていたと報告がありました。

（4）Dさんの場合（名前を変えて「生まれ変わった」ことを知った）
　デイケアに通っていたDさんでしたが、ある時、精神病院に入院しました。入院中に病棟の2階から飛び降り、腰の骨を折ってリハビリしているとのことですが、まもなく退院するとDさんの知り合いから聞きました。Dさんが飛び降りたのは、地面に触りたいと何度看護師に頼んでも触らせてくれないので、とうとう飛び降りてしまったと聞かせてくれました。
　そんなDさんが突然、私を訪ねてくれました。「Dさん、久しぶりだね」と言いながら出迎えると、私に「Dではない」と言います。私は「誰かな？でも、間違いないが…」と言うと、「鬼塚だ」と言います。私は仕方なく「鬼塚君、久しぶりだね」と言うと、Dさんは「はい。でも、苦しい！死にそうだ」と言いました。その訳を

聞いてみると、Dさんは「グーグーと寝ている時が一番幸せだ。目覚めた瞬間から見えるもの、聞こえる音などいちいちなんだろうと思うと、そのうちに頭がガンガンしてくる。だから寝ている時が幸せであり、目が覚めると苦しくなる」と言いました。

仲間から聞いた話を思い出し、Dさんが入院中に飛び降りたことも、Dさんは死のうとしてではなく、地面に触りたかったからだと確かめられました。Dさんは明らかに「人間の世界」にいて、「病院の生活者」すなわち第一課題の「実感」を確かめている状態といえます。

そこで、3回目の入院後、姓だけを変えて（旧姓も添えて）親に手紙を出した精神病者のことを思い出し、Dさんに「生まれ変わったのだ。今までのDさんと違うのだ。大きな赤ちゃんになったのだから、食べては寝るようにして、退屈になったら電話をするように」と言ったところ、納得して帰宅しました。

このように精神障害者が名前を変えたり、旧姓を使ったりするのは「生まれ変った」ことを理解して欲しいと教えていてくれるように思います。それから4ヶ月ほどして、再び、Dさんは私を訪ねてくれました。顔色も良く元気そうなDさんに「Dさん」と呼びかけると、「はい」と返事をしてくれました。そして、Dさんは「あの時（4ヶ月前のこと）、おもしろかった。角田さんは僕のことを鬼塚と言った。でも、生まれ変わったと角田さんに言われ、すごく気持ちが楽になった」と笑顔で語ってくれました。

Dさんは自分の状態を理解されてよほど嬉しかったのでしょう。障害者本人の言葉で確かめられたことは、私にとっても心強く感じるものです。その後、春の日差しを感じる頃、土手の南側に咲くタンポポを見つけて、顔を近づけたら暖かかったとか、海に手を入れたら暖かかったなどと実感したことを報告してくれました。

しばらくデイケアに参加した後、仕事に就きました。2カ所目では2年も続きましたが、会社が倒産の危機に陥り、退職させられたと聞きました。

なお、Dさんは高校時代学年でトップクラスの成績を収めていたのですが、3年生になって他人の目が気になり、皆が自分の噂をしていると気になり、以来、入院や通院生活が始まったと言いました。

(5) Eさんの場合（生まれ変わって生きる力をつけていった）

当時20代後半のEさん（女性）は、2回の入退院を繰り返した後、精神障害者の

ためのデイケアに通っている時に知り合いました。

　Eさんによると、1回目の入院は、自分でも訳がわからなくなった時に注射を打たれて病院の個室に入れられたと言います。何日経ったかわからないけれど、ある日Eさんは「私は生きている」と実感したそうです。Eさんの場合は、この入院中に「猿の世界」から「人間の世界」に移った、すなわち「生まれ変わった」と理解しました。

　それからというもの布団に潜り込み、時々布団を上げては周囲の様子を見ながら、自分は何をして、どう言ったらよいのか学んだそうです。やがて院内では普通の生活ができるようになり、就職先も決めて退院したそうです。しばらくの間仕事をしていたのですが、Eさんは徐々に疲れてきて再び混乱が起き、精神病院に2回目の入院をしました。この時、Eさんを「家の生活者＝園児」と理解して付き添ってくれる人に出会わなかったと言えます。

　Eさんが入院中に考えたことは、病院の中で生活できるようになっても仕事に就くにはもっといろいろのことを学ぶ必要があるということです。今は自分に自信をつけるためにデイケアに通っており、家では前向きに家事に取り組んでいると言っていました。

　しばらくしてデイケアにも顔を見せなくなりましたが、やがて結婚したと聞きました。Eさんは「家の生活者」から「社会の生活者」になったのかなと思っていました。さらに1年ほどしてEさんは突然デイケアに顔を出してくれましたが、離縁され実家に戻ったとのこと。Eさんなりには一生懸命努力しましたが、Eさんは何度か姑に対して怒りを爆発させてしまったとのこと。姑が教えてくれればやったのに、姑はEさんに教えてくれるどころか、嫁としてできていて当たり前という態度であったそうです。しかし、Eさんはまだまだ知らないことがたくさんあったといい、離縁されたことを仕方がないこととして受け入れていました。

（6）Fさんの場合（甥の成長を心配して訴えた）

　Fさんの姉は結婚して子どもがいますが、子どもを祖父母にあずけて、自営業を営む夫の手伝いをしています。しかし、Fさんは姉の留守宅に上がり込んで、テレビや冷蔵庫などを壊します。何度注意しても聞き入れず、電気製品や家具など壊す理由がわからないまま、親は病気（精神病で通院加療中）の為だろうと思い、入院させた方がよいだろうかと母親が相談に来ました。

家庭訪問して、母親とともにＦさんと面談をしました。まず、Ｆさんが「猿の世界」「人間の世界」のどこにいるのかを確かめることにしたのですが、「人間の世界」の「家の生活者」だとわかってきました。何度か面談しているうちに、どうして留守の姉宅に入り、家具などを壊すのかを尋ねてみました。すると、次のようなＦさんの気持ちがわかってきました。

　姉は子どもができたのに働いており、子育てをしていない。子育てをしないと、将来甥が自分のような病気になってしまう可能性があると言います。稼いで生活を豊かにすることより、子どもが小さい時は子育てをして欲しいので、稼いで買ったものを壊したら姉もわかってくれるのではないかと思って壊していると言います。これは、Ｆさんが自分から語ったことではなく、Ｆさんはどのようなことを訴えているのだろうかと考えながら、Ｆさんの返事を聞いて彼の気持ちを確かめたものです。母親も理由を聞いたことはなく、とにかく留守宅に上がり込んで壊すことをしては良くないことと思って繰り返し注意をしていたと言います。母親はＦさんの気持ちがわかって納得いくとのことでした。

　Ｆさんのとった行動を「精神障害者」だからと決めつけていたら、再発したか危険であると判断して強引に入院させることをしたかもしれません。自分が伝えたかったことを暴力で訴えたことは適切ではありませんでしたが、「代弁」して聞き出すようにするとやがて言葉で表現できるようになると思います。

　さらに、Ｆさんは突然「人間は、400年経ったら皆同じだ。平等だ。どう思うか」と言います。訪問した時、いきなり言われて私も面食らいましたが、Ｆさんに何を言いたいのかを確かめると、次のようなことを言いたかったようです。

　400年前の人の墓はほとんど残っていない。今、有名人であってもその人が亡くなって立派な墓を残しても、400年後にはなくなっているだろう。だから400年経ったら、天皇家のようなよほどの人でない限り、一般の人の墓はなくなっているので、皆同じだというものです。Ｅさんの考えていることがわかって感心してしまいました。

（7）Ｇさんの場合（育ち直りながら子育てに取り組んだ）

　Ｇさんの夫からの相談ですが、第二子出産を契機にまた精神病症状が出て、精神科に少しでも早く入院させた方がよいとのこと。第二子と姉は民生児童委員の仲立ちで児童相談所が乳児院にあずけてくれることになりましたが、これからどうしたらよい

かわからないというものでした。

　今のＧさんの様子を聞くと、夫が最も気になるのは次のことだと言います。第二子を出産後、Ｇさん「ここはどこ？」、夫「ここは産婦人科だよ」、Ｇさん「なぜ私はここにいるの？」、夫「赤ちゃんを産んだからだよ」、Ｇさん「ねえ、私って生きているよね」、夫「そうだよ」といった会話を、３分と開けずに繰り返し聞くというのです。だから、夫は「いい年（30歳代）して、おかしなことを言うので、精神病の再発だ」と言うのです。

　そこで、今の会話は今回初めてのことであることを確かめてから「猿の世界」「人間の世界」の話を具体的に話してみました。そして、Ｇさんは第二子を産むとともに気持ちが生まれ変わったのではないか。大きな赤ちゃんと会話したと思えば、不自然さはないと思います。妻とか母親とかなどと思うと、ばかばかしく思えても仕方がないこと説明しました。

　夫は確かに思い当たると言います。結婚前から発病していたが、出会った時は状態がよい時で、第一子を産んだ時も不安定になって乳児院にあずかってもらいました。先ほどの会話は、今回初めてだというのです。

　そこで、夫には、私の経験談でありますが、Ｇさんは「人間の世界」の「病院の生活者」と言えます。Ｇさんを大きな赤ちゃんと思って、関わってみたらどうでしょう。半年単位で振り返ってみた時、Ｇさんは発達していく、すなわち生きる力がついてくるものと思います。時々相談にのりましょうと言って別れました。

　その後、Ｇさんが通院するようになったと聞いたので、機会を見つけてＧさん宅を訪問しました。Ｇさんはすでに夫から私の説明を聞いて私のことを知っていました。Ｇさんによると、夫から聞いた話はよくわかると言います。以前は、風が吹いて垣根がざわざわしても、誰かがのぞきに来たと思ったそうです。今は、風が出てきたのだなーと思えるそうです。子どもの声が聞こえると、子どもが覗きに来ると思ったのですが、今は乳児院にあずけた子どもたちはどうしているかな、早く引き取りたいなと思うそうです。

　夫は半年ほど仕事を辞めて、兄弟の生活支援をもらいながら家事一切をするようにしました。Ｇさんは夫にさせて申し訳ないと言いながら、夫の指導で洗った食器を拭くことをするといった、自分にできることから取り組み始めました。夫はＧさんと散歩したり、夫１人で買い物に出かけてＧさんが１人で留守番できるようにしたりしま

した。夫が半日家を空けられるようになってから、仕事を見つけて働き始めました。しかし当初は、仕事場に着くとGさんに電話し、10時の休憩で電話し、お昼に、午後の休憩で、会社を出る時にこまめに電話をしました。そして、夫はGさんの様子を見ながら徐々に電話をかける間隔を開けていきました。まるで、後追いを卒業する幼児を相手にするようにGさんに関わりました。この頃には、Gさんは「家の生活者」であると思いました。

　しばらくして、乳児院にいつまでもあずけていては自分のようになってしまうと思って、引き取りは早すぎると反対する主治医と乳児院を説得して2人の子どもを引きとったそうです。しかし、1ヶ月もしないうちにGさんが台所から包丁を持ち出したというので、困ったと夫から電話が入りました。

　私は、Gさんは「人間の世界」の「家の生活者」と思っていたので、赤ちゃんが子育てするようなもので疲れたのだろうと思いました。夫は精神病の再発ではないかと思ったようですが、Gさんに電話を変わってもらって確かめたところ「子どもを殺せと言ったような天の声が聞こえるわけではない。疲れたからであり、人を殺す気持ちはない。自分でも何故包丁を持ったからわからない」「乳児院の先生（保育者）が言うとおりで、引きとるのは早かったと思っている。子育てはまだ無理だとわかった」とのこと。

　そこで、再び2人を乳児院にあずかってもらって、先生の指導を受けるように助言しました。その後は、2人で乳児院に面会に行ったり、その回数を増やしたり、さらに2人の子どもを外泊させたり、その外泊数を増やしたりして子どもとの心理的距離を縮めるようにしていきました。夫が上手に子どもと遊ぶので、Gさんはそれを見ながら真似るようにして子どもに関わっていると、子どもと遊ぶのが楽しくなってきたとのこと。

　一方では、Gさんは精神障害者のためのデイケアにも参加したり、Gさんの方から近況報告の電話が入ったりするようになりました。ある時、受話器を取るとGさんの弾んだ声を耳にしたので、「何かよいことあったみたいだね」と言うと、Gさんは「わかる？よいことあったよ。声を聞いただけでわかってもらえて嬉しい」と商店街のくじ引きで一等賞があたったので、嬉しくなって電話したということでした。

　生まれ変わってから4年半ほどして、姉を小学1年生になる時に引きとり、その半年ほど後に第二子も引きとり家族4人での生活を始めました。Gさんは通院先の主治

医に服薬量を減らしてもらい、さらには服薬しないで様子を見ることになり、通院自体をやめてみようと主治医に言われるまで、Gさんは生きる力がついてきました。さらに、生まれ変わってから8年ほどして、Gさんは運転免許を取って近所を運転していると風の便りに耳にしました。Gさんは夫が母親代わりとなり、育て直しをしてもらって、生きる力がついたのではないでしょうか。「社会の生活者」になったとも言えるように思います。

(8) Hさんの場合（生まれ変わって実感を手に入れた）

　Hさんは教え子（ゼミ生）の1人ですが、精神病の診断が出ているわけではありません。スポーツを好み、地域のスポーツクラブで指導者の1人をしていました。初めてHさんはどうなっているのかなと疑問を持ったのは、事例検討をまとめるレポートの作成段階の時です。主語がはっきりしていなかったり文章が長すぎたりしたので2つくらいの文章にしたらよいなどと、Hさんに具体的に指導しました。ところが、Hさんはびっくりするような文章に書き換えてきました。これを何度か繰り返したので、これは何かあると直感し、最後はこれでよいだろうと指導してレポートを受け取りました。

　2回目を取り組むことはないだろうと内心で思っていましたが、再度挑戦してきました。そのわけを尋ねると、Hさんは1回目を終えて何か自分が逃げているような気がして、これでは保育者をやっていけないと思い、自分と向き合って自分に自信を持ちたいと思ったそうです。

　確かに2回目は自分の似ている感じのする表情の乏しい子どもを対象児に選び、対象児が微笑むことができるように手をつないだり背中をさすったりして積極的に関わっていきました。その中で、Hさんは子どもと手をつなぐとかができるようになり、子どもが手を離していくと「寂しい感じがした」とか、Hさんの膝に入った子どもが膝から出ていくと「膝に入っていてくれて暖かかったと感じた」とか感じるようになっていきました。

　私は、Hさんがこの実感を持つようになったことを支持しました。そして、事例検討を繰り返して最後にわかったことは、対象児が微笑むことができていないのではなく、自分が微笑むことができるようになると、対象児が緊張しなくなっていったとわかりました。Hさんは仕上げたレポートを母親に読んでもらいましたが、母親はHさ

んの苦労を知り、Ｈさんに詫びたそうです。

(9) Ｉさんの場合（攻撃性と自傷行為を乗り越えた）
　Ｉさんは教え子（ゼミ生）の１人です。ゼミ活動の体験をスピーチしてくれましたが、その原稿に加筆をして彼女の体験を紹介します。
〈スピーチ１〉
　私が角田ゼミを選んだのは、自分というものを見つけたかったからです。小学生からずーと我慢だけで生きてきました。
　母親が幼稚園の時に亡くなったが、寂しく思いませんでした。私はしっかりした、わがままを言わない、よい子のお姉ちゃんをしなくてはいけないと力を張ってきました。妹にはヤキモチを焼いて、妹がいなくなればいいと思い、包丁を持ち出しては「死んで」とよく言っていました。父親には機嫌を損ねられないように、祖母には嫌われないようにして生きてきました。しかし、そんな私じゃ嫌でした。角田先生に出会い、この人なら私を助けてくれるかもしれないと思い、最後に賭けてみることにしました。
〈コメント〉
　ゼミ活動開始後の最初の面談では、Ｉさんはその他にも、幼稚園生活は楽しくなかったし、小中学校も楽しい思い出はなかったと言いました。高校時代には女友達と手をつなぐことを避けてきたし、腕組みされた時にはキレてしまいました。今でも手をつなぐことは嫌だし、背中をさすられるのも嫌だと聞いたことが、私には心配でした。
　Ｉさんは「猿の世界」にいると思いましたし、いつか大混乱が起きる可能性があるので、その時に手をつながれること、あるいは、抱きとめられるようになっていることが混乱を小さく収められると思い、それを伝えました。
　１ヶ月程して、話を聞いてもらってから何となく寂しく感じるようになったので、穏やかな春の陽気に誘われて１人でサイクリングをしてきたと聞きました。その時、「自殺したいと思わなかったか」と聞くと、全然考えていないよと笑いながら応えてくれました。再度、弁当仲間に手をつないでもらうように自分から頼むことを指示しました。
　さらに１ヶ月ほどして、列車に乗り遅れて授業に遅刻した時、泣いて研究室に入ってきました。初めて自殺はしないけれど、死ねるなら今でも死にたい、誰かが殺して

くれてもよいと言い、大泣きしました。この時初めて I さんの口から、「死」という言葉を聞きました。

〈スピーチ２〉

　先生はいつも私を受け入れてくれました。泣いていても、弱音を吐いていても、いつも私をほめてくれて、私は本当にそれが嬉しかったです。しかし、私はずーっと嘘ばかりついてきました。友人に対しても、親に対しても、自分に対しても、嘘をたくさんついてきたし、騙すこともありました。その嘘のために、また嘘をつきました。そうして、私は自分の居場所をなくしていきました。私は嘘をついて、繕ってしか生きていけないと思っていました。

　しかし、角田先生と出会い、嘘をつく私を見捨てずにいてくれる人を見つけて、とても自分が楽になりました。11月のゼミでのこと、ゼミ生のみんなに自分のことを話して、みんなの前で声を出してわんわんと泣くことで、すごく楽になりました。私を受け入れてくれたみんなにすごく感謝しています。

〈コメント〉

　８月から９月の頃、感情が動き始めた頃です。バイト先で知り合った身体的虐待を受けている男性と知り合い、お互いに助け合うようになってから、彼に暴力をふるったりゼミの時間中にボールペンで手首を突き刺したりして、言い表せないイライラを押さえていたと聞きました。ゼミ中のことについては少ししてから聞いたのですが、まったく思い出すことができませんでした。イライラについては当然のことだろう。親をはじめ出会ってきた人たちに怒りをぶつけたいだろうし、自分の人生を嘆きたい気持ちもあるだろうし、押し込めてきた感情が激しく渦巻いているのだろう。思いつくことをノートに書きなぐって言語化するように指導しました。

〈スピーチ３〉

　角田ゼミに入って、友人（弁当仲間）には本当に迷惑をかけました。友人なのに友人として迷惑ばかりかけて何もしてあげられず、してもらってばかりでした。しかし、そんな友人がいてくれたから、今ここに私がいます。大げさかもしれないけれど、先生やゼミ生、友人がいてくれなかったら、私は生きていないと思います。本当に感謝しています。ありがとう。

　昨日、父親と初めてまともに話をしました。父親は「くだらん」とか言って何も言いませんでしたが、それでも昨日話せたのは、ゼミに入って、自分が少し勇気を持て

たからだと思います。まだまだ父親やいろいろな人に自分を出せる勇気はないけれど、それでも私は、角田ゼミのおかげで少し変わることができたと思います。

　1年間、すごく自分の人生の大きな1年だったと思います。これからも先生やみんなを大切にしていきたいです。

〈コメント〉

　Ｉさんは「猿の世界」から「人間の世界」に移りました。発表の後、ゼミ生や友人に自分が嘘をついてきたことを話して謝りました。皆も必死に生きている姿に刺激を受けたと話していました。Ｉさんは自分が見捨てられないことも実感したと思います。自分の気持ちを素直に話すことの課題に取り組むようになりました。

4　第二段階（安全・安心：安全な場所や物の広がりがわかる）からの育ち直り事例

　私たちはシンナー吸引者や薬物依存者、アルコール依存者など依存症状態の人を、人としてどのように理解しようとしたらよいのでしょうか？　依存症になる人はどのような乳幼児期を過ごしてきたのでしょうか？　人としてどのような人間形成の基礎を培ってきたのでしょうか？

　これを乳幼児体験で考えると、子どもは人見知り・後追いを体験すると少なくとも母親という見捨てられないで安心できる人に出会います。それは、心の世界で母親をはじめとする心の家族がいることになり、自分を裏切らないで大切する人たち、すなわち「身内」がいることを知ります。

　そこで、依存状態の人には、生育歴の上で人見知り・後追い現象があったのだろうか、自分を見捨てない人に出会っているだろうかと関心を持ちました。子どもは人見知り・後追いを体験する前は、誰にでも抱かれて外に出たがります。「抱き癖」をつけるかどうかが話題になる現象があります。子どもは生後3ヶ月頃になると、首が据わるとともに微笑みが出ます。首が据わると子どもを立て抱きして外気に当てます。初めはびっくりしますが、抱っこされて、徐々にいつもと違うことを受け入れるようになります。すなわち、いつものところに戻り安心し、抱っこされて守られながら外に出て冒険をします。こうして第二課題の「安全・安心」課題を達成します。

　依存症の人は家族より物の方が大事な状態ですからシンナーや酒が「身内」と言え

ます。すなわち第二課題の「安全・安心」あるいはシンナーや酒とかいった物による安心感覚を持ち合わせていると理解できることになります。

　以下、具体的に事例で見てみましょう。

（１）Ａさんの場合（枕元にコップ酒を置いていると聞いた事例）

　Ａさんは１０年以上断酒していて団体から表彰も受けた方でしたが、再飲酒した結果、肝硬変の悪化に伴い、余命幾ばくもないことが医師から宣告されている状態でした。Ａさんの奥さんの報告によると、Ａさんは息子の就職する姿を見るまで死ねないと語り、「もう酒を飲まない」と言ってコップに酒をついで枕元に置いていると聞きました。Ａさんが無理して酒を飲まないようにしているのではなく、自然体で闘病生活を送っている感じがしました。

　私は奥さんに頼んで、Ａさんが面談できそうな状態になった時を教えてもらうことにしました。今振り返ると、それはＡさんが亡くなる３ヶ月ほど前のことです。訪問すると、Ａさんが床についている枕元に酒がなみなみと入ったコップが置かれていました。奥さんの話を聞いて、現在のＡさんが「酒は身内」から「酒が友達」になった状態と理解することを繰り返して説明したところ、了解をもらいました。今度の肝硬変の悪化から変わったと言います。「今まで散々ギャンブルをし、酒を飲んで、女遊びもしてきた。しかし、どれだけ女遊びをしても奥さんが入院中の世話をしてくれた。嫌な顔１つしないで自分の下の世話をしてくれた。初めて自分は１人ではないとはっきりわかった。１０年以上断酒して世話役にもなったが、飲むなと言われていたので我慢していただけで、独りぼっちだった。気がつくのが遅かったが、せめて息子の就職したことを見届けるまで生きていたい」と語って、握手してくれました。

　後日奥さんとの立ち話で、私が家を後にすると、Ａさんは奥さんを枕元に呼んで「初めて会った人だが、あの人に初めて自分の気持ちがわかってもらえた。後は、息子の就職した姿を見て死にたい。それまで頑張るので、頼む」と語ったそうです。貴重な体験談だと思い、面談の様子を録音して次の方に聞かせようと再度の面談を申し込みました。

　しかし、Ａさんの様態は悪化の一途をたどったようで、入院したと聞きました。たまたま病院の近くを通ることがあったので立ち寄ってみましたが、面会謝絶でした。しかし、奥さんの依頼があってＡさんのベットサイドに座りました。Ａさんは昏睡状

態でしたが、手をとって話しかけてみましたが反応はありませんでした。お見舞いも早々にして廊下に出たところ、奥さんは「私の来たことがわかり、主人は反応していた。主人ももう一度話したいと言っていた」と語ってくれました。この３日後、Ａさんは他界されたことを知りました。合掌。
〈コメント〉
　Ａさんとは面識がなかったのですが、「酒は身内か友達か」を語って酒害者の回復過程を判断した初めての事例でした。当時は酒害者には断酒しかない。いかにして断酒を継続させるかが援助方針の時代でした。

（２）　Ｂさんの場合（自分から抗酒剤を飲んでいると聞いた事例）
　ある時、民生委員をしている方と立ち話をしている時に、Ｂさんのことを知りました。Ｂさんは自営業ですが、結婚してから酒癖が悪くなっていったそうです。最後には、酒を飲むと「奥さんが男と寝ている」と言って詰問したり、暴力をふるって追い回したりしていた時期もあったそうです。今は自分から病院に行って抗酒剤をもらって飲むようになり、仕事も始めたとのこと。私にはＢさんにとって今は「酒が友達」になったと思い、早速、それを確かめようと思って、Ｂさんに引き合わせてもらうように依頼しました。幸いなことにＢさんの了解が得られたので、民生委員と待ち合わせて家庭訪問しました。
　Ｂさんと奥さん、奥さんの母親とが私たちを待っていてくれました。私から訪問の趣旨を当時知っていた具体的事例を交えて説明してみると、最初に奥さんの母親が口を開きました。「Ｂさんが養子として入ってくれたが、実家に行こうとしない。実家で泊まってくるように言って送り出しても、すぐに戻ってきてしまう。それが不思議であったが、今の話を聞いて理解できた」と語ってくれました。Ｂさんに聞くと、「（角田の）話はわかる。実家と言われてもピーンと来ない。ここにいた方がよい。今はここが実家だ。いろいろとあったが、酒を飲まないで仕事をしたいので、仮に飲んでもすぐに飲めなくなるように薬をもらっている」と語ってくれました。
〈コメント〉
　Ｂさんとは初対面でしたが、Ｂさんの酒害者の状態を知る上で、「酒は身内か友達か」の具体的な話は共感と自己の状態を理解してもらう上で、有効であると考えるようになった１つの事例です。

（3）Ｃさんの場合（酒害者の夫を心配する妻に説明した事例）

　Ｃさんの奥さんから電話で相談の申し込みがありました。しかし、その時は３週間先でないと初回面接の時間をとることのできない状態でした。幸いなことに電話をもらった時は20分ほどの空いた時間でしたので、面談につなげるために電話相談に乗りました。

　Ｃさんは運転手をしていますが、酒を飲んで運転していることが見つかってから、事務仕事に配置転換されました。その後、晩酌の量が一層増えたそうで、奥さんとしては、アル中ではないかと心配になって相談してみようと思ったそうです。

　Ｃさんと結婚する時から晩酌はしていたそうですが、普通に仕事をしてくれて問題を感じなかったそうです。年をとるとともに徐々に酒量が増え、二日酔いの状態で運転に就くこともあり、心配になったそうです。とうとうそれが見つかって、Ｃさんは運転業務から外されたそうです。

　ここまでを聞いて、Ｃさんには酒が友達か身内かを具体的事例を交えて説明し、奥さんの判断を聞こうと思いました。Ｃさんにとっては、奥さんも子どもたちも遠方の地に健在でいる両親も誰にも身内意識が持てていない孤独な状態かもしれません。奥さんは旦那さんがいると思っても、子どもさんが僕のお父さんだと思っても、それは奥さんや子どもさんの思いであって、Ｃさんの思いと一緒とは言い切れない可能性があります、などと説明してみました。

　すると、電話口で奥さんは泣き出しました。それが収まってから「Ｃさんは家庭的に恵まれない、寂しい人であることは承知して結婚した。しかし、酒が身内で、天涯孤独といった寂しさとまでは思わなかった」そうです。そこで、面談までの間に、Ｃさんの様子をみて結果を教えてくださいと、奥さんに課題を出して電話を切りました。

　ところが、予約日の直前になってキャンセルの電話が入りました。奥さんによると、「電話相談をしてから、Ｃさんが帰宅すると、お客さんがいなくなれば店を閉じて、晩酌するＣさんの話し相手になるようにしたそうです。すると、酒の飲み方が変わってきたので、しばらく様子を見たい」というものでした。

　嬉しいキャンセルだと思うとともに、その後に関心を持ちました。半年に１度くらいの割で、私の方から電話を入れて様子を聞かせてもらいました。お酌をしながらＣさんの話に耳を傾けていると、確かに自分が想像する範囲を超えた寂しい人生であったことがわかってきました。それと同時に酒の量も減り、おいしそうに酒を飲むよう

になってきたそうです。そして、電話相談を受けた時期から2年半後、Cさんは再び運転業務に戻りました。

〈コメント〉

　酒害者の家族は酒を飲むからおかしくなるのであって、酒さえ飲まなければ問題ないと考えがちです。そして、いかにして酒を飲まないようにできるかに頭を悩ませます。酒を買わないようにしたり、酒を隠したり、「今度飲んだら離婚」と言って離婚届に押印して渡したりといった脅しをかけます。酒害者の内面、心の発達に注目してみましょう。この奥さんは天涯孤独であることに共感しようと努力しました。理解しようと努力するだけでも、このように孤独な人は何かを感じるものです。Cさんが自分は1人でない、心配してくれている人がいると気がついたら、酒を身内として頼る気持ちが失せて、酒は友達になっただろうと推察します。Cさんは寂しい人と承知して結婚しても寂しさに共感していないと天涯孤独のままで、依存症という形で周囲に訴えたのでしょう。Cさんのように依存状態の人にとっては母親でなくとも誰でもよいので、この人から見捨てられていないと実感を持つことが大切です。

(4) Dさんの場合（わが子の泣き声を耳にして立ち直ったキッチンドリンカー）

　小学生2人が落ち着かないという相談を受けて、母親のカウンセリングを継続していました。ある日、予約変更の電話が入りましたが、その中で、母親は「自分がキッチンドリンカー、すなわちアルコール依存症でした」と言いました。「です」ではなく「でした」といった過去形で言ったことに関心を持って、母親の体験を聞きました。

　「元来、酒は飲めませんでしたが、子どものことや夫のことでイライラするようになり、料理に使う酒をなめるようになりました。まもなく酒をなめる量が徐々に増え、おちょこを使うようになりました。さらにコップを使って飲むようになった時、自分で心配になり、婦人相談所に電話しました。するとキッチンドリンカーの始まり」と言われました。そこで、「依存症にならないように母親は酒を飲みたくなると好きなピアノを弾いて必死な思いで頑張りました。どれくらい経ったか思い出せませんが、ピアノを弾いていたある時、当時3歳の娘の泣き声が耳に入った後、不思議と酒に手が出なくなっていきました」と語ってくれました。

　私は、よくぞ1人で立ち直ったと感心して、感動したことを伝えました。次のカウンセリングの時、母親は次のように語りました。「先生はあの時、私をほめてくれた

でしょう。私は体が温かくなってきました。そして、今まで自分はほめられたことがなく、初めてほめられたことを自覚しました。校長をしている父親からも民生児童委員をしている母親からも一度もほめられたことがありませでした。自分が頑張ってもさらに頑張れと言われるばかりでした。自分も子どもたちにほめたことがなかったので、ほめたところ皆大変に喜びました」と一気に語りました。

〈コメント〉

　私は相談を受けると、子どもの成育歴、今の状態や家族関係などを聞いて今取り組む発達課題を見当つけます。それから、私の提唱している「二段階人格形成論」により健康な発達と問題行動や症状を現した時、どの段階から関わり直したらよいかを説明しています。この場合はこの段階から取り組みましょうと説明しています。この母親は私の説明を理解できましたが、自分1人ではできないと言いましたので、原則週1回のカウンセリング契約を結びました。母親は初めに一覧表を見た時から、アルコール依存症に目が留まり、いつか話そうと思っていたそうです。

（5）Eさんの場合（専門病棟に入退院を繰り返して立ち直った老人ホーム入所者）

　Eさんは長く老人ホームで生活しているのですが、酒癖が悪く、度々トラブルを起こすようになってホームでも困り果てていました。相談を受けた私は、アルコール依存症だろうと見当をつけたのですが、まずEさんを理解するためにホームを訪ねました。

　Eさんは単身者、第二次世界大戦で日本陸軍のエリートとして中国戦線で戦いましたが、敗戦で捕虜となり日本に戻ってきたそうです。結婚して2人の娘がいますが、離婚して今では音信不通になっています。ヒロポン中毒になり苦しみましたが、立ち直るために山奥のダムの建設現場に入って危険な現場に身を置いたこともあるそうです。年をとって働けなくなって老人ホームに入所しました。おもしろくないことがあると、酒の量が増えるようになり、トラブルを起こすようになりました。老人ホームも福祉事務所もEさんの処遇に困っていました。

　そこで、立ち直ったアルコール依存症の人たちの話を紹介しながら、苦労をしても寂しかったことに共感しながら、Eさんに「酒は身内か友達か」と尋ねると、「酒は身内だ」と言いました。酒害者の集いに通って立ち直るのもよいし、いったんアルコール専門病院に入って酒を断ち、禁断症状を乗り越えてから酒害者の集いに通っても

よいので、しばらく考えて返事をもらうことにしました。

しかし、その後3日目に酒を飲んでトラブルを起こしたのでアルコール専門病棟に入院させたと、老人ホームから連絡が入りました。これを聞いた時、私はEさんが立ち直りたくてわざと酒を飲んで入院の道を選んだのではないかと思いました。早速、面会に行き、入院のいきさつを確かめました。一通り入院のいきさつを聞いてからEさんに2度にわたって自分の所感を伝え、Eさんの気持ちを確かめました。しかし、彼は違うといって頷きませんでした。何度いきさつを聞いても私には自分の所感が間違っていないと確信したので、3度目の気持ちの確認をしました。自分の所見が適切なのか、間違っているのか、間違っているのなら私が訂正して関わることにすると前置きして迫ったところ、Eさんはやっと頷きました。自分の気持ちを素直に認めたことをほめました。

その後、適宜老人ホームであるいは病院で面談を続けました。2回目の入院で、Eさんは自分のような者を病院の先生や看護師は丁寧に相手してくれるが、ホームの職員は人間としての扱いをしないと気がつきました。3度目の入院では、ホームのお局（看護師）が職員の人間関係を悪くしており、今回の入院はお局にそのことを告げたところいじめにあったというのです。ホームの長が謝ることではなく、お局が謝りに来るまで退院しないと言い張りました。結局、ホームの長が説得してお局が謝罪に来たので退院しました。

その後の通院中のこと、バスの乗り換え場で女子高校生が男子中学生に缶酎ハイを買わせて中学生と一緒に飲んでいるところを発見しました。女子高校生を叱りつけ、男子中学生には部活もしないで町中をうろついている事情を聞いたそうです。すると、家には7時にならないと誰も帰らないので、それまで皆でぶらぶらしているとのこと。そこで、それは寂しいことだが、中学生だから好きな部活でもやってみたらどうだ。少なくとも今から缶酎ハイを飲んでいると人生がつまらないものになると諭したそうです。何度か話し合ったそうですが、そのうちに会わなくなりました。彼らはどうしているだろうかと、Eさんは気にしていました。

中学生にどうして叱りつけなかったのか聞くと、Eさんは自分もあなたに叱られなかったし、あなたや病院の人たちに気持ちを聞いてもらえたからだと返事が来ました。それならば、きっと諭された中学生は今頃部活をしているだろう。その中学生たちの更正に力を貸したと思うと伝えました。それなら良かったとEさんは嬉しそうでした。

その後、しばらくして、胃ガンが発見されましたが、手遅れで皆に見守られながら亡くなったと聞きました。合掌。

〈コメント〉

　Eさんのように立ち直ってくると、似たような状態の人の気持ちを理解して、自分がしてもらったように関わることができました。人は育て直しを受けると、育て直す関わり方をして、育て直しの連鎖あるいは正の連鎖が起きているといえます。先に紹介したDさんは、自分がされたことを子どもにしたと報告してくれました。育て直しをされて子どもの育て直しに取り組んだ正の世代間連鎖が起きているといえます。

（6）Fさんの場合（シンナー仲間で結婚した親を持つ保育園児）

　保育園長から相談をもらって対応に困っている同僚（ケースワーカー）への助言事例です。同僚によると、母親と父親はシンナー仲間で知り合い、母親は両親（祖父母）の反対を押し切って結婚して子どもができました。母親は妊娠したことがわかってからシンナー吸引をやめています。父親は母親の制止を振り切って覚醒剤に手を出したこともありましたが、シンナーの吸引は続いています。同僚が家庭訪問した時は、玄関のドアを開けると、強いシンナーの臭いが鼻をついたそうです。また、保育園の担任は子どもからシンナーの臭いを感じることがしばしばあるとのことでした。

　母親は父親と別れて母子家庭で頑張っていきたいと両親に相談しますが、両親は散々苦労させられたので、今更関わりたくないとのことだそうです。経済的にも保育園の送迎などで助けてもらわないと自立できない状態だそうです。そこで、同僚が母親に替わって両親に掛け合っても取り合ってくれませんでした。

　そこで、私は所見を伝えました。シンナー依存症はシンナーと酒の違いはあってもアルコール依存症と同じで、「シンナーが身内か友達か」の判断が必要です。母親は妊娠したら自分は1人ではないと実感してシンナー吸飲をやめたでしょう。父親は未だにシンナーが身内の状態で妻子がいるとは実感できていないでしょう。これを母親に確かめて賛同が得られれば、母親とともに祖父母（両親）に会い、再度この説明をしながら、今では母親は祖父母（両親）が心の両親（祖父母）と思えるようになったので、もう1度親としてかけてみてくださいと依頼し、失敗するようならそれから母親をはっきりと勘当したらよいでしょうとでも言って、祖父母（両親）に掛け合ってみたらいかがでしょうかと言いました。

後日、同僚からの報告では、私からの説明を受け売りするように説明したそうですが、それでも母親は理解できたそうです。そして祖父母（両親）が母親の気持ちを確かめ理解してくれたので、離婚していったん実家に入り、祖父母（両親）の助けを借りて働きながらやがては自立することになったそうです。

（7）Gさん、Hさんの場合〈シンナー吸引の2人の女子中学生〉

　中学校長からの相談で、シンナー吸引をしている中学3年のGさん、Hさんの相談にのることになりました。それぞれの母親も同席してもらい、面談しました。Gさんは半年ほど前からHさんにつきあうようにシンナーを吸っているが、あまり吸いたいと思わないそうです。Hさんはそれより前から吸引しており、誰かと一緒に吸いたい気持ちだと言います。

　そこで、具体的な体験者の話やアルコール依存症の事例などを交えて説明し、2人に「シンナーは身内か友達か」と聞いてみました。Gさんは「友達だ」と言い、Hさんは「身内だ」と言いました。それを聞いていたGさんの母親は目頭が熱くなり今にも涙がこぼれそうでした。Hさんの親は隣に娘がいてその気持ちを明らかにしているのに、他人事のように聞いていました。

　それからしばらく経って、Hさんがシンナーを吸引してバイクを運転。凍結路面に滑って転倒し救急車で入院しました。退院後における2人との面談では、病院に駆けつけたHさんの母親は開口一番、「あんたはいくら掛かると思っているの？　金ばっかり使うことをして」と言ったそうです。Gさんの母親がGさんと一緒に面会に来た時は開口一番「痛かったでしょう。大丈夫？」と言ったそうです。Hさんは「どっちが母さんだか？　Gさんのお母さんの子になりたい」と思ったとのこと。Gさんはシンナーを吸う現場にいても吸わなくなったそうです。母親が参加した面談後、Gさんの親は子育てを振り返りGさんに寂しい思いをさせて悪かったと謝ったそうです。Hさんはシンナーのない生活はできないまま、卒業まで吸っていました。卒業後のことはわかりません。

（8）I君の場合〈下着窃盗をした中学生の親との面談〉

　I君は中学1年生で、盗んだ女性の下着を発見した母親が来談したものです。母親としては今回だけではないと思えるので、どうしたらよいか心配しているとのことで

した。

　家族は妹と父親の4人家族です。人見知り・後追い現象は思い出せないと言います。手の掛からない育てやすい子どもという印象が残っているとのことでした。母親は、Ｉ君の幼少時代は訪問販売がおもしろくて、子育てより夢中になっていたそうです。

　そこで、母親としてはＩ君に優しく言葉をかけたりスキンシップをとったり大きな赤ちゃんと思って育て直すように助言しました。母親はおおよその方向はわかったそうですが1人で取り組む自信がないというので、母親と週1回のカウンセリングを行うことにしました。

　母親はＩ君が帰宅する頃には家にもどり、Ｉ君を迎えるようにしました。まず「お帰りなさい」と声をかけ、頭がぬれている時にはタオルで拭くとか、ついでに背中をさするようにしました。そのうちにＩ君から耳掃除をして欲しいとか背中を掻いて欲しいとか要求が出るようになり、それに応えました。さらに、添い寝をして欲しいと要求するようになりそれに応えていると、母親の胸を触るようになりました。まもなく直に触るようになり、吸うようにもなりました。母親はもう1度赤ちゃんからやり直しているのかなと思いながら応えていました。さらにＩ君は母親に馬乗りとなり、セックスをするような腰の動きをした時には内心驚きましたが、母親が背中をなでていると、2週間ほどで添い寝だけで済むようになりました。さらに2週間ほどでＩ君からの添い寝も要求が出なくなりました。背中を掻くようにあるいは耳掃除をするように要求することはありますが、家事の手伝いをしてくれたり妹と遊んだりして子どもらしい感じが出てきました。母親もＩ君が我が子という実感が持てるようになり、下着泥棒はなくなり、カウンセリングは半年ほどで終了としました。

〈コメント〉

　子育てを思い出せない母親が子育てをやり直すように、カウンセリングで母親の援助をしましたが、これは「再養育療法」と言われる方法です。母親が自分のしてきた子育てと向き合い、母親としての自覚を失わなかったので、比較的短期間でＩ君の育て直しができたと思います。もし、母親が母親の自覚を捨て、1人の女性になってしまうと近親相姦にもなる可能性を持っていたと思います。

(9) 元アルコール依存症であった外国人宣教師

　外国人宣教師のお話を聞く機会がありました。彼の父親はアルコール依存症で彼自

身父親のようにならないためにはどうしたらよいかと考え、牧師になったら父親のようにならないと考えて、全寮制の神学校に進学しました。しかし、そこではお酒を飲むことができ、お酒当番があって皆で担当しました。気がつくと、彼自身がアルコール依存状態になっていたそうです。そこで、酒害者の集いに参加してそこに参加している友達の助けを得て何とか立ち直りました。宣教師として酒害者の人の友達作りに協力をしたいというものでした。

　質疑応答になって質問しました。日本語の「身内」「友達」という言葉を理解できるかと聞くと即座にわかると返事が返ってきました。そこで、あなたは「酒は身内」の状態から今では「酒は友達」の状態になっていると思うが、どうですか？　と、質問しました。即座に、理解できますとのことでした。そこで、シンナーと酒は物が違うけれど、依存していることでは同じに考えるがどう考えますかと聞くと、これにも返事が来ました。「レントゲン撮影の時飲むバリウムがありますね。私はバリウム依存でした。バリウムにすら依存するものが私にはありました」と語ってくれました。

（10）アルコール依存症の親を持つ園児の保育者に対する援助

　園児の父親が働き者だけれどアルコール依存で飲んでは車の中で夜を明かすことが度々あるとのことです。母親はできたら別れたくないが、離婚も考えるようになっており、園児に落ち着きがなくなっているとのことでした。園児は母親になついており、母親は実家と関係が良好だそうですが、父親は実家と疎遠だそうです。

　そこで、母親をキーマンにして母親に「父親はよく働くが、酒という身内に癒されているのではないか。父親の心には妻子はいなくて、父親は酒が身内状態ではないか。母親が父親の身内になるように理解して関わってみるようにしたらどうだろう」と話してみてくださいと、助言しました。

　後日の報告では、母親に受け売りのように話してみたところ理解してくれて、父親を理解し直したようです。やがて家で酒を飲み、おいしそうに飲むようになり、家で寝るようになったとのことです。

　また、園児の母親がアルコール依存で、朝から酒を飲むようになり、酒臭いまま園児を送ってきていましたが、それもできないほどの状態になったそうです。

　そこで、保育者が迎えに行くようにしていますが、それも玄関を開けなくなったので、困っているとのことでした。園児は園が好きで、迎えに行くと喜んで通ってくる

そうです。保育者は私たちがここまで園児のことを心配して保育しているので、酒を飲むならせめて朝送ってきてから飲んで欲しいという気持ちでいました。

そこで、次のように解説しました。母親は園児を産んだのですが、天涯孤独の状態が続いています。保育者は母親ではありませんが、むしろ保育がうまく行われてきたので、園児は保育園が好きになっているのでしょう。しかし、母親は置いていかれるような気持ちや自分の辛い乳幼児体験をわかって欲しいとの思いも見え隠れしているように思います。もう一度親子を見直してみてくださいと。

4ヶ月経ってやっと「母親に母親を期待しないで、母親が孤独な人と思えるようになった」と担任にわかった後、母親との関係が変わってきました。

(11) その他の依存症の事件を見て

一時、親がギャンブル中に子どもの死亡事件が報道されたことがありましたが、やがて「ギャンブル依存症」と名づけられました。子どもを車の中に寝かせておいたり軽トラックの荷台で遊ばせておいて、親がギャンブルを行っている間に、子どもが死亡したり交通事故に遭ったりしたものです。

ギャンブルを楽しむことを否定するものではありませんが、子どものことよりもギャンブルに長く夢中になっている状態は、ギャンブルに魂が取られていると言えます。「ギャンブルが身内の状態」といえます。「自分は1人でない。家族がいると気がつくと、ギャンブルに夢中にならないですむ」と思います。

ギャンブルに夢中になる人の中には、繰り返し借金し、多重債務者になっている人もいます。借金そのものを否定するものではありませんが、返済できる見通しの中で、そのようなコントロールができる状態でギャンブルをしているとは言えません。

買い物依存症という人もいますが、この人たちは欲しいと思う物を手に入れてしまうとすぐ次の物を手に入れたくなると言います。買う前の緊張感と買う行為にしか自分が生きている感じがしないのだろうと思います。欲しくて買って、それを持ったり着たりして誰かと喜びを共感し合うようなことはありません。買う行為が身内になっていると思います。

(12) 援助交際をしている女性

援助交際と一口に言っても売春をしている場合から、おじさんと若い女性とのお話

仲間までいろいろのタイプがあるようです。何人、何十人の人と同時に交際している女性は男性と交際しているのではなく、スキンシップを求めていると思います。彼がすぐに会ってくれなければ肌が寂しいから、すぐ次の男に電話して会いたいと思うのです。男性にも都合がありますので、女性はたくさんの彼が必要になります。

　この状態の女性には、自分がスキンシップを求めていることを自覚するように、さらに気持ちよいスキンシップを求めるように助言します。そのうちに自分にとってどのようなタイプの男性が自分に似合うのかが絞られていきます。他にスキンシップを求めることができない状態なら、やめることよりも何を得ようとしているかに関心を持って関わるようにしています。

　相談に来るような女性は、一見ふしだらな女性であっても、よいことをしているとは思っていません。どこかに疑問を感じていることがしばしば見られます。指摘や助言することで、霧が晴れるように自分が何を求めているかがはっきりしていく女性もいます。1人に絞られるようになるには、3、4年くらいかかります。この間、妊娠しないように自分で管理するように注意を促します。どうして止めさせないのかと言われたこともありますが、他にスキンシップを満足させる状況にないなら制止してもストレスを溜めることになることぐらいだと思うからです。

　このように、立ち直っていった女性に出会うと、たとえ乳幼児期に親に可愛がられていなくても、園で保育者にスキンシップをしてもらっていたら、今このような冒険的苦労をしなくても済んだと思います。

（13）窃盗をエスカレートさせていた中学生の場合

　困り果てた父親が子どもを連れて相談にきました。事件の概要は、小学生の中頃から万引きが始まりました。そのうちに警察沙汰なるようになり、父親なりに良くないことと説得したり、時に殴ったりして言い聞かせることをしましたが、一向に更正できなというものです。万引きや窃盗の様子を聞くと、徐々に金額や頻度がエスカレートしている傾向にあることに気がつきました。

　子どもだけと面談すると、悪いことをする度に父親に叱られ、殴られてきました。それでも、内心自分には父親がいると思ったそうです。しばらくよい子にしていると、両親は商売に熱心になり自分をかまってくれません。そこでイライラして同じことをしていてはいけないと前より少しひどいことをすると、父親が怒るので、痛いけれど

嬉しいと言いました。

　そこで、父親にこのことを確かめると、彼は「はっ」と驚きましたが認めました。そこで、2人に説明したところ、父親が子どもに謝り抱き寄せました。この後、風の便りにも警察沙汰になっているとは耳にしていません。

（14）まとめ

　10歳以降になると、年をとればとるほど、問題行動や症状が出た時、一般的に私たちはもう大きいのだから分別がつくので、善悪を説いて問題解決を図ろうとします。それで、改善される事例も多数あると思いますが、生きる力がついていかないようであれば、自分の理解と関わり方に疑問を持つ勇気が必要です。

　ここでは主に依存症を取り上げましたが、私たちはどうしても問題行動や症状に目を奪われがちです。その人の生育歴や今の発達課題すなわち情緒体験に関心を向けましょう。私はその人の乳幼児期における体験だけではなく、何歳になっても乳幼児体験が人間形成には必要であると事例援助を通して考えています。どこで、誰と何をして安心しようとしているか、見捨てられない信頼できる人、すなわち「身内」に誰がなりそうなのかを見ましょう。その人に「身内」が見つかるように関わりましょう。

5　第三段階（信頼：人による安心感の広がり）からの育ち直り事例

　第二段階の「安全・安心」は、物や場所に対する安心感をもつことから人に救い（安心）を求めるようになることです。さらに、第三段階の「信頼」になると、誰でもよいのではなく、最も自分を任せられる人、自分を丸ごと受けとめてくれる人、自分を見守って見捨てないでいてくれる人に出会うことです。

　「信頼」というと、甘えられる人がいるとか頼る人がいるとかと考えがちですが、むしろ、どんな自分であっても見捨てられない人に出会うことが、「基本的信頼」の中核となると思います。人は母親、祖母あるいは母なる人と出会うことで、最後まで見捨てられない人と出会うことで「生きる勇気」が持てるでしょう。そして、その人が仲良くしている人と次々に仲良くなることで、見捨てられないで信頼関係の持てる人の広がりが出てくるのです。外であるいは他で何があっても、自分を受けとめてくれる人がいて、そこに戻れば自分自身がわかってもらえることがはっきりしていたら、

人は頑張る気持ちがわいてくるでしょう。

　乳幼児期に「人見知り・後追い」現象を見せないまま思春期に入った人が、遅ればせながら乳幼児体験をすることでどのように生きる力がついてきたのか、具体的に事例で見てみましょう。

（1）A君の場合（里子が里母に家庭内暴力をしていた事例）

　私がA君の里親に出会ったのはA君が中学2年生で、不登校児の親のグループに助言者として参加した時でした。当時、5人の親が参加していたその中の1人でした。グループは2週間に1度の話し合いの場を持っていました。

　この里親には子どもができなくて幼少時にA君を里子として引き取り、養育してきました。しかし、中学1年の秋から不登校となり、やがて里母に暴力をふるうようになりました。暴力は家の中で里母と2人の時に些細なことがきっかけで起きるそうです。最もひどい暴力としては、ある雨の日に、里母に暴力が始まり、廊下から突き落とされ、腰の骨にひびが入ったことがありました。A君は手のかからないよい子で頑張ってきました。このように手の掛かるのは初めてで、いつ暴力をふるわれるか、ビクビクしながら生活しているとのことでした。

　私は「他人がいないところで、些細なことで、里母に暴力をふるう」ことに注目しました。そこで、里母に対して次のように伝えました。自分が産んでいないことを引け目に感じているかもしれないが、A君は里母が自分を見捨てないか手応えを持とうとしています。だから、産みの親ではないが育ての親として、A君は里母を自分の母親としっかり認めているので、里母はA君を大きな赤ちゃん扱いをすることです。人見知り・後追い段階からやり直すことです。中学生と思うから腹が立つことばかりだと思うのですと、アドバイスしました。

　里母は「取り組んでみます」とのことでした。A君が「ジュース」と言うと、里母は「ジュースは冷蔵庫に入っているよ」と言いました。すると、A君から暴力をふるわれたと言います。里母にしてみると、中学生だし冷蔵庫にあるから自分で好きなように飲んだらよいと思って、A君に返事したということでした。そこで、「中学生だと思うと当然のことであるが、実際の赤ちゃんに自分でミルクを溶かして飲みなさいと母親は言うだろうか」と説明しました。

　A君の求める「ジュース」に対する里母の応対は、里母は「あなたの好きなジュー

スが冷蔵庫に入っているよ」「あなたの好きなジュースを買ってきてあるから、好きなだけ飲んでいいよ」「これ終わったら持って行くね」「ちょっと待って、今、持って行くから」などと、徐々に赤ちゃん扱いをするようになっていきました。

　４ヶ月目に入った時、突然暴力をふるわれなくなったと報告がありました。丁寧に聞くと、Ａ君が要求した時に、Ａ君の好きなおでんを作ろうと、あと少しで大根を切り終わる時でしたが「はい」と返事して、大根切りを直ぐにやめてジュースを持っていったそうです。今までなら、後１回、包丁で切ったら区切りがつくと思ったそうですが、それがいけないと思って、すぐ返事をして大根切りを中断したそうです。これは、Ａ君を赤ちゃん扱いした瞬間だと思います。他に暴力が止んだことに関して聞いてみましたが、里母には思い当たることがないと言います。

　この後は、里母にはＡ君が赤ちゃんのように思えてきて、赤ちゃん扱いするように関わると、里母を相手に遊ぶようになり、里母と会話をすることが増えていきました。中学３年生の夏には、友達はどうしているかな、高校へ行きたいなどと言い出しました。中学３年の二学期からは担任の協力を得て、夕方登校をし自分の好きな科目から、できそうな段階から勉強を始め、秋の遠足からクラスメイトと行動を共にするようになり、自力登校となりました。

　その後、Ａ君は高校進学を諦めたというより、働きたいということで働きに出ました。１年ほど事情を承知している商店で勤めてから社員のいる会社に移ったと耳にしました。

〈コメント〉

　家庭内暴力を伴う事例で、この事例のように突然暴力がなくなった事例は知っている限りこれだけです。多くの場合は、子どもを赤ちゃん扱いすると、蹴り倒したり顔を殴ったりといった乱暴が、体に物を投げる、さらに下半身に投げつける、そして体にあたらないように物にあたるなどと、対人から対物へ、急所から周辺へと変化していきます。

　また、産みの親であるかどうかではなく、育ての親としてどのように関わってきた結果、子どもがどのように発達して（育って）きたかが大切になると思います。Ａ君は育ての親すなわち里母の元で生活をしてきましたが、手のかからない育てやすい子であったと言います。それは、里子として里母に遠慮していたのでしょう。幼少時代に「試し行動」を表して、里母が自分を見捨てないか確かめることができなかったよ

うです。我慢して生きてきたものの我慢しきれなくなって、Ａ君は第三段階「信頼」の課題を達成しようとしたと思います。それが、他人がいない時に、里母に限るように里母に暴力で訴えていたＡ君の心の叫びであったと思います。

(２) Ｂさんの場合（児童自立支援施設を利用して立ち直った中３女児の事例）

　中学２年生になったＢさんは、母親の心配や学校の生徒指導の成果もなく、家出・徘徊が続いていました。思いあまった母親は児童相談所に行って「施設（児童自立支援施設）に入れてもらいたいがどうだろう」と相談しました。しかし、中学校はあそこの施設に入れたら悪くなることはあっても良くなる事例はないと母親は聞かされ、施設入所には反対であると言います。どうしたらよいかと相談がありました。

　施設入所を相談したのは、母親がＢさんに何度注意しても繰り返すので、「今度、きちんと家に帰ってこなかったら施設に入ってもらうよ」と約束しましたが、それを破ったからだと言います。

　家族はＢさんが小学生の頃、父親が飲酒にともなう家庭内暴力が改まらないために別れましたが、しつこくつきまとわれて困ったことがあるそうです。現在は、家族は、妹と力になってくれた男性（継父）と再婚しての４人家族です。

　Ｂさんを妊娠してから、父親は酒を飲むと母親に暴力をふるうようになりました。もう１人産んだら立ち直るかと期待して４歳年下の妹を妊娠しましたが、飲酒と暴力はひどくなり、週の内の半分ほど女性宅に寝泊まりするようになりました。別れ話を持ち出すと、暴れることはあっても別れてはくれませんでした。そんな中、幼少の頃のＢさんに「人見知り・後追い」現象があったかどうかは覚えていないそうです。

　そこで次のように伝えました。Ｂさんは、どこで、誰の側にいると安心できるかを知ろうとしている、あるいは自分の家族を捜している可能性があります。施設入所については、Ｂさんも承知しているようなので更正のためには１つの方法だと思います。入所後には、施設に１ヶ月に１度は訪問することをＢさんと約束して実行してください。そのことにより、必ず面会に来てくれることで自分は捨てられていないことがわかり、施設内での生活では家族と生活できるよう頑張ると思うと伝えました。

　１年半ほど施設で生活をしました。入所者の誘いにのって無断外出したこともありましたが、父親はＢさんが施設入所したことを聞きつけて面会を申し込んだそうですがＢさんが断ったそうです。入所後、母親は面会の約束を守ったこと、初期の頃の面

会ではBさんが妹と比較された不満を施設職員に聞いてもらい、母親を指導してもらったことがありました。経過報告に来てくれた母親によると、面会に来た時Bさんのことを話題にするのではなく「妹が頑張っているのであなたも頑張って早く出てくるように」と母親はBさんを励ますつもりで言ったそうです。Bさんの立場に立って考えるとどういう気持ちになるだろうかと考えることで、母親は納得し反省しました。入所して1年ほどした時、再度無断外出を誘われたそうですが、この時は「自分は自分」と思って断ったそうです。退所後に面談で聞くと、その頃は施設でしっかりと生活して早く出たいし、高校にも行きたくなったから、無断外出したい人はすればいいし、話を聞いても自分は自分で職員に密告はしないと返事したそうです。この頃から継父も一緒に面会に来てくれたりして自分には家族がいるとはっきり自覚できたそうです。だからこれ以上親に心配をかけたくないと思ったそうです。

　Bさんが中学校に戻ってからの姿を見て、先生たちも学期毎に施設に面会には出かけていたそうですが、立ち直ったことにびっくりしたそうです。

〈コメント〉

　児童福祉施設とか民間の施設に入れる時、親は自分がどんな気持ちで入れるのか、自己点検する必要があります。施設に入れることが親の役目と思ったら大間違いです。子どもは親に見放されたとか捨てられたとか思いがちです。どんなに評判のよい施設に入れても、子どもがこのような気持ちになったらやり直そうと頑張る気持ちにはなりません。

　親は家庭から子どもだけを切り離すのは、親自身の力では子どもに生きる力をつけることができないので、自分にできることはするが他の人に助けてもらう気持ちで施設入所をすすめていることを、子どもに面と向かって告げることです。施設利用で子どもがたち直るポイントは、ここにあると思います。

（3）Cさんの場合（保育者になる過程で自己課題と向き合った学生の場合）

　Cさんは学生時代の終盤になって、「とにかく話を聞いて欲しい」ということで面談することになりました。それによると、次のような苦労をしていることがわかりました。

　Cさんの幼少時代から両親の仲は良くなかったそうです。中学生の頃から家にいるより外にいたくなり、部活動をしたり市民サークルに入って活動をしたりしていまし

た。高校時代も同じように過ごしたのですが、親しくなる男性が現れ、部活をやめて市民サークルを中心に活動しながら交際したそうです。いったん社会人になったのですが、保育者になりたくて入学しました。学生生活を楽しんでいるようにも思いましたが、2年生になって高校以来の過呼吸状態がでました。正規職員として保育者になる内定が出たのですが、実は子どもとうまく関わることができない悩みがありました。密かに母親に「人見知り・後追い」現象があったか聞いたり、あまり仲の良くなかった姉に相談にのってもらったりしていました。

　面談の途中からCさんの顔色が良くなってきました。気分を聞くと、話している内に気持ちが軽くなる感じがしてきたと言いました。

　その後、就職内定園に研修に出るようになって、1週間ほどで風邪を引いて休むことになりましたが、子どもが膝に入ったりおぶさったりしてきても嫌でない自分がいることに気がつきました。実習では2週間我慢すればよいと思って頑張ってきたそうですが、今は早く元気になって研修に出たいとメールが来ました。

　就職して1年ほどして面談の申し込みがあり時間を作りました。2人の男性と同時に交際しているが、そういう自分をどう理解したらよいかというものでした。1人の男性に絞ると、仕事で忙しい時に相手にしてもらえないと寂しくなるので、もう1人が必要だといいます。1人の男性とは結婚を考えてもよいが、もう1人の男性は寂しさを紛らわす程度であるとのことでした。

　そこで、今の状態は結婚を考えてもよい男性とは信頼を裏切ることになる。いつまでも2人の男性と関係が続くわけがないので1人に絞るか、2人といったん別れて自分自身の「人見知り・後追い」の課題に取り組むことだろう。園児で「人見知り・後追い」の課題にぶつかっている園児を取り上げて、事例研究に取り組んでもよいともアドバイスしました。一応Cさんは思い当たるので、自分でも頑張ると言って別れました。

　さらに1年後、Cさんと面談の時間を作ることになりました。その時には、顔色が悪いことから受診したところ精密検査が必要と言われ、母親が心配してくれていると実感したそうです。何カ所かの病院を受診した結果では、問題ないという結果が出ましたが、姉も心配してくれているし、親しくしている男性も心配してくれているとわかり、この人たちを大事にしたい気持ちになっているとのこと。今までなら親に心配かけることをいうと、親からは「注意が足りない」「きちんとした生活をしないから」

「親のいうことを聞け」など頭ごなしに怒られることばかりだったそうです。一方、保育では1年かけて「気になる子」の育て直しに取り組み、見違えるほどに子どもらしくなり、母親から大変に感謝されたこともあって、自分にもできるのだと自信になったと言います。

　私は1年前の面談の内容も気になったので、思い切って話題にしてみたところ、家族がいると実感したら女性の仲良しができ、よく話をしたり遊ぶようになったりして、男性は自然と1人に絞ることができたそうです。「人見知り・後追い」の課題を達成したかなというと、多分そうだと思います。結婚前に気持ちの整理ができて本当に良かったとのことでした。

(4) D君の場合（母親に気持ちの整理がつかず、失敗した家庭内暴力事例）

　D君は中学1年の三学期から家庭内暴力をしながら登校していましたが、やがて不登校状態となりました。父親の協力が得られないこととD君が父親を嫌っていたので、母親はD君と弟を引き取り父親と別れて、母親の実家で住むことになりました。しかし、D君の家庭内暴力は収まらず、父親の方に出入りするようになり、父親と住みたいと言い出しました。当時中学2年生でしたが、困った母親は来談しました。

　D君が暴力をふるう様子を聞くと、他人がいない時で些細なことで物にあたっていましたが、最近は母親をめがけて物を投げつけるようになってきたと言います。D君の生育歴で「人見知り・後追い」現象を聞くと、「後追い」現象があったと思うが、祖母にあずけて仕事していたので当時のことはあまり思い出せないとのこと。

　そこで、母親にはD君は母親が自分を見捨てないか、自分を母親が守ってくることを実感したいのではないか、そのために、父親のところへ行くのも母親に引き留めてもらいたいのではないか等と説明してみました。しかし、母親の反応は一応わかりましたと言いましたが、何か期待した返事をもらえなかった印象を持ちました。

　それから半年ほど経って、母親が祖母と弟で来談しました。その後、D君を交え、父親と話し合って父親の元でしばらく生活することにしたのですが、初めは父親の送迎で中学校にも通いましたが、やがて物にあたるようになり、家具なども壊すようになりました。D君は母親の元で生活したいと言い出しましたので、中学校に自分で通うことを条件に母親宅に戻りました。それも長続きしないで、D君は物や弟に当たるようになりました。来談日の前の夜は、母親にも物を投げつけたので、弟と2人外で

一夜をあかしたと言います。しかし、母親の服装はスタイルブックから飛び出してきたような若作りしたものでしたので、何が真実だろうかと思いました。

その後の様子を聞いて、前回の説明がこの母親には受けとめられないと思ったので、母親自身の生育歴を聞いてみました。すると、母親の思い出として祖母は自分のことばかりしていて、家族での楽しい思い出はほとんどないと言います。さらに、祖母は生活が苦しかったので、よく働いたと言います。祖母が反対した男（父親）と一緒になったし、母親がしっかりしてないからこうなったとも言いました。

2人を前にして責任転嫁し、自分と向き合うことを避けていると思いましたので、今後の展開に期待は持てませんでした。D君はその後どうなっているだろうか、「閉じこもり」あるいは「ニート」状態になっているだろうかと、家庭内暴力事例に触れる時、気になります。

〈コメント〉

他人のいないところで、些細なことで、母親や家族に乱暴をする家庭内暴力は、直感的に母親を母親として認めていますが、しっかり手応えが持てなくて、苦しんでいる状態だと思います。生育歴でも情緒体験として第三課題（信頼）が達成されていないまま、家庭内暴力で訴えていると思います。従って、どんなに暴力をふるわれていても、「母親から分離することは避けた方がよい」との立場です。D君のように別居している父親宅にあずけられたり、母親と切り離して父親と2人で生活したり、児童福祉施設や精神病院などに入れたりすることもありますが、一旦はおとなしくなることがあっても、それは見捨てられた怒りをため込んでいますので、改善の方向に動き出すことは難しいと思います。どんなに辛くても、母親が取り組むことは、自分がしてきた子育てのありのままを認めることでしょう。

そして、母親自身の親子関係で「人見知り・後追い」体験があるかどうかを確かめることでしょう。母親自身が「人見知り・後追い」現象があったかどうかが問題解決に密接に関係しています。祖母が母親にしてきた子育て、この際では「人見知り・後追い」現象について気をつけて子育てしていなかったことを謝罪すると、子どもとしての母親自身の気持ちが整理されますので、親として子どもの気持ちを受け入れられるようになります。

大人になっていても、子どもは母親にしっかり受けとめてもらいたい、あるいは見捨てられ体験があり、見捨てられないことを実感する必要があると思います。

（5）保育実習の中断が母子密着となったEさん

　保育者を目指すEさんの母親からの相談です。保育園での実習も半ばを過ぎた時、「Eさんは子どもと遊べないので、これ以上実習を続けることに疑問を持つ。引き取りに来て欲しい」と保育園長から大学に電話が入りました。担当の教員がEさんを保育園に迎えに行き、母親に事情を説明してEさんを引き渡したそうです。その時、Eさんと母親は玄関で抱き合って泣いたそうですが、母子で抱き合って泣くようなことは初めてだそうです。教員によると、半年前の幼稚園での実習でも「子どもと遊ぶことをしないで、突っ立っていることが多い」と幼稚園からクレームが寄せられていたそうですが、大学では実習を中断させた保育園に対して、そこまで言わなくてもよいと非難の声が上がっているそうです。今後どのようにするかをまず親子で話し合ってから、大学として方針を考えたいと、担当の教員は言い残して帰られました。

　はじめに、一緒に来たEさんと面談しました。実習は自分なりに頑張ったけれど、子どもと遊ぶことができないし、どうしたらよいか見ていることが多かったとのこと。母子で抱き合って泣いたことは初めてでしたが、何か孤独でなくなった感じがしたそうです。できることなら保育の仕事には就きたいそうです。

　母親との面談では、Eさんは幼稚園時代にいじめにあったそうで、母親としてはいじめた子どもを見返すために、Eさんがしたいと言って始めたピアノに加えていくつかのお稽古塾に入れて頑張らせてきたそうです。大学に入るまで友達はできなかったが、それがいけなかっただろうか。Eさんの気持ちを大切にして今後については大学にお願いしたとのことでした。

　結果としては、Eさんは保育園で働きたいので、保育士の資格だけでも欲しいということで、大学が別の保育園に頼み、実習をさせてもらったそうです。

　その実習後、母子で面談に来てくれましたが、Eさんの表情は明るく、面談している時も目が合いました。今までの実習よりは教えてもらったことを覚えようと取り組んで覚えられたので、やって良かったそうです。大学からは実習先での評価は先生から聞いていたほどひどくはない。子どもの相手もできていたし、頑張っていることはよくわかったとのこと。母親としても、Eさんが実習を続けられるように実習先での話を聞いたり、肩をもんであげたりしたそうです。親子のつながりを感じたそうです。Eさんも隣で頷いていました。

　偶然でしたが、1年ほどして保育園でパート職員として働いているEさんに会いま

したが、Eさんの方から挨拶してくれました。生き生きとした表情で保育が楽しいと、Eさんは言っていました。

（6）摂食障害を煩った娘と取り組んだ保育者である母親

　保育者研修会での講演を終えてから耳にしました。保育者である母親として、乳幼児体験の大切さや今からでも遅くないということに関して、自らの体験を話してくださいました。

　娘さんが中学の時、摂食障害となり、いくつかの病院や相談機関に相談をされたそうです。娘さんの命だけはつながったものの改善の方向はみえないで困り果てたそうです。苦しむ娘を1人置いて働くことにも疑問を感じて辞める気持ちになった頃、娘の側にいると娘が特定の子どもにいじめられて憎んでいることがわかってきました。娘のつぶやきに耳を傾けながらいつの間にか母親も娘と一緒になってつぶやいたそうです。そしたら娘の辛く苦しい気持ちが理解でき、思わず娘を抱きしめしばらく2人で泣いたそうです。娘と心がつながったと実感できたそうで、改めて娘は孤独であったのだなと思ったそうです。それから3日後、娘さんの体重は4kg増えたそうです。徐々に元気が出てきたそうです。

第 4 章

保育者と保護者へのメッセージ

1　乳幼児体験の大切さ

　生涯にわたる人間形成の基礎を培うとか、人が人として活動できる基となるものは何であるか、改めて確かめておきたいと思います。

（1）「笑う」「微笑む」ことから成長は始まる
　平成15年頃から報道などで「笑わない赤ちゃん」が取り上げられるようになりました。この若者が生まれた頃は、神戸連続少年殺傷事件を起こした少年の世代、昭和50年代に生まれた世代を「サイレントベビー世代」と呼ぶことがあります。これが育児環境としてどれほど深刻な状態になっているのか、早急に対策をとって微笑むことのできる赤ちゃんを増やさないと、年が進むに従ってさらに深刻な社会問題を引き起こすことになると予測できます。

　子どもが微笑むことができない時、それは子育てを負担に感じた親の元に生まれた結果ではないかと思います。「かわいいなあ」と言われ、大切に育てられていれば、子どもは生まれてきて良かったなー、生まれたことを歓迎されていると感じ、それは子どもの表情になって現れるはずです。親が子どものことを負担であるとか、嫌であるという気持ちであるいは心配事を抱えて子育てに関わっていれば、微笑みという表情は出にくいでしょう。その子どもが無表情であったり感情の動きが鈍いまま育っていっていたりして、今度は子どもを産み育てる立場になった時に、そのまま無表情な子育てが引き継がれていくことでしょう。

　母子手帳の生後3ヶ月の発達チェック項目には、「微笑みますか」とあります。「首が据わりますか」というチェック項目と全く同様に重視する必要があると思います。赤ちゃんが微笑みましたということは、その赤ちゃんは母親が赤ちゃんに関心を持ち、アイコンタクトをとって授乳したことになりますし、母親はそれができる人であったことと同時にそれができた育児環境にあったということができます。母親は可愛がられて赤ちゃんを慈しむことができる人であっても、この赤ちゃんに授乳する時に大きな心配事があると義務的に授乳されたことになりますので、同じ母親に育てられても子どもによっての発達上の違いも生まれることになります。保育者であっても、赤ちゃんを慈しむことができる人が必要であり、義務的に授乳する気持ちでは、赤ちゃんは自分が歓迎されているとは思えませんので、微笑むことができないのです。

母親を初めとして保育者など赤ちゃんに関わる大人が慈しむ気持ちで授乳しなかったら、赤ちゃんは人間形成の最初の基礎を培うことができないまま成長することになります。微笑むことができないことを問題視されることなく成長する赤ちゃんは、微笑むことができないとSOSを発しているにもかかわらず成長することになりますので、幼児期とか児童期、思春期に感情の凍りついた、あるいは感情を押し込めた状態での問題症状とか問題行動を起こすことになるでしょう。
　最近、笑顔のない、能面づらの若者、あるいは空笑いや作り笑顔をする若者が増えてきています。友達の女性同士でも手をつなぐことができないとか、友達が腕組みをしてきてキレてしまったという女子学生が保育者養成校に通う学生の中にも目立つようになってきています。
　私はそうした学生には、感情を押し殺して生きてきたことを認め、友達に頼んで手をつないでもらうことに慣れるように、あるいは背中をさすってもらって気持ちよいことが分かるようになれ、と指導しています。そうしてはじめて、自己肯定感が持てると思います。そして、彼女たちの中には、自分の母子手帳を見たり母親と話し合ったりして自分と向き合い、親や友達にスキンシップしてもらえるようになると、微笑むことができるようになって良かったとか子どもをかわいいと思えるので、保育者としてもやっていけそうと報告してくれる学生もいます。
　「笑う門に福来たり」とか「笑う門に幸来たり」と言いますが、「笑う」「微笑む」ことは赤ちゃんから老人世代まで、家族の基本として極めて大切な心の動きであると思います。

（2）「おんぶ」「抱っこ」のすすめ

　ある園長の話です。保育者（25歳、保育歴3年）の子どもの抱き方がぎこちないので、母親に抱っこされた記憶があるかを尋ねたところ、「母親は厳しい人で、抱っこされたことはありません」という返事があったそうです。そこで、「それは辛かったね。寂しかったでしょう。時々私が抱っこしてあげるね」と言って保育者を抱き寄せたところ、やがて大泣きしたそうです。園長が何度か抱っこして自然に抱かれるようになると、それに伴うように子どもの抱き方が自然体になっていきました。頭がよいからできることでもなく、口を使って教えることでもなく、気持ちよく抱っこされる体験をしてはじめて子どもを気持ちよく抱っこできるのですね。何歳になっても抱っこは気持ちがよいと体験できることが大切であるということを知り、抱っこの大切さがわかったと報告してくれました。

　保育者でも、年齢が上の方になると「抱き癖をつけるな」ということを言われてきた人たちですから、抱っこやおんぶを甘えとして受けとってしまう場合もあるようです。また、筆者にも昭和50年前後生まれの2人の子がいますが、子育ての当時を振り返ってみても、その頃にはおんぶや抱っこは主流ではありませんでした。ベビーカーが出てきていて、乳母車すら探すのに苦労した時期でした。今やベビーカーは主流になっています。折りたたみになって軽くなり、持ち運びがしやすくなりました。さらに、ママカーが出現してチャイルドシートが義務化され、脱着と持ち運びがしやす

くなりました。親や保育者からすれば、子育ては楽をしてやりたいものですから使ってしまうのですが、その分抱っこやおんぶが減ってしまいました。楽な分だけ、親と子どもの接触が奪われてしまったといえます。

　しかし今、くすぐっても笑えない子どもたちが増えています。保育者への援助事例にありますように、そんな時は保育の中で「くすぐって抱きしめる」あるいは「背中をさする」「手をつなぐ」ということを筆者は助言しています。

　おんぶや抱っこであれば、接触やコミュニケーションが必ず発生しますし、子どもとの会話も自分の作業も並行してできるものです。お母さん方にも、5ヵ月の子どもさんに教材を与えるぐらいであれば「おんぶしてはどうですか」と提案したいと思います。お子さんを部屋の中に放っておくから何か刺激を与えなくては、という発想になってしまうのです。おんぶであればお母さんの両手も空いて、自分の時間もできます。そして子どもにも常に気を配れます。親が自分の作業のために連れて回っている間、子どもは背中で寝たり起きたりしています。起きている間にいろいろと目に入るもの、感じるものがあると思います。それと一緒に親が声をかけてあげることができます。

　これまで、子育てよりも母親の自立（生きがい、自己実現）や子どもの自立が叫ばれてきました。筆者は女性の自立というのはとても大事だと思うのですが、その形というか内容に問題があったと思います。保育園に早く入れることで子どもの自立を促すことができて、女性が早く自立できると考えたものです。しかし、子育てはそのために座布団を枕に座布団に哺乳瓶をひっかけて1人でミルクを飲ませるといったことがされていました。それは、別の角度から見れば、子育てが親から避けられている状態です。そういった体験をしながら育った子どもが、自分が親になった時に、子どもの可愛がり方が分からない、その影響が出ているのではないかと思うのです。

　その一方で当時、母乳の子育てをして、変人・奇人と言われた人が、家族の絆をしっかり形成して、充実した人生を送っている人もいます。

（3）「人見知り・後追い」は必要なこと

　登園した朝、母親との別れ際に「ママが良い」「お家がいい」と母親にしがみついて泣き叫ぶ子どもに、保育者はどのように関わるとよいでしょうか。若い保育者が困ってしまって立ちすくむことがあっても当然でしょう。だからといって、ベテランの保育者のように強引に子どもを抱きかかえたり、帯紐で背中にくくりつけたりして泣きやむのを待つようにした保育で、子どもはより適切な乳幼児体験をすることができるでしょうか。

　近年では、入園式後の泣き別れが少なくなり、入園してしばらくしてから何かをきっかけに泣き別れが起きるとの保育者の声も耳にします。また、勉強会の会員が保育者仲間の結婚式にでかけて、そこで何組かの親子が「人見知りがなくて育てやすい」「人見知りがあるので心配だとか、手がかかって仕方がない」という会話を聞いて驚いたと報告を受けたこともあります。

　私の記憶では、昭和50年頃には、我が子に人見知りが始まると肩身が狭いという母親がいました。一方では、人見知りがない子は社会性があり社交的で育てやすいという母親がおり、心配をしていましたが、やがてこうした親が多数派となっていきました。そして、育児不安な親が増え、子育て支援が取り上げられたり、三歳児神話崩壊などの言葉も出てきたりしました。

　今ではこの子たちが成長して保育者養成校に入学し、保育者を目指す勉強に取り組んでいます。筆者は、常に周囲の顔色をうかがって、嫌われないように気をつかって生きている学生を多く見かけます。そうした学生は実習に出かけても、出会ってまもなく子どもから「嫌い」「あっちへ行け」などと言われると、衝撃を受け、引いてしまいます。子どもに嫌われないように子どもに合わせるとか、子どもとの関わりを避けて実習を続けるようになります。仮に保育者として就職しても、子どもをはじめ、周囲の親や職員の顔色ばかり伺い、喜んで保育に臨むことは困難となります。

　こうした人見知り・後追いの問題は、保育者に限って問題になることでしょうか。平成15年頃から子どもが親を殺すとか孫が祖父母を殺すとか、祖父母が親と一緒になって孫を虐待死させたとかいった事件が頻発しています。また、無差別殺人の報道を見ていると、殺人者は見捨てられたことを内側にため込んで、押さえきれなくなった時に事件を起こしているように思います。いじめ自殺事件においても家族や周囲の誰とも人と人とのつながりを感じられず、孤独感を持っていたと思います。

これも、事件を起こす家族には発達の視点に立って「人見知り・後追い」現象があったのか調べてみても良いと思います。心の家族ができるのは、乳幼児体験からいえば、人見知り・後追い現象を達成した後と思います。この体験なくしては、思春期になってから家族崩壊が起きるのは当然であり、家庭崩壊に発展することも予見できます。

　乳幼児期においても思春期においても人生の途中で気がついて、家族としてつながりが持てるようになった事例を見ていると、自分は見捨てられていない、1人ではない、家族がいると実感することが子どもと誰か大人との間でできれば、家族は再生していると思います。どのように考えたらよいか、原因はどこにあるかではなく、当事者が人と人とのつながりを実感することが重要だと思います。

　人間形成の基礎を培う乳幼児期に乳幼児にかかわる保育者には、一刻も早く乳幼児の発達の視点に立って、卒園までに園児皆に「人見知り・後追い」現象が現れ、発達課題を達成する保育を望みたいものです。そのために、保育者自身が保育の中で、保育者養成課程の中で、自分自身の乳幼児期体験と向き合い、保育者が互いに助け合って子どもの人見知り・後追い現象が出るように、そしてその課題を達成するようにしたいものです。人見知り・後追い現象は、園児だけの問題ではなく、保育者自身の乳幼児体験も密接に絡んだ問題であると思います。

(4) お話とお手伝い

　母親が見捨てないとわかると、子どもは安心して身の回りのことに興味、関心を発揮します。次々と持ったり触ったりして次に移るので、結果として散らかす状態となります。この時、片づけることを教えるのではなく、子どもの関心に合わせて言葉をかけることです。まるで実況中継するかのように子どもの感情や行動や意思を言葉にして子どもに言ってみるのです。こうした言葉がけを私は「代弁」と言っています。子どもはその言葉を聞きながら、覚えた言いやすい言葉から模倣するように言い出します。それに合わせて周囲の大人が言葉を繰り返すと、子どもはさらに確かな言葉でつながり、やがて言葉で伝えることができるようになります。それが、一語文、二語文となることです。

　例えば、離乳食を与える時に食事を与えながら、「まんま。ご飯だよ」、「ママ。お母さんだよ」などと声をかけると、「ま」というのは比較的言いやすい言葉なので、

声に出します。それに応える形で「そう、まんまだよ」「そう、ママだよ」などと応えるように声かけをしていったらよいと思います。「ママ、まんま」を赤ちゃん言葉として覚えさせたくないという親がいますが、それは適切であるとはいえません。「ママ」と言ってから「お母様」とか「母上様」と付け足して声をかけたら、子どもは覚えて、使うようになります。このように、赤ちゃんが覚えやすいあるいは使いやすい言葉を使ってコミュニケーションを採ることから始めましょう。

　この時期に1人で放置しておいたり、テレビやビデオで子守をしていたり、指示・命令・禁止の言葉がけばかりをしていたりしますと、自分の態度や行動が言葉につながる体験ができません。言葉が遅いということになります。

　1歳半頃になると、明らかに親や周囲の大人の真似ごとをし始めます。子どもの行為を言葉にして伝えたり、それまでに子どもに教えた言葉を使って、子どもにお手伝いを頼んだりしたらよいと思います。これは、言葉で言われた時に、子どもは何をどうしたらよいのかをわかろうとしています。徐々に難しい言葉を使ってお手伝いを頼んだらよいと思います。これは他人の話を理解したり、話を聞いて行動を起こしたりする基礎を培うことになります。

（5）交渉（譲ったり、譲ってもらったり）
　2歳半頃になると、子どもはお話ししたり、お手伝いできたりするうちに「意志」を持つようになります。親からこのように言われても、自分はあのようにしたいが、親はどうするだろうかと思うようになります。自分はこのようにしたいとか自分はこのように思うとか気持ちがはっきりしてくると、親や大人の「意志」とぶつかることになります。それまでの素直に言葉を覚えた態度やお手伝いした態度とは違って、子どもが反抗するような現象を示しますので、大人がこれをどのように理解するかが問われます。私は、この時期の現象を「交渉」すなわち「譲ったり、譲ってもらったり」を覚えたいとのサインを出している子どもと理解することを提案しています。

　ですから、親や保育者は、まず、子どもの気持ちを確かめることです。親や大人が譲ることができる状況なら、子どもより先に譲って子どもの意志をいかすことです。子どもはどこまでも自分の意志を出すこともありますので、2ないし3回譲ったら、今度は譲らないよと宣告して子どもの意志を受け入れることです。子どもによっては意志を出すことが弱い場合があります。その時には、意志を出す、わがままを出すよ

うに親や保育者は配慮した関わり方をすることです。

　さらには、子どもはわざと反抗的態度をとって親や保育者を怒らせて、その親や保育者とどうしたら仲直りできるか覚えようとします。そこでは、どのように、何度謝ったらよいか、謝れば許してもらえるとは限りませんから、許してもらえるにはどのようにしたらよいかを覚える必要があります。このようにして、親や保育者には仲直りの仕方の基礎を教えてもらうことになります。親や保育者には自分自身の仲直りの仕方が問われます。

　譲ったり譲ってもらったりと衝突した後に仲直りすることの基礎を体験するのが3歳を過ぎた頃です。やがて同世代で喧嘩になることもありますが、仲直りして遊ぶことのできる「仲良し」が見つかるようになります。

　「三つ子の魂百まで」という諺がありますが、この5つの情緒体験が年齢とともに体験できることですし、もし年齢相応に体験できなかったら気がついた時から体験できることが、人間にとって大切です。子どもにとっては家庭で体験できなければ、幼稚園や保育園で疑似体験することで、人格形成の基礎を体験できることになります。「保育」の社会的使命はここにあると思います。

2　乳幼児期を過ぎて大人になっても「乳幼児体験」は大切である

　筆者は乳幼児から老人世代までの諸々の相談経験を重ねてきて、「二段階人格形成」という発達観を構築し、その後の相談活動で検証を重ねてきました。その経過の中で、子ども自身の経験する「乳幼児体験」の大切さを知り、そして乳幼児が家族の次に濃密に接する保育者に注目しました。

　例えば、中学生になってからでも、不登校をきっかけに自分に不足している乳幼児体験を親であっても先生であっても体験させてもらえると、中学生は生きる元気が出てきて、生きる力を身につけます。結果として自力登校ができるようになり、再び不登校になることがないだけでなく、親になってからの子育てにおいても子どもの発達に合わせて関わることができる大人になっています。こうした事例は不登校生徒だけでなく、非行少年でも経験してきました。やり残してきた乳幼児体験を遅ればせながらでも体験すると、子どもに生きる元気が出てきます。

　こうしたことは、中学生だけではなく青年であっても、中学生に比べると時間がか

かるけれども、やはり生きる元気が出てきます。こうした関心を持って人生をやり直してきた人たちを見てみると、乳幼児体験をすると、そこから立ち直る過程に入っていることが共通していると思います。頭の良し悪しではなく、乳幼児体験ができるかどうかの違いであって、いつまでも体験できないと、生きる元気がわいてこないので、頭ではわかっていても動き出せないまま、結果として立ち直るのに長引いているのです。

　乳幼児期という時期が問題なのではなく、乳幼児体験に注目する必要があります。乳幼児体験は親との間で体験できることが子どもにとって最も幸せなことですが、現実にはそうした親子はごく少数派であります。

　中学生の不登校になってから乳幼児体験をするのではなく、家庭で得られないなら次には園で保育者によって体験できることが子どもには幸せなことです。ここに、保育園や幼稚園での保育に期待されるものがあると思います。しかもこれは、将来の不登校や非行の防止に役立つだけでなく、後々出現する心の問題の予防に役立つと思います。

　子どもは親に恵まれなくても、園で保育者により人間形成の基礎を培う体験をさせてもらえたら、乳幼児期に不足している乳幼児体験をすることができるので、子どもにとって次に幸せなことです。園で人間形成の基礎を培うことができたなら、社会にとってもそれだけ健全な子どもや社会人が増えることになります。

　一般的に言って、保育者は乳幼児を対象にした勉強をし、乳幼児を対象にした仕事をしています。養成課程で思春期の事例を学ぶ機会があっても、発達の視点で学ぶのではなく臨床心理学や児童精神医学などの知識を学ぶのです。保育指針や教育要領では、子どもは乳幼児期に人間形成の基礎を培うと謳ってありますが、何が基礎であるとは明確に示されていません。また、園で保育した子どもたちがその後どのように育っていったかは追跡することはありません。そのような実践報告や研究報告に接することもほとんどありません。保育者で小学生や中学生の姿に接するのは、自分の子どもが成長した時か、児童館や学童クラブなどで働いたことがある方くらいで、保育者の中では希な存在です。

　筆者は乳幼児から老人世代までの心の相談活動に従事してきて、乳幼児体験の不足が問題行動の発生につながっており、遅ればせながらでも乳幼児体験ができると、そこから生きる力がわいて自立していく人たちを見てきました。ですから、事例援助の

中で、思春期の姿を紹介したり、思春期の子どもたちがどのような乳幼児体験をすると生きる元気が出てくるかなどを紹介したりしてきました。

　本書の第3章では、乳幼児期を過ぎた子どもたちや大人を、発達の視点から見るとどのように理解したらよいのか、どのように関わると、すなわちどのように発達を促すと生きる力がついてくるのか、紹介しました。保育者が子どもに対して、その乳幼児期に、いち早く、不足している乳幼児体験を体験させる保育をすることの重要性を理解していただけるのではないかと期待します。仮に乳幼児が家庭で発達に合わせた子育てを受けていなくても、ほとんどの乳幼児が保育園や幼稚園に通う時代です。乳幼児は、園で保育者により未だ体験していない乳幼児体験を体験させてもらえたなら、すなわち育て直しを受けたなら、その子どもの「今」にとってもまた「将来」にとっても幸せであるだけでなく、家庭にとっても社会にとっても極めて有益なことと思います。

3　「育て直し」の役割を担う園と保育者の質が問われる時代

(1)「育て直し」の場として期待される幼稚園・保育園

　平成10年前後、「気になる子」が増えてきたとの声を聞くようになってまもなく、小1問題、いわゆる小学1年生で発生する学級崩壊が世間をにぎわすようになり、小学校では園での保育に関心が向くようになりました。平成元年の幼稚園教育要領、および平成2年の保育所保育指針の改定で、「設定保育」から「自由保育」に保育形態が変化していったと言われていますが、園で行っている「自由保育」は「放任保育」と学校サイドからは批判を浴びるようになりました。しかし、園での保育に世間が注目することがないまま、関心は家庭教育へ向けられ、家庭の責任が取り上げられ、「子育て支援」「家庭教育推進事業」の必要性が叫ばれるようになりました。児童福祉法の改正で、保育士の仕事に保育だけでなく「保護者に対して保育に関する指導」が明記されることにもなりました。小1問題については、小学校側から問題解決に向けて園と小学校とが交流して一緒に考えましょうということになりましたが、いずれも試行錯誤が続いています。

　このような状況の中で、私は、現実に難しい状況があるとしても、保育園、幼稚園に期待をしています。核家族で隣同士での関係が薄れ、地域性が薄れていっている現

在の家庭状況を考えると、子どもがつまずいてしまった場合に、家庭内だけで育て直しが行われるかというと、これも難しいといえるでしょう。乳幼児は、仮に家族で体験できなくても、保育園や幼稚園で人間形成の基礎を培うことができたら、家庭での障害を克服することができます。保育者によって疑似親子体験を通して、人間形成の基礎となる情緒体験をする子どもがいてもよいのです。

　乳幼児の問題は家庭にあるとして、責任転嫁をすることが往々にしてあります。しかし、保育園や幼稚園でまず園児の「育て直し」に取り組んだら、家庭での障害を最小限に食いとめることができるだけでなく、「育て直し」から家族が変わり、やがて社会に明るさが出てくることと思います。

（2）保育者が行う親との面談

　保育者が行う面談（カウンセリング）には、「保育者である」という特性をいかしたいものです。それは、毎日のように、子どもと園の中で関わることができるという立場です。保育者が子どもに与える影響力は、親と比べて勝るとも劣ることはありません。親が何もせずに今まで通りであっても、保育者が育て直しに取り組むと子どもは変化・成長をします。子どもの姿が変わると、今まで通りの生き方をしていた親でも子どもの変化に気がつくものです。子どもにとっては、それから保育者が親と話し合ってくれても何ら問題ではないのです。子どもにとっては、人間形成の基礎作りをする上では、まず自分が安心できる場所、安心できる人を見つける必要があるからです。

　他の職種では小・中学校などの教師なども同様ですが、乳幼児期を過ぎていますし、教科教育が中心になりますので、人間形成の基礎を培うことへの影響力はその分弱くなります。

　カウンセリングは、一般的に心理相談員や精神科医師（カウンセラーと称します）が行いますが、カウンセラーは相談室にいて、問題意識を持ったクライエントが相談をした時、1回50分ほどの時間を作ってクライエントの話に耳を傾けます。クライエントは話を聞いてもらってクライエント自身が自分の気持ちの整理をするものです。子どもと遊ぶことはしませんが、それをする時には「セラピー（心理治療）」といって別のもの、セラピスト―クライエント（子ども）という関係になります。しかし、保育者は園に子どもの籍がある間は毎日が責任ある立場です。

(3) 保育者とは素晴らしい職業

　若い保育者の中に、子どもと接していても表情の乏しい人たちを見るようになりました。採用試験に合格して現場に立った時、子どもと遊ぶことができなかったり、突然のように出勤しなくなったりして、バタバタと辞めていく話も耳にするようになりました。その辞めていく理由をしっかりと調査しているわけではないので何ともいえませんが、頭だけで育児、保育をやろうとしていることが大きいのではないかと思います。

　保育者養成については、まだまだ工夫する余地はたくさんあると思います。特に、どこかおびえていたり、冷めていたりしている学生が増えてきている中で、教える側も教えられる側も感情を出し切ってできるようなものが必要だと感じます。学生生活自体が冷めてしまっているような学生もいますが、そういう学生が実習に行って乳児のクラスに入っても、やはり子どもの対応は違います。第2章で事例をあげたように、筆者はそういう学生には個別に対応しているのですが、保育の現場で子どもたちにかかわりながら自分の生い立ちを振り返るようなプロセスを踏んで、自分の体験を確かめられるような形が必要とされているのではないでしょうか。

　保育には、保育者の乳幼児体験が密接に関係していると思います。自分自身の乳幼児体験を受け入れて、それを客観視することで保育ができるようになります。保育者自身が体験してきた段階までは子どもの発達にあわせて関わることができます。保育者自身に不足している乳幼児体験を遅ればせながらも体験し、それを客観視することで、保育者はそれだけ育ち直ったことになり、保育ができるようになります。

　こうしてみると保育者というのは、給料をもらいながら子どもを育て直すだけでなく、自分自身が育ち直ることも可能な、すばらしい職業です。保育を通して、かつて女性が求めた保育者自身の真の「自立」「生き甲斐」「自己実現」が得られると思います。

　「気になる子」の保育は、「保育の原点」です。

4　子育ての意義と見直し

(1)　子育ての意義

　子育ては、親にとっていつ頃に終わるのでしょうか。いろいろの考え方があると思いますが、1人の一生で考えると、私は最後の孫が3歳を過ぎた頃すなわち最後の孫が第五段階（交渉）までの発達課題を達成したことを見届けた時だろうと思います。

　親として自分が行ってきた子育ては、子どもの育ちではなく、我が子が育てた孫の育ちに現れると思うからです。祖父母は、孫の育ちにも影響を与えることができる立場にあります。父母の子育て相談にのることもできますし、孫に直に関わることで父母の子育ての不足を補うこともできるからです。これがどのようにできるかは、祖父母自身がどのように乳幼児体験をしてきたか、そして祖父母自身が行ってきた子育て経験が問われているということです。

　人間形成の基礎を培うことのできる人は、1つ、2つと「つ」のつくうちの子育てを親から受けてきた人や人生の途中で誰かにより育て直しを受けた人です。しっかり子育てができるということは、親が1人の人間として可愛がられていたということです。私流にいえば、7つの発達課題を繰り返し体験している人です。家庭と家族がしっかりしており、協力関係があるということです。これを精神的に自立している人、生き甲斐を感じている人、自己実現している人、というのではないでしょうか。

　しかし、昭和40年代から女性が求めていた「自立」「生き甲斐」「自己実現」は、「外で働くこと」で得られると思いこみ、子育てをおろそかにしてきたのではないでしょうか。当時、母乳を与える母親は周囲から「時代遅れの子育て」「変人」と思われたくらいです。しかし、現在では、子育てを終え、子どもが自立して生活しており、中には孫の成長を楽しみにしながらのびのびと自分のしたいことに人生を謳歌しているといっては大げさでしょうか。こうした方（祖父母）こそ、自立しているとか、生き甲斐を実感しているとか、自己実現している方といえるのではないでしょうか。精神的に自立しているすなわち最低でも第五段階（二人遊び）の交渉能力の備わっている方と思います。

　逆に、若い時に子育てより自分が働くこと自分の楽しみを先に行うことをしてきた方は、子どもが成人になってからあるいは孫ができてから、子育ての手抜きに悩まさ

れているように思います。自分自身が心の発達課題に未達成な課題を抱えていることを避けてきたのではないかと思います。「氏より育ち」という諺がありますが、「氏」は得られたかもしれませんが、「育ち」に課題を抱えて苦悩して見えると思います。

(2) 子育ての見直し

　"今"、過ぎ去った過去を取り上げて「ああすればよかった」「こうすればよかった」等と思っても、前向きに生きることにはつながりません。

　乳幼児から老人世代までの相談活動をしてきて、そして保育を中心に育て直す活動を通して、「子育て」は家庭の基盤を作ることになります。人間の一生というスパンでみた時、それは社会の基礎単位であり、健全な家族があって、会社や社会は成り立っていると思います。仮に、子育てにおいてやり直すことになった時、もう一度子どもの育て直しに取り組んだ方々は家庭にあっても、社会にあっても、生き返っています。そして、社会にあっては後継者の養成に、子育ての経験を活かしています。

　子どもの発達に合わせた関わり方ができなくて、社会で後継者の養成ができるのでしょうか。使い捨てをして他から持ってくることでその場はしのげるかもしれませんが、今では人数はいても人材がいないとも耳にするようになりました。

　「気になる子」の育て直し保育と保育者養成にたずさわってきて、即戦力になる保育者を輩出できなくなってきています。その前に、即戦力になるような育ちをしている高校生を入学させることが困難になっています。１５年あるいは２０年前の保育者養成の不十分さが、その保育を受けて、人間形成の基礎を培ってきた今の学生たちです。

　ここに至って"今"必要なこと、大切なことは、親であっても、先生であっても、保育者であっても、"今"目の前にいる子どもやその親、あるいは学生や現職保育者を「育てる」こと「育て直す」ことに取り組むことです。

　子どもの発達段階を見て、子どもが発達課題を達成するように関わることで、子どもが成長するだけでなく、子どもが親や保育者に元気を与えてくれます。育ちの未熟な学生かもしれませんが、自分の育ちと向き合い、子どもの発達に合わせた関わり方ができるように付き添うことで、学生は保育者になって良かった、と元気を出して働くようになっています。

　教育の再生が叫ばれていますが、人間形成の基礎すなわち９歳までの情緒体験があ

って、小中学校以降の教育が成立しているのです。乳幼児体験に関心を持たないで学校教育を考えても、人としての基礎が培われていない人間に学校教育を施しても頭でっかちな人間を輩出することになり、問題の先送りをしていることになります。

　何歳であっても、乳幼児体験を追体験することで生きる元気が出てきています。家庭で親子や祖父母も含めて乳幼児体験を点検し、認めあって、互いに相手を育てたり、育て直したりすることに関心を持ちましょう。それができるように、社会環境を整えることに取り組みたいものです。

　子どもを育てたり、子どもを育て直すことは、健全な社会形成の原点と思います。

第 5 章

事例検討（1）
「気になる子と親」に取り組む保育者への援助

1　「よい子」「悪い子」は大人の価値判断
〜「よい子」過ぎる3歳女児の場合〜

　「よい子」と言われる子には、本当によい子もいますが、「よい子」と言われながら悪い面が表面化してがっかりさせる子もいます。いったい、どういう子を「よい子」というのでしょうか。本当に「よい子」は、明るく元気で落ち着きがあり、自分の意思を持ち友達がいます。時にはリーダーとなり、時には協力者となって動くことのできる子どもです。その子の周囲では認められていても、目立つことはないようです。

　これに対して、大人に対して従順で素直さがあり、気を利かせて動く子どもがいます。大人や周囲に嫌われないように笑顔をつくって動き回っている子どもです。どこかおかしいぞと気がつく先生や子どもたちもいるのですが、あえて違った見方を提示することはありません。ですから、このような子については、よい評価をする人の方が多いようです。

　ここには、「よい子」と判断する大人側の価値観の違いが現れています。子どもの発達の姿がわかっている大人は、発達にしたがって子どもの姿が変わることを承知の上で評価します。けれども、自分の意見を述べる子どもを、大人に対して反抗的である、あるいは従順ではないと受けとる大人もいるでしょう。大人に従順で言いつけをこなす子どもがよい子だと思っている大人もいるのです。

第1回検討

　担任から提供された情報を整理してみると、次のようになります。
　A子（3年保育、年少組）は入園式の日、名前を呼ぶと「はい」と元気よく返事をして前に出てきたので、「しっかりした子」という印象をもちました。持ち物の片づけ方や置き場所を教えるとすぐに覚えました。園に慣れてくると、友達のお手伝いもできるし、先生のお手伝いを率先して申し出てくるような子でした。
　しかし、担任がA子に話しかけると固まってしまい、またA子が担任に話そうとすると構えているような感じがしました。抱っこをすると、体が硬くなり離れようとし

ます。一人遊びが多く、友達の中にいても傍観していることが目立ちます。また、困った時もその場で泣いているだけで、保育者に助けを求める動きはしません。最も気になるのは、A子の自由画を見ると女の子に手が描かれていないという点です。子どもの絵に関係する本を調べてみると、情緒的に問題をもっていることがわかりました。しかし、保育者としてどうしたらよいのかわかりませんでした。

　ある時、知人から『あいち子どもケア研究会』の存在を教えてもらい、参加しました。2回の参加学習の中で「A子をしっかり受け入れよう。そのためにA子が受け入れそうなスキンシップをして、泣いていたり困っていたりする時には代弁しよう」と思い、A子の顔を見るたびにくすぐってみました。

　1ヵ月後、抱っこしてくすぐると、A子は体は硬直していますが笑うようになりました。普段の生活でも笑顔が増えてきて、家でのことを話すようになりました。しかし、自由画では相変わらず腕が描かれていません。

　2ヵ月ほど経つと、追いかけごっこを繰り返すと、それをA子から求めてくるようになりました。抱っこしても硬直しなくなり、くすぐると声を出して笑うようになりました。表情が良くなってくると、自由画で描いた女の子に袖がつくようになりました。

〈A子の家族構成〉

　両親、3歳児A子、2歳の妹、父方祖父母の三世代6人家族。第3子妊娠中。

〈生育歴、家族状況〉

　胎生期、出産期に特記することはありません。人見知りや後追いはありませんでした。お母さんがあまりおんぶや抱っこをしてこなかったとのことでした。A子が1歳7ヵ月の時、妹が生まれました。親の言うことにはよく従い、頑張りやさんでした。両親、祖父母ともにしつけに厳しいところがあります。

　1歳半健診、3歳児健診ともに指導されることはなかったそうです。身辺処理は自立していますが、寝る時に指しゃぶりがあり、おねしょをすることがあるとのことでした。

【助言内容】

(1) A子の発達段階について

　2回の参加学習でA子の発達課題を理解して、A子が受け入れそうなスキンシップを心がけ、くすぐってみる関わり方をされたのは適切であると思います。A子の発達課題に見当をつけ、その課題達成のために必要な関わり方をされたということです。その結果、自分から追いかけごっこを求めるようになり、笑い声が聞かれ、表情も和やかになってきました。そして、自由画の女の子に袖が描かれるようになったとのこと。A子が育ち直りつつある姿を現しています。

　発達段階でいうと、第一課題(実感)から取り組み、笑えるようになってきました。次に、関わってもらうこと(個別対応)を嬉しいと思うようになりつつあります。怖い時には大人にしがみつき、慰められて元気が出てくることでしょう。

　しかし、まだ自分から抱っこを求めてきていませんので、A子の保育目標としては、毎日1回、3〜5分ほどくすぐって抱きしめること、あるいは『一本橋 こちょ こちょ』といったくすぐり遊びを行うとよいでしょう。すでに、担任との関係を求め始めていますので、まもなく抱っこされる心地よさがわかると思います。今後、担任が「代理ママ」になることもあり得ます。また、A子を抱っこした時に、家で抱っこされるか、抱っこを求めるかなどについて聞いてみましょう。

　抱っこを求めるようになると、今までできていたこともできなくなり、赤ちゃん返りが起きるかもしれません。A子が育っている段階まで遡ったら、そこからは育ちが始まりますので、赤ちゃんになることを受け入れていきましょう。保育者はA子と正面で向き合うことを避け、片膝を貸すように抱くと、まもなく正面抱きの状態にまで近づけることができます。

(2) 親への関わり方について

　保育者が保育を行う時、そこに親はいません。まず、保育者はA子の保育に手応えをもつことが大事でしょう。A子への関わり方に手応えがもてない状態で、親と話し合って助言しようとしても、抽象的になり訴える力がありません。

　A子への関わり方に手応えをもてるようになると、その自信が保育者を落ち着かせ、具体的に親への援助ができるようになります。担任が「代理ママ」となり、A子が後追いを卒業してから、親への援助を考えても遅くありません。

【検討後の感想】

説明を聞いて、A子の姿がはっきりしてきましたし、自分の関わり方もわかりました。少し及び腰になっていたように思います。積極的にスキンシップをとるように関わってみようと思います。

第2回検討〈検討開始2週間後〉

場面1：自習遊びの場面。

　A子はぬり絵をしながら子どもたちのままごと遊びを見ているので、担任は遊びたい気持ちを確かめてから、「一緒に入れてもらおう」と誘ってみました。A子はぬり絵を閉じて、他児が「入れて」と言って入っていく様子をじっと見ていました。おままごとで机やイス、そしてごちそうが運びこまれてきて、楽しそうに食べている子どもたちがいるのに、A子は立って見ているだけで食べようとはしません。そこで、担任が「おいしい」と食べる真似をしながらA子に食べさせてあげるのですが反応しません。それよりも、床に落ちたスプーンが気になるらしく、それを拾った時に、「スイカがいっぱいあるよ。いつも食べている」などと話しながら、1人でぬり絵を始めました。

　ままごと遊びが終わって片づける時になったら、A子はさっとぬり絵を片づけ、両手にいっぱい持って片づけに参加しました。お片づけはいつも一生懸命にするので、認めてもらいたいのかなと思い、「すごくたくさん片づけてくれるねー」と言うと、A子は嬉しそうでした。

場面2：午後の自由遊びの場面。

　A子は1人で絵本を見ていました。そこへ他児がカブトムシを持ってきました。そのことに気がついたA子は担任に近づいてきました。そのA子にカブトムシを近づけると、「キャー」と言って離れますが、すぐ近づいてくるので、またカブトムシを近づけると同じように「キャー」と言って離れます。

　何度も繰り返した後、A子は担任に水筒を差し出しました。内心、初めて自分から

関わってもらいたい気持ちを表したのかなと思いながら、「ありがとう。おいしかったよ」と言いました。そこへ他児が膝に入ってきたので、抱きしめるとその子は満足したのか自分から出ていきました。Ａ子はそれを見ていました。まるで真似をするかのように寄り添っていたので、右手で寄せて右膝に入れる形で抱き寄せました。

担任①：「お家で、お母さん抱っこしてくれるかな？」
Ａ子①：「うーうん」
担任②：「お父さんが抱っこしてくれるかな？」
Ａ子②：「うーうん」
担任③：「おばあちゃんはどうかな？」
Ａ子③：「うーうん」
担任④：「そう、寂しいね。じゃあ、保育園で先生がいっぱい抱っこしてあげるね」
Ａ子④：うなずいた感じがしました。

【助言内容】

　Ａ子が担任に近づいてくる様子がよくわかります。甘えることを知らない子どもが「甘えてもよいかな？」と戸惑いながら近づいてくるのに対して、その動きを的確にとらえたすばらしい関わり方だと思います。Ａ子は確かに育ち直りの展開をしています。この調子でいけば、Ａ子は自分から抱っこやおんぶを求められるようになることでしょう。そして、担任のことをＡ子が「母」のように思うところまで懐かせてもよいと思います。担任は、「保育者」というより「代理ママ」になるつもりで、関わっていったらよいと思います。

【感想】

（１）Ａ子を見ていくにあたって、スキンシップの方法に、距離、位置関係、表情などをよく見る必要があると改めて思いました。こちらのスキンシップをＡ子がどのように受け入れてくれるかを見たかったです。

（２）これからも、Ａ子に近寄っていき表情などを注意深く見ながら、Ａ子を受け入れていきたいです。

（３）今までの働きかけ方は、粗くて漠然としていました。的確さに欠けていたように思います。

第3回検討〈検討開始1ヵ月後〉

場面1：砂遊びの最中に「貸して」と言えない場面。
　B子の横にあるフルイをじっと見ながら、時に担任を見て「使いたい」と目で訴えているようでした。「A子ちゃん、『貸して』と言えばいいよ」と言っても、困った様子でした。「借りようか。『貸して』と言ってみようか」と言ってもじっと担任を見ています。A子に代わって「フルイを貸してくれる？」と言って借りて渡すと、嬉しそうにそれを使って遊び始めました。

場面2：自分から追いかけごっこを求めてきた場面。
　登園して、A子が担任を見つけると、駆け寄ってきました。
担任①：「A子ちゃん、おはよう」と言って、おどけるように側に駆け寄りました。
A子①：振り返って担任を見ながら「キャー、キャー」と言いながら逃げました。
担任②：「待ってー、待ってー」と言いながら追いかけました。
A子②：担任が追いかけてくれるのを確かめながら、「キャー、キャー」と言いながら逃げました。
担任③：「待ってー、A子ちゃん、待ってー」と言いながら、捕まえて後ろから抱きしめながらくすぐりました。
A子③：「キャー、キャー」と言いながら喜んでいました。この頃、喜ぶようになってきました。
担任④：その時、他児に呼ばれたので、そちらへ移動しました。担任がA子から離れていく時、寂しそうな目をしていました。担任の後についてこないで、1人ブランコの方へ行き、乗りました。

場面3：母が迎えに来る直前の場面
　いつもお母さんと手をつなぐとか、話をするなど、親子のほほえましい姿を見ません。よい子を演じていることがよくわかります。
担任①：「A子ちゃん、抱っこして待っていようか」

Ａ子①：苦笑いしながら「……」

担任②：「いや？」

Ａ子②：「いや」

担任③：「お母さんの前で抱っこされているのいやなの？」

Ａ子③：「いや」

担任④：「そうなのかー。いやなのね」

【助言内容】

（1）場面1では、Ａ子の気持ちをくんで、貸してもらう様子を見せ、その時の言い方を教えています。このような声かけは、こういう時どう言えばよいかわからないので教えて欲しいなという時に言いましょう。ここでは最初に、Ａ子の気持ちを推測できていますから、「フルイを使いたいの？」と声をかけて代弁をしてみましょう。すると、Ａ子はうなずくことと思います。次に、「それを使って遊びたいの？」と聞いてみると、もっとはっきりＡ子の気持ちがわかります。「どう言ったらいいかわからないの？ それとも貸してくれるか心配なの？」などと聞いてみます。この辺りでＡ子のお話しする力（表現力）がわかってきます。

（2）場面2では、Ａ子は自分から関わりを持つようになってきました。追いかけごっこをして抱きしめたりくすぐったりすることが、Ａ子には楽しい遊びだと思えるようになってきたのです。一日に何度も取り入れるとよいでしょう。「抱っこしていろいろな所に連れて行って」というような、第二段階（安全・安心）、生後4～5ヶ月児の姿かと思います。

（3）場面2の担任④は、反省すべき点です。Ａ子に声をかけないで離れてしまったら、Ａ子はどのような気持ちになるでしょうか。

　担任はＡ子だけの先生ではありませんから、当然に他の子の相手もします。問題は、Ａ子から離れる時、Ａ子の気持ちを代弁することでしょう。「楽しかったね。もっとしたいかな」「Ａ子がもっとしたいことはわかったよ。でも、お友達が呼んでいるから、見てくるね。Ａ子もついてくるかな。待っていてくれるかな」などと声をかけてみましょう。

（4）場面3では、Ａ子は保育者の間で抱っこの心地よさがわかりかけたと思いますが、母親に見られたら母親が怒るのではと心配しているようです。保育者にしっ

かり抱っこされる心地良さがわかり、母親に抱っこされたい気持ちが出てくると、家で母親に抱っこを求めるようになります。母親に受け入れられないとお迎えの時、保育者に抱かれている姿を見せて母親に訴える動きをとるでしょう。

【感想】
（1）場面1では、A子の気持ちを確かめないで、急いで教えようとしていました。つい年少さんとして早く皆のようになって欲しいと思ってしまいました。
（2）基本的信頼関係の形成があやしいので、A子を受け入れて関わるようにしました。A子に断りを入れて移らないと、見捨てる、裏切ることになるとは思いもしませんでした。せっかく懐いてくれ始めたので、気をつけたいです。

第4回検討〈検討開始1ヵ月半後〉

場面1：遊び疲れて担任の膝に入ってきた場面
担任①：「A子ちゃんもしっぽとりゲームしよう」
A子①：「しっぽがないよう」
担任②：意思表明できて嬉しかった。「しっぽ、つけてあげるね」
A子②：しっぽをつけてもらうと嬉しそうに走り回り、他児と一緒にゲームを楽しみました。そのうちに、「あのね、帽子とりをすればいいじゃん」と、少し心配顔で言いました。
担任③：A子の意見が通るように、「帽子とりやりますか？」「どうする？」と声をかけました。
　皆でルールを決めて、ゲームが始まりました。
A子③：追いかけたり、逃げ回ったりと楽しそうでした。走り回って疲れた時には、担任の膝に正面から入ってきました。
担任④：「走ってきて疲れたんだね。疲れたから先生のところに来てくれたんだ。嬉しいな。また疲れた時には、先生のお膝に入っておいで。抱っこするよ」
A子④：ニコニコしてうなずきました。しばらく抱かれており、またゲームに参加し

ていきました。

【助言内容】

（1）Ａ子①での表現が未熟です。４歳になったら「先生やりたい」「入れて」といってもよいでしょう。したがって、担任②では「Ａ子ちゃんもやりたいの？」「しっぽとりしたいの？」と言ってみるとよいでしょう。

（2）担任③で、Ａ子の気持ちや提案を活かそうとしたのはすばらしい声かけでした。それが実現したので、Ａ子も夢中で遊んだものと思います。楽しかったでしょう。疲れたこともあるでしょうし、満足しきって担任の膝に正面から入ってきたものと思います。

【感想】

疲れて正面から担任の膝に入ってきてくれたのは嬉しかったです。「代弁」の仕方がわかってきたようで、まだできていないことがはっきりしました。

第５回検討〈検討開始２ヵ月後〉

場面１：親子遊技会の場面

Ａ子は母親におんぶされてしっぽとりゲームに参加しました。しかし、母親の首に手を回し、体は伸びきったままの姿でした。母親とのスキンシップに欠けていることがはっきりしました。暗示にかけるつもりで「お母さんにおんぶされて気持ちいいね」と声をかけてみましたが、体は硬直したままでした。Ａ子の足を曲げてあげ、おんぶのされ方を教えましたが、改善されませんでした。

ゲーム終了後、Ａ子に「お母さんにおんぶされて、嬉しかった？」と言っても、聞かれたくない表情でした。「また、保育園でおんぶして遊ぼうね」と言いましたが、表情は硬いままでした。関わりながら言わなければよかったと思いました。

場面２：買い物ごっこの場面

　「年長組の時計屋さんへ買い物に行こう」と誘うと、手をつないできました。他の子どもたちと出かけましたが、Ａ子は担任にひっつくようにして参加しました。お金が必要で作ることになりました。担任が作って渡すと、「わあ、こんなお金」と歓声をあげました。それを持って、担任と手をつないで出かけました。
　時計屋さんに「どれがいいですか？」と聞かれても、Ａ子は答えられません。
担任①：「どれもよいな。ウサギさんもかわいいし、熊さんもかわいいな」
Ａ子①：他児が買っているところを見ていました。
担任②：「Ａ子ちゃん、どれにしようか」
Ａ子②：ウサギの時計を指さしました。
担任③：「これが欲しいの？」
Ａ子③：「うん」
担任④：腕にはめてあげると、Ａ子は嬉しそうでした。

【助言内容】

（１）場面１で、「お母さんにおんぶされて気持ちいいね」という声のかけ方は、チャンスを逃したと言えそうです。Ａ子はわざと目立つように体を硬直させたかもしれません。母親も何かを感じていると思うので、「おんぶされたことないの？」「お母さんのおんぶではいやなの？」などと言ってみるのです。それがきっかけで、後から母親が相談してくるかもしれません。あるいは「甘やかさないでください」などと苦情を言ってくるかもしれません。いずれにしても、親と話し合うきっかけになるような気がします。

（２）場面２では、担任が母親のような存在になっているでしょうか。担任と一緒なら買い物ごっこに参加し、担任に保護されるようにして、自分の気持ちを指さしで示しました。１歳過ぎの子どもが子どもたちの遊んでいる様子を見て真似するような姿を示しています。

（３）場面２の担任③では、スムーズに「代弁」できていたのではないでしょうか。第四段階（言葉）のお話をする力をつける関わり方をしているといえます。

【感想】

（1）場面1では、何やら余分なことを言っているなあと思いましたが、指摘されて、なるほどと思いました。

（2）自分でもよく「代弁」ができたと思いました。自分自身の親が指示・命令調であることを認めざるを得ませんでした。

第6回検討〈検討開始2ヵ月半後〉

　年長組に混じってままごとをしていましたが、ひと区切りついた頃を見はからって、「ドッチボールするもの、この指にとまれ」というと、年長児に誘われて参加しました。ルールがわからないようで、A子が不安げな表情を見せた時、担任が手をつなぎ、A子の気持ちを確かめながら教えました。しばらくすると、年長児がやめたのを見て、やめました。再び年長児がままごとを始めると、大きな声で「入れて」と意思表明をし入れてもらっていました。大きな声にびっくりしました。

　その後、集団ゲームやごっこ遊びの中に「入れて」と言って積極的に入るようになりました。

　また、親子遊技会の後1週間ほどして、母親から「時間を作って欲しい」と申し出がありました。おんぶしにくかったことに悩み、妹ばかりに手をかけていたことを反省しているとのことでした。そこで、今までの保育を説明したところ、母親もスキンシップをとりますとのことでした。

【助言内容】

　母親が反省してくれて嬉しいです。親子遊技会の企画がA子にとって時機がよかったのでしょう。母親が気がついてくれるように、A子がわざと体を硬直して訴えたのかもしれません。育ち直るための4要素（詳細は『"今"からはじめる育て直し』を参照）がそろったといえるので、A子は本格的に育ち直るようになると思います。

全体として

（1）「よい子」過ぎるＡ子の理解について

　「よい子」が腕のない女の子の絵を描いていることに、担任が疑問を持ったことはすばらしいことです。Ａ子が何かを訴えていることまではわかったようですが、保育者としてどうしたらよいかわからないとのことでした。原因や問題の形成過程がわかると関わり方がわかるように思いますが、保育にとっては発達課題がわかると関わり方がわかってきます。

　こうした時には、「よい子」「悪い子」にこだわらないで、Ａ子の発達段階を点検しましょう。7つの発達課題に照らし合わせ、Ａ子が取り組む発達課題に見当をつけましょう。母子手帳を見せてもらってもよいし、母親との立ち話の時Ａ子を理解するために、生育歴を聞いてもよいでしょう。「しっかりした子どもさんですね。皆さんでかわいがってみえたでしょうね」「おんぶや抱っこをされたでしょうね」「人見知りや後追いはありましたか」などと話しかけてみてください。その返事と保育での観察からだいたいの発達段階の見当がつくと思います。

（2）検討に取り組むまでの展開の理解について

　担任は筆者がスーパービジョンをしている事例研究会に参加して、事例提供者へのコメントを聞きながら、Ａ子への関わり方を見つけました。これも学習の仕方の1つです。または、筆者の提示した発達課題をものさしにして、子どもの発達段階に見当をつけて関わってみます。手応えが持てれば、子ども理解と関わり方が適切であるということになります。もし1人で不安であれば、職場で、あるいは仲間で検討会をしてもよいと思います。

（3）保育者自身の課題について

　担任は「代弁」することに苦労したようです。なぜ「代弁」ができないのか、自分自身の生い立ちを振り返ったようですが、それはとても大切なことです。自分でよく気がついたと感心します。

　子どもの理解においては、子どものことですので、ものさしで見ることができます。

しかし、保育者の関わり方はその方自身の育ちが出てしまい、ごまかすことができません。自分が乳幼児期に親や保育者からどのように関わってもらったか、それが問われるのです。

　このケースでは、保育者がおおむね二人遊びまで課題を達成していたように思いますが、そのような保育者は少数派だと思います。むしろ、自分の発達段階を認め、その段階までは子どもが必要としている関わり方をします。それ以上の自分がしてもらっていない関わり方を子どもが必要としている時は、子どもが必要としている関わり方を見様見真似で行っていくことです。自分の発達段階を認めることは、冷や汗をかく思いで痛みを伴いますが、自然とできるようになることで保育者自身が嬉しくなり、自分の課題も達成したことになります。

2　「いじめ・いじめられ」の問題
～「いじめられている」と訴える年中4歳男児とその親の場合～

　「いじめ・いじめられ」と聞くと、普通の方はあってはならないことだと思うでしょう。いじめ自殺とか傷害などを連想します。そして同時に、いじめられる側を被害者と思い、いじめる側を犯罪者のように思いがちです。しかし、「傷害致死」「傷害」「恐喝」などの犯罪はありますが、「いじめ」という犯罪はないことをまず確認しておきたいのです。「いじめ・いじめられ」とは、発達の視点から見ると、二人遊びから三人遊びに移る時期に、当然それを経験するものです。また、「いじめる側もいじめられる側も発達上の問題を抱えている」と私たちに問題提起している場合があるのです。「いじめ・いじめられ」が問題になった時には、親や保育者にはぜひこのことを思い出していただきたいと思います。

　そして、これは子どもの間で起きている問題ですが、親や保育者の発達段階が密接に関係しています。関係者1人ひとりの発達段階を点検してから、その結論を出して欲しいのです。問題を複雑にしてしまうか、解決の方向に導くかということについても、この要因は見逃せません。

　また、子どもが思春期以降に「いじめ・いじめられ」問題にぶつかった時には、基

礎経験として乳幼児期にこの問題をどのように解決してきたかが密接に関係してきます。乳幼児期の体験は、思春期以降の体験に密接に関係しているのです。事件や大騒ぎになる「いじめ・いじめられ」問題は、子どもがその乳幼児期に発達上の問題を提起しているにもかかわらず、見過ごされてきた結果であるともいえるのです。

第1回検討

〈現在の問題〉

A君が年中（4歳児）組になったと同時に、母親から「私の子どもがいじめられないようにしっかり見ていて欲しい」と言われました。その後、A君の様子を見ていますが、A君が友だちとうまく関われないことは認めても、母親の言うようにいじめられているようには思えません。そこで、母親には「心配ないですよ」と伝えましたが、親はしつこく話題にしてきて、担任として対応に困っています。

〈担任〉

保育歴16年。夫と小学生が2人、幼稚園児1人の家族で、近所に夫方祖父母が住んでいます。年少組の時もA君を知っていましたが、担任になったのは年中組になって初めてです。

〈A君の家族構成〉

父方曾祖母、父方祖父母と両親、小学生の兄を含む四世代7人世帯です。

〈生育歴、家族状況〉

家庭調査票では生育歴に関する記入はありません。親の期待としては、いじめたり、いじめられたりしない子どもになって欲しいと記載されています。父方曾祖母は身の回りのことは自分でできるので、母親はパートに出ています。

〈園での様子〉

場面１：ウルトラマンごっこでのこと

　Ａ君はウルトラマンごっこを楽しそうにしています。Ａ君は怪獣役として「ガオー」と言って友だちの後を追っています。Ａ君は怪獣役をやりたくて行っています。友だちが他の遊びに移っても、１人で「ガオー」と言って遊び続けています。たまに、Ａ君に「お母さんからいじめられ役ばっかりで、Ａ君が嫌と言っていると聞いたけれど、ウルトラマンになってみたら」と言ってみるのですが、「いいよ。僕、怪獣やる」と返事が返ってきます。ところがＡ君は家に帰ると、母親に「みんなにいじめられている」と言っているらしいのです。

　母親には、「Ａ君は怪獣をしたいと言っていますよ」と伝えるのですが、「いつも怪獣ばかりだから、ウルトラマンもやらせて欲しい、友だちが家に来てもいつも怪獣ばかりをしている、いつも園でいじめられ役ばかりをしているからだ」と言います。

場面２：いじめられたとＡ君が訴えてきた時

　カラーフープの中に入り、前の子どものそれを持って電車ごっこをしていた時のことです。前の子どものスピードについていけず、Ａ君の手が離れて転んだようです。その時、Ａ君が担任の所へとんで来て、「○○君がいじめた」と訴えました。

　そこで、担任は周囲の子どもたちにいきさつを聞きました。そして、Ａ君に「みんなに聞いたけれど、いじめたんじゃないよ」と伝えましたが、Ａ君は「だって、いじめた」と言い切り、園庭の隅に行って１人ですねていました。30分ほどして、またカラーフープを持って友だちと遊んでいる姿を担任は見ました。

場面３：折り紙でのこと

　Ａ君は絵を描いたり制作することが苦手ですが、１つひとつ教えると折り紙も折っていきます。保護者参観日のこと、みんなに折り紙を教えていました。Ａ君の側にいた母親が「この子、どうせできないもんね」と言った時、Ａ君は腹から絞り出すような声を出して大泣きしました。帰り際の母親との立ち話では、「うちの子、やるのが嫌い。できないかもしれん」と言っていました。

　後日のお迎えの時、母親が壁面を見た時のこと。

母親①：Ａ君に「あんた、折ったの？」
Ａ君①：「折ったよ」
母親②：「どれ？」
Ａ君②：「これ」
母親③：「うそ、本当に折ったの？　先生が折ったんでしょ」
Ａ君③：「だってー」
担任①：母親に「この子が１人で折りましたよ」Ａ君に「１人で折れるようになったもんね」
母親④：「本当？そんなに折れる？」
担任②：「頑張って折れるようになったもんね」
母親⑤：「ふーうん。あんた折れるようになったんだね」

　このように、母親はＡ君を否定するような言い方をします。
　また、誕生会では、舞台の上で担任から自分の名前や将来なりたいものなどについて聞かれます。Ａ君には丁寧に聞いても、「ふー」「あー」などと言って聞きとりが難しい声で喋ります。また、部屋で誕生カードに記入する時も、Ａ君は同じような姿を見せます。

【助言内容】

　Ａ君の発達課題は第四課題（言葉）でしょう。感情は動いている（第一課題）ようですし、安全感覚（第二課題）も持ち合わせているように思われますし、Ａ君に母親はいる（第三課題）ようです。しかし、言葉での表現が適切ではないようですし、場面３に見られるように母親の関わり方もＡ君に表現力がつくような関わり方とは思えません。Ａ君の生育歴を確かめると一段とはっきりすると思います。
　場面１では、Ａ君がどんな気持ちで怪獣役をしているかを聞いたのは大切なことです。さらに、Ａ君がそれを母親にどのように伝えているか、聞いてみることが重要でしょう。「いじめ」が絡む時には、１つひとつ丁寧に確かめることがポイントになります。
　例えば、「『友だちに怪獣役をやれと言われて怪獣をしている』とお母さんにお話しているの？」、あるいは「『本当はウルトラマンをしたいけれど、させてくれない』とお母さんにお話しているの？」など。

場面2では、一緒に遊んでいた子どもに、いじめられるに至ったいきさつを確かめたことは適切です。その後のＡ君への話しかけにおいて、もし報告の通りとするなら、最初の一言をもう少し工夫する必要があります。Ａ君にいきなり「いじめたんじゃないよ」と言っていますが、「速く走ることになってＡ君は転んでしまったけれど、Ａ君はいじめられたと思ったの？」とＡ君の受けとめ方を確かめてみることが重要です。

　場面3では、母親とＡ君の問答を見ると、母親自身が第四課題（言葉）の問題を持っているように思われます。したがって、母親に対して「頑張って折れるようになった」と言うだけでは具体性に欠けています。「いちいち順に折り方を教えていくと、Ａ君は折れるようになりましたよ」と伝えた方がよいでしょう。

　母親への対応については、少し時間をもらうように伝えて、担任はまずＡ君との関わり方に手応えを持つことを優先しましょう。Ａ君の育て直しに手応えを持てなくては、母親に余裕を持って具体的に相談に乗ることは難しいからです。

【検討後の感想】

　助言を聞いていると、Ａ君の見方が大雑把すぎたと思います。それだけではなく、母親に対しても大雑把な返事をしていたと思います。Ａ君ともう少し細かく突っ込んだやりとりをしたり、子どもたち同士のやりとりを見てみようと思います。また、親に対してすぐに何か言わないといけないと思っていましたが、少し気持ちが楽になりました。

第２回検討〈検討開始１ヵ月後〉

場面１：お絵かきでのこと

　敬老会を控え、おじいさんやおばあさんに手紙を書くことになりました。１グループ４人に２セットの色鉛筆を用意し、それをみんなで交代して使うようにしました。Ａ君が黒色を使おうと手にとったところ、友だちに「貸して」と言われました。Ａ君は「いいよ」と貸しました。次に、肌色の鉛筆を持って塗ろうとすると、また他の子から「貸して」と言われ、Ａ君は「いいよ」と貸しました。この繰り返しの結果、み

んなは塗り進んでいきますが、A君はほとんど進んでいません。A君に聞いたところ「塗りたい」と言うので、担任は空いた色鉛筆のセットを見つけて、空いた机を指定してそこで色塗りをするようにしたところ、A君は仕上げることができました。A君はそれを持ってきて、担任に嬉しそうに説明してくれました。

場面2：電車ごっこでのこと

　A君は最後尾になって前のカラーフープを持っていましたが、いつの間にか手が離れてしまい、A君は涙ぐんでいました。
担任①：「もうやめたの？」
A君①：「疲れた」
担任②：「そう、休んでから続けたら」
A君②：「どうせ疲れるから、もうしない」
担任③：「誰かが、何か言ったの？」
A君④：「疲れた」
　その後、A君は砂場へ行って、1人で遊んでいました。A君から「いじめ」の言葉を聞くことはありませんでしたし、少し友だちと遊べるようになりました。

場面3：エプロンの紐結びでのこと

　給食の時、エプロンの紐を1人で結ぶことになっています。7月になっても1人で結ぶことができない子どもがいます。A君もその1人です。
母親①：「うちの子、結べないね」
担任①：「まだ、ちょっとできないね」
母親②：「うちの子だけ？」
担任②：「他にもいるけれどね」
母親③：「ダメじゃん。早くできるようにならないと」
担任③：「そうやって言うとできないけれど、丸を作ってと言うとできるよ」
母親④：その言葉が耳に入っているような感じがしなかった。
　1週間後のこと、母親の方から担任に話しかけてきました。
母親⑤：「エプロンの紐結び、みんなと同じようにできるといいのに。グループのみんなができて、うちの子ができないといじめられるんじゃないかと思う」

担任④：「1回ではできないよ。1つひとつ教えてあげるといいよ」
母親⑥：「エプロンの紐結びのことか？」
担任⑤：「A君に教えてあげるなら、順を追って1つひとつ教えてあげてください」
母親⑦：「そのように言うのは、うちの子が頭悪いということ？」
担任⑥：「そうじゃないよ」
母親⑧：「学校へ行くと、先生はいちいち付いてくれない」
担任⑦：「1人ひとりの特徴がありますよ。まだ、年中だから大丈夫。あせらないで、1つひとつ教えていきましょう」
母親⑨：（涙ぐみながら）「今まで、ワーッと言ってしまっていた」
担任⑧：「うん、園でも一度聞いてできる子もいるけれど、そうでない子もいるよ。A君には1つひとつ教えていこう」

　この1週間後、母親がA君に教えてくれたようで、A君は1人でエプロンの紐を結べるようになっていました。ここのところ、登園時にぐずることもありますが、早く登園してくることも多くなりました。母親から「いじめられている」との訴えもなくなりました。

【報告を終えての感想】

　A君に対して、簡単に大丈夫と言わないで、よくA君の思いを聞くようにしました。周囲の子どもたちの言い分だけで判断しないように心がけました。A君から担任に話しかけてくるようになってきました。まず、子どもたちの話を聞いてあげることが大切であることを学びました。

　母親に対しても、できるようになるから大丈夫と言って母親を安心させればいいと思っていました。できるところ、できないところ、このようにするとできること、A君のよいところをおりまぜながら母親に話していくと、母親も理解し実行してくれました。これで、母親ともよい関係になれると思っています。

【助言内容】

　具体的に代弁方式で子どもに聞くことの大切さを学んでいることがわかりました。また、A君と母親の発達段階について、前回の見立てを変更する必要がないとはっきりしました。次回は、友だちの中でA君のやりとりがどのようになっているかを見て

みましょう。

【感想】
　A君に対しても、母親に対しても、このようにして聞いていくとよいとわかってきました。A君とのやりとりが楽しくなってきました。

第3回検討〈検討開始2ヵ月後〉

場面1：運動会のため、かけっこの練習が盛んになった時期のこと
　運動会を境にして、A君は変化しました。友だちが遊んでいるところへ近寄って、A君から「入れて」といってその中に入れてもらっています。担任もA君の前では意識的に「先生もやってみようかな」とか、「先生も入れてもらおうかな」などと言うようにしています。

場面2：ボールプールでのこと
　ボールプールにワーッと入ったので、4人になりました。他の子どもが「3人だよー」というと、A君がスーッと立って「僕、いいよ。待つよ」と言って外で待ちました。そして、1人が外に出ると、「次、僕」と言って中に入りました。

場面3：ブロック遊びでのこと
　1人で好きなブロックを使って何かを組み立てていました。他児に「貸して」と言われると、A君はとられると思ったのか、「ブロック、とられる」と叫びました。もう一度、他児に「貸して」と言われると、A君は「今、使っているからダメ」と言っていました。

母親との立ち話で聞いた家での様子
　母親によると、降園後のA君は「友だちのところへ行く」と言って出かけたり、友だちが来てくれるのを待っていることがあります。兄の自転車乗りを見て、自分も補

助輪なしで自転車に乗りたいと言い出しているとのことです。

【担任からの疑問点】

　生活発表会では、絵本を読んだり、歌をうたったりする劇遊びをする予定です。母親からは「兄もＡ君もまだ主役をしたことがない」「今度の劇では、Ａ君は主役をしたいと言っているので、Ａ君に主役をやらせて欲しい」と、毎日のように申し出があります。これに対して、担任は「そうだね、みんなやりたい役があるので、みんなで相談して決めます」と母親には言いました。

　担任は、２週間ほどみんなに好きな役、あるいはやってみたい役をやらせてみて、それから子どもの適正を見て配役を決めたいと考えています。この方針は母親たちには伝えてありませんが、子どもたちには伝えてあります。

場面４：主役の王様に関して

　最近になって、朝、わざとふざけているのかＡ君はダラダラとした態度で登園してきます。みんなで歌をうたっている時、Ａ君はフラフラと歩き回ってうたわないし、給食中も床にオモチャを転がしています。

　そのような態度の生活状態が続く中で、お帰りの絵本読みの時、Ａ君は何やら言いながら１人フラフラしていたので、「黙ってお話を聞くように」と何度も言いました。しかし、Ａ君は指示に従わなかったので、担任は「静かに聞きなさい」と強い口調で言いました。それをＡ君は母親に「先生に叱られた」と伝えたようです。

　お迎えの時に母親から、「うちの子は、劇の主役になりきっており、（わがままを言うのは）頼むね」と言われました。そこで、「でもね、お話を聞く時には静かに聞いてもらわないといけないね」と言うと、母親はＡ君に向かって、「ちゃんと話を聞きな！」と言って頭をたたいていました。

場面５：その他の様子

　Ａ君はどうしても自分が必要としている時には「絶対ダメ」と言うし、自分が使う時でなければ貸してあげることもできるようになってきました。それでも他児に要求されると、担任に「とられる」と言いながら助けを求めてきます。その時、担任は「（ブロックで）ロボットを作っているの？」というと、Ａ君は「ロボット、作ってい

る。このブロック要る」との返事です。そこで、担任は「使っているなら仕方がないね。使わなくなったら貸してあげてね」と言いました。すると、使い終わった時には、「これ貸してあげる」と言ってA君は他児に渡していました。

　ブロック遊びをする時、特定の3〜4人と一緒にすることも多くなってきました。A君がダラダラしているのは普段もあることであり、最近特に目立つことではありません。

【助言内容】

（1）母親の理解と対応について

　報告を聞いていると、母親は第四課題（言葉）が課題のようです。ですから担任は、母親はA君の気持ちを確かめたのかを聞いてもよいし、母親のいる前でA君に主役になりたいのかを確かめてもよいでしょう。

　また、こうした段階の母親は、自分の思いを優先させて動いているように思いますので、思い通りに展開しないと、すねたり、ごねたり、ひがんだりしそうです。ですから、母親とのやりとりでは、A君とのやりとりの応用で、母親の思いを確かめてから担任の方針を確実に伝えてみることです。

（2）A君について

　A君は、第四課題のお話しする力（表現力）がつきつつあります。第四課題から第五課題の入り口まで来ているように思います。2歳から3歳くらいの子どもをイメージして関わってみるとよいでしょう。特に、子ども同士でトラブルになった時、双方の言い分をよく聞いて、快く仲直りできるように関わるようにしましょう。

【感想】

（1）今までのところ、母親の話を聞いているばかりでした。自分の気持ちや考えを母親に伝える必要があるとはっきりしました。母親の気分、気持ちを見て、聞き入れられるところと聞き入れられないことがあることを見極めながら、母親に関わってみたいです。

（2）A君にはよく話しかけるようにしていますが、最後の気持ちを確かめることが不足していたように思います。母親から聞いたことがA君の気持ちではないよう

なので、A君にも話を聞いた上で担任の気持ちを伝えておきたいです。

第4回検討〈検討開始3ヵ月後〉

担任は、「あまり進展がない」と切り出しました。

場面1：配役決めでのこと

　第3回検討後2週間は、A君も自分のしたい役を演じていました。A君は初めの2日は主役をしていましたが、次の日からは主役でない役を次々とやるようになりました。

　2週目に入って、配役を決めることにしました。それぞれの役について1人ひとりに聞きながら話を進めていきましたが、A君はどの役にも手をあげませんでした。

担任①：「どうしたの？」

A君①：「どうしようか」

担任②：「後で考えるかな？」

A君②：「家来の役がいい」

担任③：「それじゃー、やってみたら」

A君③：「お母さんが怒る」

担任④：「そんなにお母さん、王様でないといかん、と言ったの？　それならやるかね？」

A君④：「絶対に王様はいや」

担任⑤：（王様をやった時に、怒鳴る言い方をして、みんなに「何を言っているかわからない！」と言われたことがあった）

　翌日のこと。

A君⑤：「僕、王様をやると、ガーガー言う。家来がおもしろい」

担任⑥：「お母さんが何か言ったら先生がお話しするよ」

A君⑥：「じゃー、家来をやる」と言って、練習を続けました。

　その後、母親からは「いじめ」や王様の件などでは何も言ってきませんでした。

A君⑦：「家来役になったと言ったら、お母さん何も言わなかった」

担任⑦：「よかったねー」

A君⑧：「うん」

　A君がわざとダラダラしたり、ガーガー言ったりすることは見られなくなりました。A君は言い直したり、これでよいかと聞いてきたりしました。みんなからも文句が出ることはありませんでした。

　母親とは、担任は立ち話するものの、これといった話題はありませんでした。

【助言内容】

（1）担任の取り組みはこれでよいと思います。

（2）A君は同世代の友だちを求めているし、周囲に働きかけています。

（3）A君は群れの中で遊ぶようになってきました。やがて、その中から気の合う友だちが見つかるのではないでしょうか。

【感想】

（1）担任になった時、「いじめられているので、しっかり見てくれ」と母親に言われました。どこから手をつけてよいかわからないまま、試行錯誤の連続でした。

（2）1つのことに対して筋道を立ててしっかり聞くことで、A君の本心や母親の考えなどを把握することができたので、A君や母親に今までとは違った言い方で接することができました。

（3）A君に表現力がついてきて、喜んで保育園に通ってくるようになりました。また、4月には友だちと遊べなかったA君が、友だちの中に入って遊べるようになってきました。それを母親が理解できるようになり、A君の様子がわかってきたようです。

（4）A君に対してだけでなく、どの子どもにも気持ちを確かめていくように関わると、私と気持ちよく話すことになり、信頼関係ができることがわかりました。他の子どもたちも成長の方向へ変化していきました。

（5）遠回しに話をするのではなく、ストレートに話すこともよいと思いました。例えば、役決めの時、できるかどうかをみんなでやって決めようという方針や、エプロン縛りのところで、「そのうちにできるようになるでしょう」ではなく、教え方を細かく説明したところです。

第5回検討〈検討開始5ヵ月後〉

場面1：指摘され怒られたこと

　10日前のこと。虫封じに行くと言ってA君が遅刻しました。舞台練習（各クラスが時間を決めて使用）が終わる頃、A君は「イェー」と言って入ってきて、騒ぎだしました。練習を見ていた子どもたちも騒ぎ始めたので、A君に「遅れてきたのだから、そっと入ってくるように」と言いました。A君は「わかった。わかった」と言ってその場は過ぎました。降園時もこのことは母親に言いませんでした。
　翌日登園した時、
母親①：「うちの子、昨日怒られたんだってねー。遅れたから怒られたと言っていた」
担任①：「怒らなかったようー」
母親②：「何で怒った？」
担任②：「A君はわかっているから怒ることないよ。次のクラスが待っているし、練習を乱したので、静かに入っていらっしゃいと言ったよ」
母親③：「うちの子、訳のわからんこと言うからね」

場面2：発表前日と当日

　発表会前日は心配そうだった母親でしたが、A君の出来栄えが予想以上であったらしく、家族一同満足したようでした。次の日、A君は登園するととんできて、「いっぱいほめてもらった。よくできたよと言ってくれた」と。相当に嬉しかったようで、顔が輝いていましたし、友だちの体に触ったり担任につきまとったりしていました。その後、クラスでは発表会ごっこが続いていました。A君も自分から王様役を演じたりしていました。
　母親は、以前のようにうるさいことは言わなくなりましたが、1つできるようになると、すぐ次のことを期待します。例えば、「先生、縄跳びや跳び箱ができない」と言うので、「あまり一度に言ってもいけないので、ゆっくりといこうね」と応えると、母親は「そうだね」と言いました。

6　全体として

（1）いじめたり・いじめられたりの判断の難しさ

　当初、担任はＡ君がいじめられているのではないかという母親からの申し出に、子どもたちの様子を見てみることにしました。その結果、いじめ現象ではないが、友だちづきあいが下手であると判断しました。それを母親に伝えても、母親は納得できなかったようです。そこで、担任は悩むことになりました。

　このように、いじめ現象の問題解決には、親や保育者など大人の判断も密接に絡んでおり、問題解決を難しくしていることがたびたび見られます。担任は勇気をもって事例提供しましたが、その後の展開を振り返ってみると、母親はいじめという言葉を使って、友だちができるようにして欲しいと訴えたかった可能性があります。母親自身が友だち関係の作り方に問題を抱えているため、担任から友だち作りに問題があると言われても理解できなかったようです。この母親は悩みを担任に打ち明けていますので、母親指導ができるように思われますが、母親自身が第四課題（言葉）を達成していないと助言だけでは子どもに関わることができません。

　そこで、当初の担任の判断でも友だち作りが下手であると認めていたように、母親に少し時間をもらって、子どもの友だち作りから取り組むとよかったと思います。しかし、いじめとの関係ではどのように保育すればよいか思いつかなかったようです。

（2）さまざまな「いじめ」現象について

　このように「いじめ」は、人間関係の中で起きるトラブルであり、さまざまな様相があります。

　まず、年齢相応に発達している子どもが年中から年長にかけて経験するいじめの特徴は、お互いに２人は仲良しで、２人だけなら喧嘩しても仲直りして遊びは続くということです。しかし３人になると、どうしても誰か１人が仲間外れにあうものです。この場合、大人はいじめられた子どもにそこまでのいきさつを丁寧に聞いて、仲間に入るやり方の見本を見せることです。保育者が何度か見せて子どもに入り方がわかってくると、子どもは自分でやりたくなります。自分で入れるようになると、大人の介添えを必要としなくなります。

これに対して、グループ内でのしつこい陰湿ないじめがあります。この場合、いじめた子どもが傷害、恐喝に問われることがあります。あるいは、いじめる側が殺人に至ったり、逆にいじめられた側が傷害や殺人を起こすこともあります。この場合には、いじめたりいじめられたりした当事者はいずれも第三課題の信頼関係を形成していないことが多いようです。せめてどちらかに親のような大切な人の顔が浮かんでくると、そこから問題解決の方向へ動き出すようです。子どもは孤独で寂しい状態にあることを理解され、甘えることを教えてもらうことによって、1人ではないことがわかるようになります。そうして生きる元気が出てくると、問題解決の方向に動き出します。

　また、人は1人では生きてゆけませんので、誰かと仲間づくりをします。その際、年齢的には仲間づくりができて当然であっても、そこまで育っていない場合には、見せびらかしたり脅したり、あるいは媚を売ったり貢ぎ物を差し出したりするなどして仲間を募ったり仲間に入ろうします。この時には、誘い方や入り方がわからない場合が多いようです。

　また、自分が悪かったという時には、相手に謝って許しを得てから仲直りする必要があります。そのような能力を身につける必要があるのです。親や保育者から子どもはこれを教えてもらう必要があります。

　現象はいじめであっても、当事者および関係者がそれぞれ発達段階を理解すると、問題解決の方向に動き出すと思います。乳幼児期における「いじめ」経験はどのようなものであっても、それが子どもの情緒的な基礎体験となりますので、大人の理解と関わり方が大切になります。言い換えれば、思春期以降の問題解決の基礎を子どもに経験させることになりますので、大人は自分のいじめ問題解決能力と向き合いながら1人ひとりの子どもの発達段階を見て関わりたいものです。

3 「死」を正面から取り上げる
～「ぶっ殺す」と口ばしる年長5歳男児の場合～

　近年、小学生によるクラスメイト殺人事件や中学生が幼稚園児を殺害する事件が相次いで起きたのをはじめ、小中学生による傷害事件や園児が殺人や傷害事件に巻き込まれる事件もたびたび起きています。その度に、「命の大切さを教えたい」と言われます。しかし、事件は繰り返し起き、命を大切にする風潮が出てこないばかりか、親や保育者を含めて世間には不安や動揺がますます広がっています。保育や教育において「死」を取り上げざるを得なくなってきています。

　被害者であるか、加害者であるかに関係なく、人間形成の基礎作りとして「死」を正面から取り上げる必要に迫られています。都市部や郡部に関係なく、保育園や幼稚園でおもちゃのナイフを持ち出して、人を殺すあるいは斬りつける仕草を保育者に行う園児に出会うこともあります。箸を目に突き刺そうとしたり、細い棒を耳の穴や鼻の穴に押し込もうとしたり、はさみで髪の毛を切ったり、耳を斬りつけたりした園児もいます。その時、子どもたちは「ぶっ殺す」「死ね」などと言い、それを止めると「死にたい」「殺してくれ」などと園児が保育者や親に口走るという話を耳にするようになりました。

　これを聞いた親や保育者は、「死」という言葉に衝撃を受け、子どもへの対応に冷静さを失ってしまいます。子どもに「死」を口にしてはいけないことだと言ったり、その子どもを避けたりします。

　人間形成の基礎を作る乳幼児期にあって、「死」を口走る子どもは、私たちに何を訴えているのでしょうか。子どもは私たちに何をしてもらいたいと期待しているのでしょうか。子どもを前にして、保育者や親はその子どもの気持ちをどのように理解し、どのように関わっていったらよいのでしょうか。

　実際に「ぶっ殺す」と口走る子どもの保育にあたった保育者への援助事例を紹介しながら、考えてみたいと思います。

第1回検討

〈相談のきっかけ〉

　年長男児のＡ君が園でも家庭でも「ぶっ殺す」を口走り、荒れた行動が目につくようになり、親から相談を受けた担任は困り果てていました。見かねた隣のクラスの担任であるＣ保育者が、知人からの紹介で共同保育者として事例検討会に参加したものです。

〈Ａ君の家族構成〉

　両親と本児、母方祖母の４人家族。団地に住んでいます。

〈生育歴、家族状況〉

　人見知りはなかったそうです。幼少時から体が大きくて動きも荒く、しつけに困って怒鳴ることがあったので、近所で虐待しているのではないかと話題になるほどでした。おむつを替えようとした時にＡ君が動いて困ったことや、１〜２歳の頃手伝おうとするＡ君にいらだち、その辺のものを投げつけてＡ君が脅えていたことを思い出す母親でした。Ａ君に愛情がない訳ではありませんが、イライラすることがあるとのこと。食事を拒否することが多いので、お菓子で済ますことが多いそうです。

　年長になってからは家庭で気に入らないことがあると、母親や祖母に向かって「てまえ、ぶっ殺す」と口走るので、親からも困ったと相談を受けていました。以前には、注意した祖母が棒で殴られ、手で髪をすくことができないほどになったこともありました。

〈園での取り組み〉

　３年保育ですが、年少では誘ってもクラスに入ることができなかったので、Ａ君の気持ちに任せて誘いに乗った時に部屋に入れるようにしていたそうです。年少の頃から子どもだけでなく担任にも殴りかかることがありました。給食は食べないで我慢し、家に帰ってから主にお菓子を食べていたそうです。

年中の途中からはクラスに入れるようになりましたが、失敗を恐れており、皆に自分がどう思われているかを気にして、暴れているのではないかと感じることがあるそうです。友達はいませんが、気に入らないことがあると「ぶっ殺す」と言いながら殴ったり蹴ったりします。それがあまりに乱暴なので、けがをするのではないかと心配です。

　年長となり、園で相談機関に相談したところ、「A君の言いなりになっているところがあるので、厳しく無視するようにしてください」との指導を受け、その通りにしてみたところ、園をとび出し大騒動になったことがあります。

　くすぐりをすると我慢し、「バカ」と言って逃げます。怒ると睨みつけますが、普段の保育の中で視線が合うことはありません。正面抱きをしたこともありましたが、暴れて続けることができませんでした。

〈担当者〉
　C保育者は隣のクラスの担任でありますが、部屋に仕切りがないので、A君のB担任と2人で、2クラス43人を保育しています。

【助言内容】
（1）園児から「死」に関する言葉を聞くことはあまりありませんでしたし、今まで保育の中で「死」を取り上げることはほとんどありませんでした。しかし、これからの保育者は「死」と向き合い、「死」を正面から取り上げて保育に臨む必要があります。その際、発達の視点で見ると、「死」は第一段階で取り上げることです。
（2）一応感情の動きは見られますが、おんぶや抱っこは十分できるとは言えないようです。この場合には、正面から向き合わないようにするとか、視線を合わせないように心がけます。90度の角度をとって座るとか、並んで座るようにします。そして、背中をさするとか手をつないでお話をするようにしてください。また、体が大きくてできないようならくすぐって抱きしめることはやめて、くすぐって抱き寄せるようにして、スキンシップを受け入れてくれるように関わってみてください。

【感想】

（１）関わり方として、A君にとって反対のことをしていた印象を持ちました。友達に暴力をふるった時もA君なりに訳があると内心では思っていましたが、A君にそれを言うことはありませんでした。むしろ、「『ぶっ殺す』なんて言ってはいけないよ」とか「痛かったんだよ」とか声をかけていました。怒って興奮している時に、まず「むかついているね」「カッとしたね」などと声をかけるのというのは初めて聞いたことです。何を言ってもますます怒ることが多かったので、落ち着くまで１人にしておきました。

（２）前に相談機関の助言を得てその通りにしてみたら、かえって大事になったこともあったので、どうしたらよいのか困っていました。直感的には育っていないのではないかと思うこともありましたし、助言を聞いていて思い当たることもあります。B保育者にも助言を伝えて取り組んでみたいと思います。

第２回検討〈検討開始１ヵ月後〉

　その後、くすぐって抱きしめることに取り組みました。初めはA君をくすぐると、のけぞったり逃げ出したりして、30秒もできませんでした。徐々に慣れてきたのか、声が少しずつ出るようになり、抱きしめると喜ぶようになりました。横抱きにすると、心地良さそうな表情を見せるようになりました。家庭でも声を出して笑うようになってきたと報告がありました。さらに、怒っていすを振り上げてもそこでやめたり、甘えるようになってきましたが、気分にムラが出るようになった気がします。

　園を休む前に、A君は「ヤドカリが部屋に入ってきたので園に持ってくる」と言っていて、３日ほど休んで登園した時に実際にヤドカリを持ってきました。母親に尋ねると、遊園地に出かけて買ってきたとのこと。すると、C保育者はいきなりA君に蹴られました。

母親：「そんなことしてはいけない」

保育者C：「この間、A君の言ったことと違っていることが、わかってしまったからでしょう」

母親：「ホー、そうだったの」。

すると、A君は母親の足を踏みつけていました。この日は、少ししてから母親と帰宅しました。
　思い出したこととして、母親が入園式の日を間違えて仕事に出てしまい、園に来ませんでした。その時、A君は「あんなヤツ、殺す」と叫んでいました。それ以来、A君が「ぶっ殺す」「死ね」などと言うのを聞くと、保育者としては大変心が動揺します。
　最近、C保育者と昼食をとりたがるのでそれに応えていますが、配膳を終えてからもB担任と打ち合わせを続けていると、A君は突然部屋の外に飛び出すことがあります。追いかけてつかまえて膝に入れ、「待たされて怒ったのね」と代弁すると、少しずつ早く落ち着くようになりました。また、C保育者が他児としゃべっていると、部屋から飛び出したり、机の下に潜ったりして関心を引こうとしているようです。焼きもちを焼いているようであり、追いかけてもらって1対1になりたがっているようです。
　学校が夏休みに入ると園の欠席者が増えますが、A君も休むことが多くなりました。園を休んで、映画（ビデオ）を見ているらしいです。時々母親が連れて登園することがあります。家庭では、A君が母親に「学校へ行きたくない」「殺してくれ」「死にたい」などというので、母親は「そのようなことはできない」「そんなに死にたいなら死ね」などと返事をしているとか。A君は「どうやって死んだらいいかわからん」と言ったり、おもちゃのナイフを首に刺すようにして、死ぬまねごとをするとのこと。
　最後に、保育者の今の気持ちを聞くと、A君の育て直しは無理ではないかと思いながら出席しているとのこと。しかし、徐々に子どもらしさが出てきているし、A君の気持ちもわかるようになったし、後追いも出てきてかわいいと思うこともあります。気分にムラがあり、母親に「殺してくれ」と言ったと聞いて、保育者の気持ちは混乱しているとのこと。

【助言内容】

（1）「育て直し保育」をすすめている者としては、着実に変化が出ているし、先月の予想からいえば、1ヵ月でここまで変化したことに驚いています。A君は抱きとめてもらい、自分の気持ちをわかって欲しくて苦労してきていると思います。自分を受けとめてもらえそうな人、保育者と出会ったと思っているでしょう。

（2）しかし、園児が「ぶっ殺す」「死にたい」などという言葉を使うので、保育者にとってはそれをどう受けとめて保育していったらよいかわからないのでしょう。A君の言葉を聞くと、A君の気持ちを理解しようとする姿勢から、保育者自身の気持ちを守る姿勢に転じたように思えます。今までの保育では当然のことでしょうが、その言葉に振り回されないようにしましょう。

（3）発達の視点で見れば、「A君は居場所が見つからないので、死ぬほどつらい」と訴えているととらえることもできます。A君は虐待されているとも言えます。しかも、それは親子代々伝えられてきているように思えます。幸いなことに、親はそのことを隠そうとしていないようですので、親の生い立ちや今までの子育てのありのままを聞かせてもらう気持ちで母親に向き合ってみましょう。

【感想】
（1）良くなるどころか、悪くなっている、A君の「育て直し」はとてもできないと思っていました。育ち直りつつあると聞いて、やる気が出てきました。
（2）A君の気持ちを代弁してみると気持ちがわかるし、スキンシップのとり方についてもかみ合うものを感じているので、続けてみたいと思います。

第3回検討〈検討開始2ヵ月後〉

検討の次の日、家で「殺してくれ」と言ったことをA君に思い出してもらって、次のような会話をしました。
C保育者1：「A君、お母さんに『殺してくれ』と言ったの」
A君1：「うん。ママ、『できん』と言った」
C保育者2：「それで？」
A君2：「やくざに殺すように頼んでくれと言ったら、(母さんは)それはできんと言った」
C保育者3：「え？　ママ、なんと言ったの」
A君3：……。
C保育者4：（以前に聞いたことがあったので）「『勝手に死ね』と言われたの」

A君4：「どうやって死ねばいいかわからん」と言って、泣き出しました。そして、「くそババー」と怒りだし、近くにあった図鑑を手にとって投げました。

C保育者5：A君を抱き寄せ、「お母さん、そんなこと言ったのー。つらかったね」

A君5：しばらく、「くそババー」と繰り返し言っていましたが、やがて落ち着いてきました。

　その日、お迎えの時、母親に話しました。母親に「くそババー」と言ったので、カッとなってたたいたとのことでした。

　保育者間で、A君への対応の違いがはっきりしてきました。自分たちはこの検討会の助言を得てA君に取り組むことで、A君とかみ合う手応えを持ち始めました。しかし、相談機関の助言に従ってA君に関わる主任らは、大声で叱りつけたりつまみ出したりしているので、A君は抵抗したり大声で怒ったりしています。ですから、陰に回ってA君をフォローするようにしています。

　A君は就学相談の対象にあげられており、最近2回目の相談会がありました。学校の先生はA君が落ち着いてきていることを認めていましたが、特殊学級に入るのか普通学級に入るのか、まだ結論は出ていません。両親は普通学級に入れたいようで、担任らに相談してきました。

　そこで、これはチャンスだと思い、この2ヵ月間の育て直しの取り組みとA君の変化を説明してみました。家でも変化が出ていて治まりが早くなったとか、教育者をしている親戚の人に相談していることなどがわかってきました。代弁すると治まりが早いことを伝えると、母親は自分たちが逆に脅すようなことを言っており、A君がビクッとしていると反省していることもわかりました。とにかく抱きしめるとか膝に入れて気持ちを聞き出すようにしていると伝えると、先生たちはそのような苦労をしていたんだと驚きながら聞いてくれましたし、自分もしてみますと言って帰りました。

　今の担任らの悩みは、集団で何かをする時に皆に混じって行って欲しいが、そのためにはどのように関わればよいかということです。集団行動がまったくとれないわけではなく、やる時にはやるので、やりたがらない時にどう関わるかが問題です。落ち着きも出てきました。工作物を作ることもできます。○○ちゃん宅へ行ってくると言ったり、友達との関わりも以前よりはできるようになってきました。

　A君は担任ら2人にはなついていますが、A君を否定しないで受け入れている人は他にはいません。A君の気持ちを聞くと、A君が正しくて大人が間違っているのでは

ないかと思うようになりました。「バカ」「ぶっ殺す」とＡ君が言っても、カチンとくるより、寂しく思えるようになってきました。

【助言内容】

（１）これで、「育て直し」を展開するための４つの要素がそろったと思います。２人の保育者によるＡ君の見方と関わり方はかみ合っているし、親が生い立ちに触れて、子育てを反省してとり組もうとしているからです。

（２）保育者としては、あくまでＡ君の育て直しに取り組むことが大切です。現在は第四課題（言葉）および第五課題（二人遊び）交渉に取り組むことでしょう。Ａ君の気持ちを聞き出すことに気持ちを集中し、それからこちらの気持ちを伝えてＡ君の反応を見ることが大切です。自分で話そうとしないとか返事が返ってこなかったら、その時保育者が思いつくことを言ってみましょう。選択肢を出してＡ君に選んでもらうようにすると、会話をしやすくなります。

（３）職員が一丸となっていませんが、どちらの関わり方がＡ君の発達にとって必要であるかはＡ君が決めますので、Ａ君の変化・成長に注目して保育していきましょう。子ども理解と関わり方の指導者は、Ａ君の変化・成長です。

【感想】

（１）Ｂ保育者（担任）は、今までＣ保育者から話を聞いて保育に臨んでいましたが、じかにＡ君に関する説明と関わり方を聞くことができてよかったです。Ｃ保育者と一緒になってＡ君の育て直しに取り組んでいきたいと思います。

（２）Ａ君の気持ちを聞き出すようにして、もっとＡ君になついてもらいたいし、Ａ君のトラウマも抱きとめるようにしたいです。

第４回検討〈検討開始３ヵ月後〉

　運動会は皆と同じようにできましたが、待っている間にクラスメイトを蹴ったり、首を絞めたりしました。リレーの時、声援で会場は盛りあがりますが、Ａ君は「うるさい」と言ってＣ保育者をたたきました。その時は理由がつかめませんでした。

後日、皆が大声を出した時にA君が騒ぐので、何か嫌なこと思い出しているのかと思って聞いてみました。すると、A君が小さい時、母親が怒ってハカリを落としたり投げつけられたりして泣いたことがあると言いました。他に、父親が母親に「うるさいから静かにさせろ」と大声で怒鳴ったことや近所で騒ぎになったことを話してくれました。また、「暴力団」という言葉は、父親の好きな映画に出てきたり、父親が口にしたりするとのことでした。

　翌日、C保育者がA君を含めて子どもたちと交代でボール投げをしていました。少しして、C保育者が抜けて子どもたち同士でするようにしました。しばらく子どもたちで遊んでいましたが、突然A君がボールを近くの子どもの顔にぶつけながら、「もう遊ばん」と叫びました。A君を抱き寄せて何を思い出したかを聞いてみたところ、「父親が僕を袋だたきにした。蹴った」と言いました。

　翌朝、母親にそのようなことがあったかを聞いてみました。A君に対してというより、母親に対して父親が暴力を振るい、A君が脅えていたことがありました。A君が「僕がパパをやっつける。助けるよ」と言ったことがあるとのことでした。

　今朝も母親と立ち話をしていました。母親が帰る時になると、A君は「（僕も）帰る」と言って門によじのぼり、門を揺すりました。
B担任1：「帰りたくなったの？」
A君1：「うん」
B担任2：「つらいのね」
A君2：「うん」などと、お話しできるようになりました。
C保育者3：「お母さんが心の中にいるようになるといいね」
A君3：「そうか」と言って、おとなしくなりました。

　最近はA君の登園が増えてきました。家で「園に行かない」と言うことがなくなり、「早く行こうよ」と言うようになったとのこと。園では、突然とび出したり、わめき散らしたりすることが少なくなってきました。保育者と一緒に集団に入ることも増えてきましたし、「ちょっとこっちに来て」と内緒話をすることもあります。助言されたように選択肢を出して交渉すると、譲ることも出てきました。

　ある時、箱にラップの芯を付けてトンカチを作ることをしていました。D君がふざけてA君の頭をたたきました。すると、A君は怒ってD君をたたき返し、机で壁に押しつけました。

B担任1：「どうして怒った？　机で押しつけてはいけないよ」
A君1：「D君がこれでたたいた」
D君1：「だって、A君が先にたたいた」。
　A君は「D君が先にたたいた」と言って、再び机でD君を壁に押しつけようとしました。
B担任2：「D君が先にたたいたの？」
D君2：「そう」
B担任3：「どうしてかな」
D君3：「……」
B担任4：「D君はA君を嫌い？」
D君4：「うーうん」
A君2：「D君が先にした」
B担任5：「A君、たたかれて嫌だったみたいよ」
D君5：「ごめん」
　A君は「許さん！」と言ってその場を離れました。B担任はD君を連れて行って、2人を握手させたところ、A君、D君とも表情は良くなりました。

【助言内容】

（1）A君が第三課題（信頼）を達成しているかどうか、関心を持ちたい。今までの経過を振り返ってみると、2人の保育者と母親によって「信頼」と「見捨てられない」体験をしつつあるように思われます。

（2）A君の乱暴は幼少時代の経験と関連がありそうです。引き続いて、A君は嫌なことを思い出して保育者に慰められたいのか、A君がかつて見たことややられたことを同じようにしているのか、声をかけてみましょう。同時に、A君の気持ちを確かめながら、言葉を使っての適切なコミュニケーションのとり方も教えていきましょう。

（3）2人がA君を「育て直し」続けていることで、母親を巻き込み、父親も巻き込みつつあります。全体には、着実に「育ち直り」が進んでいます。

【感想】
（１）嫌なことを思い出しているとは思っていたが、Ａ君が自覚するようには取り組んでいませんでした。Ａ君のトラウマに対して、どのように取り組んでいったらよいかはっきりしてきました。
（２）２人で協力して話し合いながら取り組んでいきたいです。

第５回検討〈検討開始４ヵ月後〉

　Ａ君には、仲のよい友達ができました。登園してくると、自分で支度をして、遊ぶようになりました。初めてですが、今日は３人でトンネルを作って遊んでいました。母親は仕事を始めましたが、Ａ君の気持ちをくんで、朝は母親と登園し、お迎えは父親がするようになりました。母親が仕事に就く前に、父親が協力的になってくれたと語っていました。
Ａ君１：「お父さんがたたく」
Ｂ担任１：「Ａ君が悪いことすると、たたくの？」
Ａ君２：「何もしていなくてもたたく」
Ｂ担任２：「グーで？ パーで？」
Ａ君３：「グーでやる」
Ｂ担任３：「そう。お母さんとお父さんとどっちが好き？」
Ａ君４：「パパ」
Ｂ担任４：「どうしてパパが好き？」
Ａ君５：「パパ、強いから」
　父親とは、サッカーをしたりゲームをしたり自転車に乗せてもらったりするようで、Ａ君は「パパ、好き」と言うようになりました。
　しかし、まだ突然何かを思い出して行動に移すことがあります。突然部屋を出て行こうとするので、Ａ君をつかまえて聞くと、
Ａ君６：「怒れるわー」
Ｂ担任５：「何に怒っているの？」
Ａ君７：「帰る　帰る」

B担任6：「お家がいいよねー」
と言いながら、落ち着くまで膝に入れていました。少し前、スーパーでD君に会った時、一緒に帰らなかったのを思い出して怒っていたとのこと。話のつじつまが合わなかったので、D君に関して何があったのだろうかと思って考えて、D君が2日間休んでいることを思い出しました。そこで、「D君がお休みだから寂しいの？」と聞くと、A君はうなずいていました。

小学校については、両親は普通学級の気持ちが強いです。学校は今度校長先生が視察に来ることになりました。園長はどっちがよいかわからないと母親に言っていましたが、担任としてはどうなるか心配です。

【助言内容】

（1）この4ヵ月でA君はよくここまで育ち直ってきたと感心します。今の姿とこれまでの展開を考えると、「特殊学級」というのは納得がいきません。担任の作業としては、A君の育て直しに取り組んで、A君がどの段階、何歳レベル（相当）まで発達してきたかを手短に説明できるようにしておくことよいでしょう。

（2）A君は第四課題（言葉）が課題です。中でも理解力より表現力が課題でしょう。A君に対する関わり方にはもう少し工夫が欲しいと思います。A君は相当に頭の回転がよいようですので、「小さな大人」と思ってもう少し突っ込んだ会話をしてもよいでしょう。そして、豊かな表現力を身につけるように的確に「代弁」するように関わってください。

（3）両親とも子育てを反省したようです。しかし、両親はA君の発達に合わせた関わり方がわからないかもしれません。両親への指導・助言という方法もあるでしょうが、A君からどのような会話をしたかをしっかり聞き出して、どのように言ってもらいたいかを話すことで、A君が親に直接働きかけるというパターンもあります。

【感想】

何だかA君によって私たちが鍛えられているような感じがします。特殊学級か普通学級か気になりますが、自分たちのできることに取り組んでいきます。

第6回検討〈検討開始5ヵ月〉

　前日のトラブルは、どうも家で何かあったことが原因ではなかったかと思ったので、次の日、話題にしてみました。

B担任1：「昨日のお歌の練習の時、A君はすごく怒ったねー。先生あれこれと考えたけれど、お家で何かあったかなー。すごく嫌なことがあったじゃないかなー」
A君1：「うん」
B担任2：「どんな嫌なことがあったの？」
A君2：「うん。ママがさ、僕が嫌と言うのに…」
B担任3：「嫌なことがあったんだ」
A君3：「僕に診察券と金を渡して、1人で病院へ行けと言った」
B担任4：「えっ、（4日間休んだ）お休みの時1人でいたの？」
A君4：「ママと一緒にいたよ」
B担任5：「1人で病院へ行ったの？」
A君5：「D君と（園に）行きたかったのにさ」
B担任6：「病院へ行きたくなかったのね。お母さんはおなかの調子が悪かったので病院へ行けと言ったけど」
A君6：「僕、保育園に行きたかった」
B担任7：「そうか、園でお友達と遊びたかったんだ。お休みしたくなかったけれど、お母さんが病院に行けと言ったのね」
A君7：「うん、ママにそれを言ったの」
B担任8：「ママ、何と言ったの」
A君8：「園へ電話した。夜、お熱出たけれど、朝、元気だったのにさ」
B担任9：「そうか、それで園に来たんだ。でも、どうして『お家に帰る』と言ったの？　本当はお母さんと一緒にいたかったんじゃないの？寂しいと思ったんじゃないの？」
A君9：「うーうん」
B担任10：「じゃあ、どうして『お家に帰りたい』と言ったの？」
A君10：「ママに会って、文句言いたかった」

第5章　事例検討（1）「気になる子と親」に取り組む保育者への援助　173

B担任11：「そうか、園に来たけれど、僕の気持ちわかって欲しかったんだ」
A君11：「うん」と言って、走り去りました。

　A君とお話できるようになりましたが、父親の育ちも聞くことができました。祖父（父親）に「男は泣いて帰るな」とたたかれて育ったそうです。祖父（父親）は引越しが多くよく転校しました。父親は友達ができず、中学校時代は不登校気味で、保育者には言えない非行もしたそうです。

　保育者が父親にA君との育て直しの取り組みを話すと、「今の子どもは、このようしてもらえていいですねー」、子どもが親に逆らうことは考えられないが、普通学級に入れないと聞いて反省した。学校の先生に両親で会った時、「親が殴って育てたから、こんなふうに育ったかなー」と言ったら、先生は「子どもを甘やかしているからこうなる。厳しく、親の言うことを聞かなかったら外に出してもよい。私もやってきた」と話したそうです。

　最近のA君は、「僕ねー、…」と話すようになったし、何があっても自分が悪いとわかると自分から「ごめんなさい」と謝るようになりました。友達とは、共同遊び、ままごと遊びなど、役割を分担した遊びができるようになってきています。

　なお、校長先生の訪問があり、普通学級に進むことになりました。

【助言内容】

（1）A君との会話は見事です。A君が自分の伝えたいことを素直に表現するために、保育者が適切な関わり方をしていますね。

（2）親なりに一生懸命子育てをしていますが、自分のされてきたことを繰り返ししていることがよくわかります。親がそのことを認めることができると、子どもは親を好きになるし、他の人から関わってもらって育っていくのですね。

【感想】

　A君が普通学級と決まって嬉しかったです。A君がカッとした時の対処の仕方もわかってきましたが、よくここまで来られたと感慨深いものがあります。一時はあきらめかけましたが、ここまで続けてこられて本当によかったと思います。A君に出会って、ものすごくたくさんのことを勉強したと思います。

全体として

（1）あくまで発達段階を見よう

　保育者にとって苦手な問題、これまで保育者にとって取り上げなくて済んでいた問題の1つが、「ぶっ殺す」「死にたい」「殺してくれ」といった「死」にまつわることだと思います。

　幼児が「死」を口にする時、それほどに怒っているのであり、生きるか死ぬかの瀬戸際におかれて苦しいと訴えています。口で訴えているのに、「そのようなことを言ってはいけません」とか、「そのようなことを言う○○君は嫌いです」などと保育者が子どもに言葉を返すのは、ますます子どもを追いつめることになります。

　親に避けられたり拒否されたりして、園でも受け入れてもらえない子どもは、どこに居場所を求めたらよいでしょうか。さらに、大げさな態度や口で言い表せないで、苦しみ、耐えながら登園してくる子どもたちがいることを忘れてはなりません。親の子育てに対する関心が薄く、子育てに関心があっても関わり方に不安や迷いが強いこの時代にあっては、子育て相談においても、これから入園してくる子どもたちも、「死」の問題を抱えていることが多いと思います。

　その時には、子どもの発達に注目してください。表情や態度を見て、あるいはくすぐってみた反応を見て、少しでも早く発達のつまずきや停滞に気づいて、親や保育者には「育て直し」に取り組んでいただきたいのです。

（2）子どもの育ちと保育者について

　幸いなことに、A君は理解し合える2人の保育者に出会いました。子どもが育つには人的な環境に恵まれる必要があります。当初、A君の育ちを心配した隣のクラスの保育者が1人で事例提供をしました。助言を得て取り組み始め、「育て直し」をあきらめそうになるところを参加し続けました。担任とも話し合い、担任も参加して一緒に取り組むようになりました。A君が育ち直るにしたがって、親が変化を見せました。A君にとっては親に反省の気持ちが出てきたことは極めて重要なことです。2人の保育者と親の反省に支えられて、A君は育ち直っていくことができました。

　しかし、園の人的な保育環境は、A君の問題行動に手を焼きながらも2人の取り組

みを支援するものではなかったようです。A君にとって幸いなことは、保育者が「2人」であったということです。育て直しに取り組む保育者が1人であったら、このような環境のもとでは子どもが育ち直ることは難しかったでしょう。

　人事で環境が変化するとか、偏見、誤解や嫉妬にあって「育て直し」を断念せざるを得ないと言って嘆いている保育者はたくさんいます。それでも、20年前や10年前に比べると、育て直しを受けやすくなりました。それは「気になる子」の増加と手だて（保育方法）に行きづまり感が広がってきたからです。

　子どもにとっては、全体状況がどうであるかは問題ではなく、自分の通う園がどうであるかが問題となります。園の中に1人でも仲間がいると、保育者は心強いものです。「1人より2人」仲間を作ってください。仲間を増やしてください。

4　「見捨てられ体験」にどう向き合うか
　　～噛みつき・かんしゃくのある1歳女児の場合～

　近年、乳幼児が家庭の問題を背負っている事例が増えてきました。そうした子どもに対して発達段階を見定めて子どもに関わるように助言しても、期待したような成果、すなわち変化・成長の見られない事例にも出会うようになりました。その中の1つ、噛みつき、かんしゃくのある1歳児（A子）に取り組む保育者への援助事例を紹介しながら、子どもをどのように、どこまで理解したらよいかを考えてみたいと思います。

第1回事例検討（7月）

〈相談のきっかけ〉
　A子は表情が乏しく、乱暴な行動が見られます。しかし、自分からおんぶや抱っこを求めてくることもあります。時に担任がA子に声をかけると、後ずさりして泣いたり隠れたりするので、この時の関わり方がわかりません。

また、Ａ子に対して家族の関わりが少ないようで、愛情不足を感じます。このままでは、Ａ子はこれからどのように成長していくだろうかと心配になっています。担任は、どのようにＡ子の保護者と関わったらよいかわかりません。

〈家族構成、家族状況〉

　父方祖父母、両親、Ａ子（検討開始時１歳８ヵ月）の三世代５人家族です。

　祖父母は自営業で店舗経営をしています。祖母は小柄で早口、Ａ子をまるで物を置くように園に置いていきます。父は祖父母と違う自営業ということになっていますが収入は安定せず、頼まれ仕事で収入不足を補うようにしていると言います。母は体が大きく髪を長くしています。母が実家に帰るようになり不在になってからは主に祖母がＡ子の送迎を行っていますが、仕事が忙しいのか、いつも急ぎ足です。

　今年度になってから、祖母からの働きかけでＡ子は母と会うことができるようになりました。７月のお祭りでは、両親とＡ子の３人で出かけたとのこと。

〈入園後の様子〉

　約１年前、Ａ子が当時生後９ヵ月で入園した時から担任をしています。当初母親との泣き別れがありましたが、秋になってから担任の胸に手を入れたり、首にまとわりついたり、抱きついてきたりするようになりました。この頃、母が実家の手伝いを頼まれたといっては出かけ、帰宅しなくなったようです。

　今年に入ってから、Ａ子はイライラして乱暴が目立つようになりました。持っているものを突然投げたり、他児が側に行くと急に髪を引っ張ったり、噛みついたりするようになりました。担任が「引っ張ったらダメだよ。痛い、痛いだよ」と声をかけながら引き離すと、Ａ子は後ずさりして、突然床に伏して泣き出します。泣いているところを抱き上げようとすると暴れるため、担任はＡ子が落ち着いてから抱き上げるようにしています。担任は名前を呼びながら抱き上げたり、おんぶしたりしています。

　４月に引き続いて担任となってからは、できるだけ名前を呼び、抱いたりくすぐったりしてきました。最初Ａ子はくすぐっても体を硬直させていましたが、続けていくうちに声を出して笑うようになりました。また、Ａ子に「おはよう」と声をかけると、返事はしませんが、自分から両手を上げ、抱っこをせがむようになりました。

場面1：4月　水道で手を洗っている時のこと

担任1：「Ａちゃん、手を洗おうね」

Ａ子1：手を洗っていた時に、他児が側に寄っていったところ、突然噛みついた。

担任2：「○○ちゃん、痛かったね」

Ａ子2：泣いて、床に伏す。

担任3：「Ａちゃん、嫌だったの？　○○ちゃんは見ていただけだよ。○○ちゃんを噛まないでね」

Ａ子3：大泣きして、その場からいなくなった。

場面2：5月　隣の保育者に声をかけられた時

保育士1：「Ａちゃん」

Ａ子1：顔をそらして、下を向く。

保育士2：「Ａちゃん」

Ａ子2：後ずさりして、床に伏して泣く。

　しかし、担任がＡ子をくすぐって笑えるようになってからは、この保育士にも寄っていくようになりました。

　5月以降、Ａ子が噛みつくことは、減少傾向にあります。6月頃、Ａ子は母と会うことができるようになったからか、少しずつ表情も明るくなってきています。Ａ子の気持ちを代弁しながら、抱っこやくすぐりをしてスキンシップをとっていきたいとのこと。7月頃、Ａ子が抱っこして欲しいと膝に入っている時に、他児が近づいてくると、Ａ子はその子を追い払うようにします。そこで、担任は「大丈夫だよ」と声をかけつつ、他児を抱いて2人を膝に入れるようにしました。初めのうち、Ａ子は他児を押し出そうとしていましたが、そのうちにあきらめたようです。

　この頃から、朝、祖母との泣き別れがなくなってきました。

【助言】

（1）Ａ子の発達段階を把握することは、なかなか困難だといえるでしょう。入園後の様子を見るとたびたび泣き別れが見られているし、スキンシップを求める姿も見られています。その点では第一課題（実感）や第二課題（安全・安心）については達成しているといえそうです。その一方で、担任はＡ子の表情が乏しく、突

然乱暴をふるうと言っているので、発達段階を特定することは難しいと思いました。

しかし、今年度に入って、担任がくすぐって抱きしめることを続けてきたことで、A子は当初、体を硬くしていましたが、しだいに声を出して笑うようになり、自分から抱っこを求めるようになりました。担任を独占したい気持ちも出てきたようなので、A子にとっては、担任が「代理ママ」になりつつあると思われます。現在では、A子は第三課題（信頼）に取り組んでいるといえます。

（2）A子は母が実家に帰ってしまうとか、母に会えても別れて生活しているので、母による「見捨てられた体験」をしています。しかも、A子の乱暴は母と会った後に見られるように思えたので、この点を担任に確かめると、思い当たるとのこと。そうなると、場面1の担任3は、声かけに工夫が必要です。

他児が近づいてきて見ていることが問題ではなく、そのことで我慢していた母との別れに伴う怒りが爆発したものと考えられます。そんなイライラした寂しいA子を、誰かが理解して受けとめて欲しくて乱暴をしているのかもしれません。したがって、前後の脈絡はありませんが、「お母さん、Aちゃんを置いていっちゃったの？」「お母さん、Aちゃんに黙って泊まってくるの？」等と声をかけてみてはどうでしょうか。

（3）母に対して、あるいは祖母に対する何らかの指導・援助については、この時点ではまだ必要ないと考えます。それは、保育者がA子の保育に手応えを持っていないからです。A子をどのように理解して、どのように関わるかの手応えを持てない状況で、明らかに相談してきているわけでもない母や祖母に対して、どのような指導・援助をするのでしょうか。

このままではA子の将来が心配であるとか、親や祖父母に関心を持ってもらいたいなどという担任の気持ちは、十分理解できます。しかし、だからといって、担任が手応えの持てない不安定な気持ちの状態で、親や祖父母に話しかけるのは、保育者による指導・援助の名の下に担任自身の不安をぶつけることにはならないでしょうか。気持ちのよい話ではないので、保育者と親や祖父母との関係は悪くなることはあっても良くなることはないだろうと思われます。

【感想】
（１）事例提供のためにＡ子の保育記録を書いていると、それだけでも今までの保育を見直すことになって、よい勉強になりました。
（２）「見捨てられた体験」のお話を聞いて、母だけでなく保育者である自分もＡ子に「見捨てられた体験」をさせていたのではないかと思い、申し訳ない気持ちになっています。
（３）Ａ子にとって今大切な時機になっているとわかったので、自分が「代理ママ」になるつもりで保育してみようと思います。

第２回事例検討〈８月〉

〈担任の方針〉

　場面によっては、「ママに見捨てられたの？　大丈夫だよ　先生は見捨てないよ！」とＡ子に声をかけながら、「代理ママ」になるように１対１で関わるようにしました。Ａ子が、先生は「自分は裏切らない」「自分を見捨てない」という安心感を持てるように関わっていきたいと思います。

場面１：朝の出席を取る時
担任１：（他児の名前を呼ぶと、その子は「はーい」と返事をしながら手をあげている）「Ａちゃん」
Ａ子１：「はい」（返事をすると、にっこり笑い、照れくさそうに下を向いた）
担任２：「Ａちゃん、上手にお返事できたね」

場面２：朝、祖母との登園時
担任１：「Ａちゃん、おはよう」
Ａ子１：（担任の前にきて、泣いて倒れ込む）「わぁーん」
担任２：「Ａちゃんも抱っこなの？」（他児を他の保育者にあずけて、Ａちゃんを抱っこする）

地域の夏祭り（2日間）があり、担任の同僚が両親とA子と祖母が一緒に楽しんでいる様子で、A子は母に抱っこされていたのを見たとのこと。祭りの2日目、母がA子を園まで送ってきたので、担任は昨年の秋以来、久しぶりに母の顔を見ました。

場面3：翌日、手洗い場で手洗いをしている時

A子1：他児が側に寄ってくると、他児を噛んだ。他児が泣き出すと、A子はあわててその子の頭をなでていた。

担任1：「Aちゃん、痛い、痛い、したの？ Aちゃん、ごめんね、したの？」

　この日は、朝からA子の気持ちは荒れていて、噛みつきやかんしゃくが見られました。担任はA子の側に行って「嫌だったの？」と声をかけつつ、その場を離れることが多くなりました。月替わりで新入園児が入ってきたことと、夏休みに入って兄や姉のいる子どもたちが泣きながらの登園で、担任としてはA子だけに関わることが難しかったからです。21人の子どもを3人の保育士で保育することになりました。

【助言】

（1）A子が荒れる気持ちがはっきりしました。母親と会った後、A子は「自分が置いていかれた」「母に見捨てられた」という気持ちになっていることがはっきりしました。前日の気持ちを翌日あるいは翌々日あたりまで持ち続けるとか、些細なことでその時の気持ちを思いだして怒りを爆発させている可能性があります。したがって、「見捨てられた」という言葉を口にするのは、担任にとって耐え難い気持ちになるのであれば、「置いていかれたの？」「お母さんだけ行ってしまったの？」等といってもよいと思います。

（2）一般的には、保育者には「見捨てられ体験」という言葉は聞き慣れていないし、使い慣れていないと思います。保育者もすぐに受け入れられるものではないでしょう。その場合には、新聞記事でも小説でも何でもよいので、これを取り扱った具体的な記事を読むとか、そういった人たちの体験談に耳を傾けることで、少しずつ慣れていくことができると思います。

【感想】

　担任にとって、「見捨てられた」という言葉は重く響くので、簡単には口に出せそ

うにありません。「寂しいの？」「お母さんと居たかったの？」等なら言えそうなので、その機会があったら言ってみたいと思います。

第3回事例検討〈10月〉

前回の検討後、「ママが置いていったの？ 大丈夫だよ。先生は置いていかないからね」と声をかけながら、抱き上げるようにしてみようと思いました。

場面1：午睡の準備中のこと

A子1：自分の布団の上に横になる。隣の布団にきた他児に突然噛みついた。

担任1：「Aちゃん、どうしたの？ ○○君が隣にきたのが嫌だったの？」

A子2：「うーっ」（布団に伏す）

担任2：「大丈夫だよ。Aちゃん、ママが置いていったの？ 大丈夫だよ、先生は置いていかないからね」

A子3：（担任の顔を見て）「うん」と言ったかと思うと間もなく、静かに入眠しました。

今までは入眠までに時間がかかっていましたが、すぐに眠りについたし、安心した表情でした。初めてのことでA子の変化にびっくりしました。

場面2：お人形で遊んでいる時

A子1：お人形を抱き、おんぶ紐を持っている時に、他児が近づいたら突然噛みつきました。

保育者1：「Aちゃん、どうしたの？ おんぶ紐をとられると思ったの？」

担任1：「Aちゃん」（と言って抱き上げた）「ママが置いていったの？ 大丈夫だよ。先生は置いていかないからね」

A子2：「うん」（気持ちが落ち着いていった）

場面３：朝のお仕事の時間でのこと

担任１：他児４人と机の上でお仕事を見ています。

Ａ子１：パズルを持って担任の側に来る。机の上にパズルを置こうとします。

担任２：「Ａちゃん、座るところがないから、向こうの机に行こうか？」

Ａ子２：「うー」（パズルを持って、棚の上に置き、両手でパズルを払いのける）

担任３：「Ａちゃん、どうしたの？ ママが置いていったの？ 大丈夫だよ。先生は置いていかないからね」「Ａちゃん、先生と一緒にパズルを拾おうね」

Ａ子３：（素直にパズルを拾い集めた）

担任４：「Ａちゃん、ここの机の上でやろうか？」

Ａ子４：「うん」とても素直に応じてくれました。また、パズルも上手にはめて、ニコニコしながら楽しんでいました。

　この他、公園グランドでの親子競技では、Ａ子は父と一緒に参加しましたが、嫌がっているような行動をとり泣いて暴れていました。最後は父に抱かれてゴールしました。他の競技を見ている時は父に抱かれており、母が側にいました。Ａ子は母と競技に参加したかったのではないかと思いました。また、Ａ子は父や祖父母にうなっていました。また、最近はショッピングセンターで、親子３人がショッピングしている姿を何人もの保育者が見ています。

　しかしそのためか、休日明けにＡ子に乱暴な行動が出ています。１０日ほど前には、今年度になって初めて母が１人でＡ子を迎えにきました。少し前から祖母の体調がすぐれず、横になることが多いといいます。すると、Ａ子が祖母にバスタオルを掛ける優しい動きをしたことを祖母から知りました。しかし、園では気持ちが荒れていて、すぐに「うーっ」となったり怒ったりしています。

　何か、Ａ子に担任自身が試されているような感じがします。Ａ子は休み明けに荒れていますが、わざと物を投げたり、散らかしたりしながら担任の表情や様子を見ています。担任としては、Ａ子にとって安心できる場になれるように接していきたいと思っています。また、母や父、祖母にこうしたＡ子の変化した姿を伝え、理解してもらいたいのですが、どうしたらよいでしょうか。

【助言】

（１）担任が自分で言い易い言葉を思いついてＡ子に声を掛けたことで、見事にＡ子

の気持ちとかみ合っています。それがＡ子の態度や様子に変化となって現れたのでしょう。場面１、２では、会話だけを読むと、内容が飛んでいることになりますが、Ａ子が家庭環境で受けているもの（背負っている荷物）を理解した時にはその部分をわかってあげる必要があることがはっきりしました。

（２）母や父、あるいは祖母には、今までと違う何かが起きているように思います。全体としては、父と母はやり直す方向に動いているように見えます。それはそれとして、園ではＡ子が育ち直りつつあるので、家庭でも何か変化が起きているように思われます。親たちが家庭でのＡ子の変化に気がついているかを話題にしてみてもよいでしょう。もし気がついているようならば、それを聞きながら園の様子を伝えてもよいでしょう。保育者は園での出来事を先に伝える傾向にありますが、その前に家庭での様子、あるいは親が何か変化に気がついていないかを聞くようにしましょう。

（３）担任がＡ子に何か試されているように思うことについてですが、これはＡ子が自分を受けとめて欲しいと訴えているものを感じているのではと思います。担任はＡ子の「安心できる場所」になろうとしていますが、漠然としすぎています。Ａ子は２歳前で、まだ自分の気持ちを言葉で訴えることは困難ですので、うなるとか怒るといった姿で訴えています。Ａ子は担任によって受けとめられた気持ちよい体験を母にも求めています。しかし、両親にどんな問題があるかは不明ですが、Ａ子は母と一緒に参加したかったであろう競技に父と一緒に出るとか、Ａ子が祖母に優しくした時にもほめられたかどうかわからない状況です。両親や祖母を求めても受けとめられない気持ちを担任に受けとめてもらいたくて、イライラした姿を現して訴えているものと思われます。

【感想】

（１）Ａ子が「見捨てられ体験」をしているので、「見捨てられたの？」と声を掛けるように助言してもらっていましたが、「見捨てられたの？」という言葉の響きや意味、また周りの子どもへの配慮も考えると、なかなか言い出せないでいました。言葉をかえるとすんなりと言えましたが、Ａ子が思いの外素直に反応したので、代弁して欲しかった気持ちはこれだったのだと強く感じました。今まで掛けていた言葉がけが、Ａ子に辛い思いをさせていたことはとても衝撃的であるし、他の

子どもにも同じようなことをしてきたのではないかと思います。

（2）昨年度の事例研究に取り組む前のＡ子と比べると、事例研究に取り上げてからのＡ子は表情が全く違ってきて明るくなっているし、心から笑い、自分からおんぶや抱っこを求めてくるなど子どもらしさが出てきました。赤ちゃんの頃から保育していて、これでは大人になってどうなるかと心配していましたが、その心配も解消され、事例研究に取り組んで本当によかったと思います。

（3）初めて事例研究に取り組みましたが、Ａ子のためだけでなく、自分の保育を見つめ、気づいたり反省したりする点がたくさん見つかりました。部分的には他の子どもにも取り入れていますが、子どもの反応が変わってきており、手応えを持っています。改めて、乳幼児期の大切さ、大人たちの関わり方、子どもの発達の見方についていろいろと考えさせられました。それと同時に、我が子、自分自身、家庭というものを見つめる機会になりました。

全体として

　Ａ子の場合のように、9ヵ月で入園した当時、母との泣き別れが見られたとしても、1歳頃から母親が不在がちとなり、そして置き去りにして姿を消してしまった時、Ａ子の心理状態はどうなるでしょうか。Ａ子が怒り狂って暴れるとか、放心状態で無表情になっても不思議はないと思われます。

　Ａ子の発達段階は、第一課題（実感）、第二課題（安全・安心）までは一応達成していますが、1歳頃に母がいなくなってしがみつく人が見あたらなくなった時、強い衝撃を受けた結果が無表情となって表れました。父でも祖母でもＡ子を受けとめ、慰めてくれたなら少しは癒されたことだろうと思います。誰からも癒されることなく、1人で耐えて生活している状態でくすぐられても、Ａ子は気持ちよく笑う気持ちにはなれないでしょう。

　こうした場合、子どもの発達段階を理解するだけでなく、親や祖父母から子どもがどのような荷物を背負わされているかなど、視野を広く持つ必要があります。保育者にはこうした親子三代にわたる世代間連鎖、しかも問題解決されていない連鎖を理解することになるので、普段からの勉強が必要になります。

ここでは、「見捨てられ体験」について、保育者として受け入れられるように、事例を通して課題が提示されました。「見捨てられ体験」をしている子どもに対して、保育者が言いやすい言い方に置き換えて子どもに言えたところに解決の手がかりがあったと言えます。

5　子ども理解の原点は発達にある
～みんなと一緒に行動できない４歳男児の場合～

　子どもをどのように、どこまで理解したらよいかと考える時、担任が子どもをどのように理解するかという場合と、園長や園外の人が担任の報告を聞いて子どもをどのように理解するかという場合があります。

　園内において事例検討する時は、園長はじめ担任以外の保育者は自分の目でも対象児を理解することができる状況にあるので、担任の報告を聞きながら自分自身の見方と比較しながら子ども理解をすることができます。しかし、園外での職員研修会で検討する場合や自主的な勉強会で事例検討する場合などには、担任以外は直に子どもを見ることができません。担任の報告を聞いて、補足質問をして自分なりに子ども（事例）あるいは保育をイメージアップして検討に参加することになります。

　筆者が経験する事例検討は、この後者に該当します。事例提供者の報告を聞いて、補足質問をしながら子どもや保育をイメージアップするように心がけています。イメージアップできたところで、筆者なりに子どもが"今"取り組む課題を提示するとともに関わり方を具体的に提示します。

　これを聞いて、保育をしている事例提供者がなるほどと思う場合は、援助者として具体的にどう関わるか手がかりがつかめてすっきりした気持ちになります。しかし、いつもこうした経験ができるとは限らないのであって、事例提供者に他のエピソードを聞くことがあります。聞いているうちに事例提供者が確認していく場合と、聞いているうちに筆者は事例を理解できなくなるほど混乱することがあります。この時は、筆者が事例を理解する能力が問われているように思い、事例理解の原点すなわち発達の視点に立つようにしています。そうした事例の１つを取り上げて、子ども理解、事

例理解のあり方について考えてみましょう。

第1回事例検討〈6月〉

〈相談のきっかけ〉

　転居に伴い4歳児（年中）クラスに入園してきたA君の担任になりました。入園して3ヵ月経ちますが、「お家に帰る　ママがいい」といって母と泣き別れ、担任が近づくとたたいてきます。しばらくすると落ち着いて、友だちの様子を見ています。友だちが近づくと無視する態度をとります。迎え入れの時には個別対応が必要と主任に応援してもらっていますが、他の先生からは甘やかしているのではないかと耳に入っています。担任が最も困ることは、A君が皆と一緒に行動ができないことです。どうしたらよいかと悩んでいます。

〈家族構成、家族状況〉

　両親、4歳児A君と1歳児の弟の4人家族です。転居に伴う入園で、それ以前のことについては園長は知っているかもしれませんが、担任は知らないといいます。

〈入園後の様子〉

　入園当初、A君は母との泣き別れもありましたが、表情が硬く、一人遊びが目立ちました。くすぐってみましたが、体をよじって我慢していました。現在は少し抵抗が少なくなっていますが、子どもらしく笑うことができるとはいえません。

　5月に入ると、「ママがいい、お家がいい」といって母と泣き別れましたが、週の後半になると泣くことがなくなってきています。好きな遊びを見つけて1人で遊ぶようになりました。友だちが近づいても、関心を示すことはありません。中旬頃から最初の言葉をどもるようになりました。

　しかし、6月に入ると、再び「家に帰る」と言い、時々「ママがいい」とも言うようになりました。担任がA君に近づくと、たたくようになりました。

　また、母によると、A君が友だちにいじめられるので、園に行きたくないと言って

いると聞きました。A君はB君の側にいたがりますが、B君がA君に近づいて顔を見るので、A君はそれが嫌なのかもしれません。

場面1：6月　母との泣き別れの場面

　5月頃は靴を靴箱に入れたりカバンを棚にしまったりすることを母がしていましたが、6月になってA君はそれが嫌であったとわかりましたので、それを母に伝えました。今では登園してくると、母は担任にお願いしますと言って帰ってしまいます。すると、A君はカバンを掛けたまま走り出しますので、担任はA君をとめ、母の車を探すように門まで付き添います。A君はしばらく座り込んでみていますが、やがて担任に促されて皆のいる部屋の方に来ます。みんなは主任が入って朝の会を始めていますので、A君を中に入るように誘いますが「嫌」と言います。

担任1：「A君、テラスで待っていてくれる？」
A君1：「うん」

　A君の様子を見ていると、1人で花壇を見ていましたが、みんなが製作で糊づけをはじめると、見ていました。そこで、

担任2：「A君、やってみる？」
A君2：「うん」と言って部屋に入ってきて、カバンを降ろしました。
担任3：「カバン、どうする？」
A君3：沈黙。
担任4：「カバンをしまってくる？」
A君4：自分でカバンをしまって、糊づけに参加しました。

【助言】

（1）報告を聞いていてもこうして記録してみてもA君の発達課題がつかみにくい事例はあるものです。この場合では、第一課題（実感）くすぐって抱きしめることから取り組むことか、第三課題（信頼）人見知り・後追い課題を達成するように取り組むことかいろいろと確かめる質問をしたのですが、A君の課題が浮かび上がってきませんでした。援助者の理解力の問題かもしれませんし、報告者のとらえ方あるいは報告の仕方などに問題があるかもしれません。子ども自身がとらえにくい状態にある場合もあります。こうした場合は、A君の発達課題をとらえる

ために、保育のポイントを指示して検討することを提案します。
（2）保育のポイントは、まず1つは母が毎日送迎しているわけですから、立ち話で生育歴を把握するようにします。母に話す時は、自分（担任）がA君を理解するために参考としたいので教えてくださいと申し出るのです。この時の母の反応は、母の子育てに対する関心の様子もわかりますし、自分（担任）に対する姿勢も理解する手がかりになります。例えば、「A君をくすぐったことありますか？　怖い時にお母さんにしがみついてきますか？」などです。一般的には、A君は問題がありそうなので教えてくださいと申し出てしまうのですが、これをすると母は構えやすくなり本音で答えなくなりがちです。
（3）育て直す保育としては、A君の生活年齢や問題行動などにとらわれないで、発達課題を確かめるようにします。具体的には、園の中でくすぐってみたりおんぶや正面抱きをしてみたりします。「怖い時に誰かにしがみつくかな？　誰が一番好きかな？　お話しする力はどの程度かな？」などです。

【感想】
（1）助言者の話を聞いていて、自分がA君を問題児として、どこが問題かということにとらわれて見ていたように思う。
（2）もう1度、くすぐってみたりおんぶや抱っこをして、A君の発達課題を確かめてみます。

第2回事例検討〈7月〉

　母に生育歴を聞いた結果は次のようです。A君をくすぐったら笑いますかと聞くと、笑うとのこと。「園ではあまり笑いませんが…」と言うと、「恥ずかしいのかな？」とのことでした。「おんぶや抱っこを求めましたか」と聞くと、それはあんまりなかったとのこと。「人見知りや後追いはありましたか」と聞くと、あったと思いますとのこと。
　母の印象は、登園はみんなより遅く来て、お迎えはみんなより早く来ます。母には他人を寄せつけない、バリケードを張っているような雰囲気を感じます。園での様子

を母に伝えると、「（A君に）言ってあるので、手をつながないで安全に歩けます」とか「僕はお兄ちゃんだから歩けると言っています」などという言い方をします。

　A君が登園した時は、泣くというより怒る感じで「お家がいい、ママがいい」と言うので、「お家がいいの？ ママがいいの？」と聞き直します。A君は「お家」と答えますので、「ママがいなくてもいいの？」と聞くと、黙ってしまいます。担任が「お家がいいとママには言ったの？」と聞きましたが、A君は「言っていない」とのこと。担任は「お家でママに言ってごらん」と言って様子を見ました。しばらくして、A君に「ママにお家がいいって言ったの？」と聞くと、「何もいっていない」とのこと。担任が「先生がお母さんに言ってみる？」と聞くと、A君は「言って」とのこと。その一方で、担任が母に伝えようとしていると、お昼頃になると、A君が「帰りたい」と言っても、「お母さんに言って」「電話して」などとは言わなくなったので、母に伝えることを控えて様子を見ることにしました。

　母と別れてから怒ったり泣いたりしても、落ち着いてくるので、担任はA君をくすぐってみることを始めました。初めのうちは身をよじって我慢していましたが、そのうちに高い声が出るようになりました。まもなく、担任がA君に部屋に入ることを促すと、部屋に入り、担任の側にいるようになりました。A君が部屋の外に出て部屋から見えない位置にいるところを、担任が見つけるとニコニコして逃げて、おいかけっこになりました。担任が追いかけてA君を捉まえると喜んでいます。個別対応を求めていることはわかりましたが、クラスの子どもたちを放っておけないので、担任が断りを入れて部屋に戻ると、A君は戻ってくるようになりました。さらに、A君は自分で部屋に戻ってくると、担任の側に来て担任の腕をくすぐるようになりました。くすぐり返すとA君は喜んで、しばらくくすぐり合いっこになります。

　給食の時も、担任の側に座れば部屋に入れるようになり、機嫌のよい時にはみんなの中に入って座り、食べるようになりました。

　友だちづきあいは少なく1人で部屋の隅にいることが目立ちます。周りの子どもが気に掛けて関わろうとすると、A君は逃げますので追いかけられますが、追い返すことはしません。どもりは目立たなくなりました。

【助言】

（1）先月に比べて、A君を理解しやすくなりました。念のために担任に何歳児に相

当するかな？と質問してみたところ、「1歳半から2歳くらいかな？」ということでした。母親から得られた資料（生育歴）から見ても保育の様子から見ても、第一課題（実感）は達成しているようです。くすぐりっこの変化の様子から見て、第三課題（信頼）を達成しているとも言い切れないので、生後4〜5ヵ月位の赤ちゃんと思って担任が「代理ママ」になるつもりでA君に関わってみたらどうでしょうか。

(2) 母への指導・援助については、A君との関わり方に手応えを持ってからでも遅くないと思われるので、脇においておきましょう。

【感想】

改めて保育してみて、A君は幼い子どもと理解しましたが、生後4〜5ヵ月位ほど幼いとは思えませんでした。でも、A君の発達段階はそれくらいと思って関わってみます。

第3回事例検討〈8月〉

その後、A君はくすぐってもらいたいためにわざと部屋の外に出て行くようになりました。担任はA君を追いかけるのをやめて、見ているようにしたところ戻ってくるようになりました。

小学校が夏休みに入ると登園児が少なくなるので、クラス単位から合同クラスで保育する体制になり、職員も夏期休暇を取るようになります。担任が休暇でいない時は他の先生の指示に従って行動する姿が出てきたので、担任がA君に「お利口さんだったんだってね」と声を掛けると、A君はニコッと笑いました。集団の中に入って遊ぶことはないが、その周りにいて、友だちの様子を見るとか外を見たりしているようになりました。担任の見える範囲にA君がいるので、目立たなくなってきました。

場面1：泣き別れの場面

泣き別れの時、A君が母に「早く迎えに来て、10時に来て」と言いますが、母は「はい。はい。早く来るからね」と言うもののいい加減な返事をして帰ってしまい

した。そこで、主任が思い切って「母さんに裏切られた感じ？」とＡ君に言ってみたところ、Ａ君がしっかり頷いたので、泣き別れの場面で次のような会話をしました。

Ａ君１：「早く来てね」
母　１：「はい。はい」
主任１：「本当に早く来てくださるんですか？」（内心母にむかついていたので、ついきつい言い方になってしまったと思いながら）
母　２：（余りよい顔つきではありませんでした。）
主任２：「お昼（昼食後の12時45分頃）でどうですか？兄弟が夏休みで昼食後に帰る子どもさんもいますよ。時間があるならいかがですか？」
母　３：「じゃー、早く来ます」
主任３：（Ａ君に向かって）「母さん、早く来てくれるって」
Ａ君２：「もっと早く来て」
主任４：（Ａ君に）「早く来ようとしてくれているよ」（母に向かって）「早く支度して待っていますからね」

　12時45分になっても母は来なくて、１時近くにゆっくり歩いて来ました。すでにＡ君はカバンを背負って待っていました。母がＡ君の近くに来た時に、

主任５：（Ａ君に向かって）「お母さん遅くなったねー。怒れるねー」
母　４：（Ａ君にわびることもなく）「ありがとうございました」
Ａ君３：嬉しそうな表情をして母と一緒に帰宅しました。

場面２：翌朝の登園時

Ａ君１：（表情よく登園してきた）
担任２：「Ａ君、おはよう」（母に向かって）「昨日は早く帰って、（Ａ君は）お家でどうでしたか？」
母　１：「家ではあまり泣かなかった。今朝はぐずりました」
担任２：「今日のお迎えはどうしますか？」
母　２：「１回早帰りすると癖になるので、今日は３時にしたい」
　ちょうどそこへ主任が来てくれました。
主任１：「この頃、園では担任がくすぐると、くすぐり返すようになって、楽しんでいます。表情も良くなってきました」

母　3：（泣き出して）「今朝も泣いて、（園に）行きたくないと言うので、困っています」

主任2：「お迎え時間の約束を守るようにしてはどうですか」

母　4：（主任の顔を見ないで帰宅しました）

　この日のお迎えは、他の早帰りの子どもと同じに12時45分頃でした。A君は表情よく帰りました。

　翌朝、いつも通りに登園しましたが、A君は泣きぐずることなく母と別れました。母は担任に軽く会釈するようにして帰りました。担任がA君と話してみると、お母さんが「お迎えが遅くなってごめんね」と謝ったそうです。お迎えの時、母と別れた後も泣くことなく、機嫌よく過ごせたことを母に報告しました。

　その後、登園すると、A君は不安げな表情ですが自分で支度をして、母とバイバイして別れられるようになりました。また、友だちの遊びを見ていて関心を持つと側に行くようになりました。友だちに名前を呼ばれると、ニコッとするようになりました。担任は母への説明で、A君はお母さんが一番大好きだよねとは言ったが、後追いについては説明していないとのこと。また、母によると、3〜4歳児が通う幼児クラブへ入ったが、ものすごく泣いてなかなか慣れなかったとのこと。

【助言】

（1）振り返ってみると、A君の発達課題は第三課題（信頼）の達成が当面の目標となることがはっきりしてきました。しかも母に裏切られているトラウマを持ってしまっています。発達途上でいうなら、8ヵ月過ぎ辺りからの「後追い」の課題が達成されていなくて、A君は裏切られ体験、見捨てられ体験をしています。したがって、登園してきた時の母との別れ方で「後追い」を卒業できるような関わり方が必要です。母は約束を守って欲しいとか母は約束を守らないで自分を好きじゃないかもしれないなどといった気持ちをA君に確かめて、それに母が応えられるようにすることです。母自身が後追いを卒業していない可能性があるので、担任が中に入ってA君や母の気持ちを具体的に説明するとかその場での関わり方を見せる必要があります。拙著『今からはじめる育て直し』に掲載してある援助事例を参照してください。

（2）担任が2人の間に入ることが難しいなら、主任に入ってもらって側にいて勉強

する機会としてもよいでしょう。すでに主任が母に説明して取り組んでいるかもしれないので、主任に確かめてください。
（3）A君が泣かないで別れられるようになったということですが、A君に次のことを確かめること。母の態度にあきらめてのことか母を信頼できてのことか、いずれで泣かなくなったかをやりとりすることです。

【感想】
（1）A君の少しの変化に何かビクビクしている自分がいます。A君が人見知り・後追いがどのようにして変化、課題を達成していくのか、言葉を知っているが具体的にわかっていないからだと思います。
（2）後追いの場面について『今からはじめる育て直し』で調べながら勉強して、後追いの卒業に向けての保育に取り組みたい。

第4回事例検討〈9月〉

　8月末頃、母の前でA君は「母さんはいつも嘘をつくので嫌」と言ったので、母は「じゃー、一番に来るね」と言ってバイバイして離れていきました。担任はA君に「よく言えたねー、お利口さんだよ」と声を掛けました。しかし、母は10分ほど遅れていつも何番目かになっています。母は「一番に来ようとしているが、中々来られません。バイバイ」といって離れます。母と別れた後、A君は部屋の隅にうずくまっているので、少ししてから担任が働きかけるとやっと出てくるという感じです。母とA君との間で基本的な信頼関係をつくろうと担任は関わっているのですが、それができなくて残念です。

【助言】
（1）A君の課題とともに母子関係の課題がはっきりしてきました。A君が母に向かって「嘘つき」と言えたことを担任は支持することです。
（2）担任によって裏切られたとA君が思うようなことに担任が気づいたら、担任はできるだけ早くA君に謝ることが必要です。それによって、A君は世の中には母

親みたいに自分が悪くても謝ることができない人もいれば、担任のように謝ることができる人がいることを実感してもらうことができるのです。
（3）A君の育て直し保育に取り組むことで、A君の課題がはっきりしました。母の立場に立つならば、母自身の課題すなわち後追いを卒業させる関わり方がわからないことに直面させることになったので、担任としては母の心を動揺させたとわびる気持ちを持ってもよいでしょう。母自身が第三課題（人見知り・後追い）を達成していないことを思い出させたことになります。

【感想】
（1）担任は母とA君とどっちつかずの曖昧な気持ちでいたとのこと。A君の母に裏切られてわびてもらえていないA君の気持ちを、担任は受けとめるように気持ちを集中したい。
（2）母に対する指導や援助は自分にはできそうにないので、主任あるいは園長にお願いしたい。

第5回事例検討〈10月〉

　いつものように事例報告の動きをとらないで、研修会の終了時間少なくなって助言者から促されて事例を提出しました。
　ある時、他の母の迎えが遅れたために、結果的に母の迎えが一番の時がありました。これに気がついたA君は、「やったね」と喜びいっぱいに表現しましたので、担任も「よかったね」と一緒になって喜びました。翌日登園した時も、担任は前日の嬉しかったことを再現してみました。すると、これ以来A君は登園しても母と泣くことも少なくなり、バイバイして別れられるようになりました。カバンを所定の位置に置くなどした後は、ボーッと外を見ています。
　友だちとの関わりは、対等性は見られず、友だちと一緒にいる時間が増え、友だちが変な顔をするとA君も真似するように変な顔をして遊ぶ姿が見られるようになりました。
　しばらくして、担任が母に「この頃、A君の調子、良さそうですね」「この頃、A

君は泣かないで登園してきますね」と声を掛けると、母は「そうなんですよ」と言うだけです。担任が「Ａ君、頑張っていますね」と言っても、母はさらっとした感じです。担任としては、もっと母と会話したいのですが、さっさと帰ってしまいます。今思うと、母に自分が嫌われている感じ、あるいは焼き餅を焼かれている感じがするとのこと。

【助言】

　研修終了の時間が迫っていたので、その後の様子を聞くだけにして次回の検討に回しましたが、今までの検討経過を見ると前進した内容ですから、なぜ担任がいち早く報告しなかったのか不思議に思いました。助言者としては、内心、担任自身がほめられることに照れてしまうというか、ほめられた経験がない可能性を感じ、担任は助言者が喜ぶ気持ちに戸惑いを感じて避けたのではないか、と感じました。

第6回事例検討〈11月〉

　前回、助言者にすすめられて報告しましたが、何を言ったか思い出せないと言います。そこで、前回のメモを読みあげると、確かにそうでしたと思い出してくれました。

　そして、その後の報告を受けました。初めのうちは、Ａ君はボーッとしていることが多く、移動する時などに置いていかれそうになります。今月に入って、Ａ君と手をつなぐと、握り返すようになってきました。担任と1対1の追いかけごっこを喜んで長い時間続けるようになりました。他児が「入れて」と言って入ってきますが、担任が一緒にいれば遊びが続くようになってきました。さらに、滑り台を上っては滑ることを1人で繰り返している姿が出てきて、1人でボーッとしている時間が短くなりました。

　また、担任としては、前回、助言者が何かいいたそうな様子であって、それが気になっているとのこと。そこで、思い切って助言者の思っていたことを披露したところ、担任はすんなりそれを認めてくれました。そして、担任自身が自分の母に喜んでもらった思い出がないし、幼稚園でも年中の先生（女性）は好きであったが、年長の先生（女性）は嫌いでした。父とは遊んでもらった楽しい思い出がありますが、未だに母

の機嫌をうかがって生活しており、母と喜びを共感できないことが寂しいと、涙を拭きながら語ってくれました。

　主任からはＡ君との立ち話の紹介がありました。「元気になったね」「○○先生（担任）、大好き？」「何でもお話しできる？」などと声をかけたところ、嬉しそうにしっかり返事をしてくれたとのこと。遅れて参加した保育者から「（担任をひと目見て）別人のようなよい顔をしている。顔の輪郭がはっきりしてきた」などと言われて、担任は素直に喜んでいました。

【助言】

（１）担任について助言者の思いを伝えるべきか迷いがありましたが、紹介して安堵しています。担任がすでに自分の育ちを認めていたので、共感できて嬉しいです。他に保育を通して育ち直りの過程を歩んでいる人がいることを紹介して、担任だけではないこと。若い保育者だけでなく、「気になる子」の保育に関心ある保育者の中には自分の育ちに向き合わざるを得なくなって苦労している人たちがたくさんいると所見を紹介しました。

（２）担任が今の自分の育ちでできる範囲で頑張ろうと、Ａ君に向き合って取り組んできたことに感心します。そして、主任が担任やＡ君親子と適度に距離をとって、展開の様子を見ながら関わるといった園内の協力体制がとれたことを見逃すこともできません。

【感想】

　なんだか嬉しい気分です。保育を続ける気持ちになっているし、自分にも元気が出てきたように思います。

第7回事例検討〈12月〉

　その後、発表会の練習ではＡ君はやりたくないと言って見ていることが多かったですが、やりたい役を決めてからは練習に参加し、当日も皆と同じようにできました。
　翌日登園した時、担任から母に「上手にできましたね。嬉しかった」と声を掛け

のですが、母は「本当にやってましたね」「家でも（練習を）やっていました」と言うくらいで、嬉しいという言葉は聞かれませんでした。

　その後、A君は担任を見て目が合うと、ニコッと笑うし、見つめ合うこともできるようになりました。絵を描くだけであってもニコニコ笑いながら取り組む姿が見られます。友だちとじゃれ合うことを避けていましたが、特定の数人とじゃれ合う姿をよく見るようになりました。

　この頃、絵を描き終わって片づけている途中でA君をくすぐっても笑うことが滅多になくなりました。A君に関わる機会が少なくなったので、目でA君を追っているだけでよいのかなと思いながらA君にちょっかいを出すようにしています。

【助言】

（1）A君との保育がかみ合ってきましたね。担任としては嬉しいことでしょうが、担任にとって次の課題が出ているようです。担任はA君にちょっかいを出してくすぐっていますが、笑わないことを気にしていますね。担任はどんなつもりでくすぐっているかを考えましょう。A君の気持ちに添っていないように思います。

（2）A君は何歳児の姿に似ていると思いますかと聞いてみますと、何歳でしょうかとつぶやきながら考えて、模倣遊びや平行遊びなど遊びの発達を思い出して「1歳半から2歳くらいでしょうか」とのこと。助言者も同感でしたので、1歳児後半の保育を勉強して、それを参考にして関わってみてください。

（3）この担任がA君にちょっかいを出すような関わり方をしてしまうのは、自分がその年頃に適切に関わってもらっていない可能性があります。こうした場合、初めのうちは1歳半から2歳頃の遊びを意識してA君に関わるのですが、初めのうちはぎこちないこともあるでしょう。継続して取り組むことで、それが自然とできるようになれば、その時担任自身もその段階に育ち直ったことになります。

【感想】

　A君の姿を見ていなかったことに、助言されて気がつきました。その場でわからないこともしゃべってみて、助言を聞いて、自分が余分なことをしていたと反省しています。

第8回事例検討〈1月〉

　その後、担任は乳児クラスの応援や延長保育に入って乳児と関わることがあると、自分が言葉がけにつまずいていることがよくわかりました。子どもの側にいても、自分が意味のない言葉がけをするとか無言でいることがあって、子どもを遊んであげていないことがわかりました。乳児クラスに入る時には、保育者がどのような関わり方をしているか観察して勉強しています。

　そこで、A君が友だちの遊びを見ている場面での担任の関わり方を聞いてみました。A君の気持ちをあげてもらうと、「この遊びを見て覚えているのかなー」「この遊びをしたいのかな？ やりたいと言ったら一緒にやろうかと誘ってみる」などでした。今までの自分だったらどうするかなと聞くと、「いきなり、遊ぼうと誘っていた」とのこと。もうこれだけ勉強したことになると1ヵ月前とは違うことを強調しておきました。

　すると、いくつか自分のやりとりをあげて確かめてきたので、支持しておきました。その1つは、カルタとりがはやっていて、A君も家でやったことがあるとのこと。A君が友だちのカルタとりを見ていたので、「見ている？やりたい？」と声をかけると、A君は「見ている」と言ったので、そのまま一緒に見ていました。また、他の子どもたちとかくれんぼをしていたら、担任はA君が見ていることに気がつきました。そこで、担任はA君に「やってみる？」と声を掛けたらうなずいたので、みんなに言って入れてもらったとのことでした。

全体として

（1）報告を聞いて提供者にいろいろと確かめても、助言者に子どもの姿が浮かんでこないことはしばしば経験します。こうして記録にしてみると、実際に報告を受けた時よりはまだ理解しやすくなっていますが、それでもすっきり理解できたとは感じません。

　これには、いくつかの場合があります。子ども自身がつかみ所のない難しい姿

を現している場合、提供者のとらえ方あるいは曖昧な観察結果であったりする場合があります。助言者が経験不足で理解しきれない場合もあります。いずれの場合であっても、助言者としては、まず、今の子どもの発達課題がどこの段階であるかに関心を持って理解するように心がけます。

　どうしても理解できない時には、改めてくすぐってみた反応、おんぶや抱っこをしてみた時の反応、視線が合うかどうかなどなど観察のポイントを提示して観察してもらうようにしています。可能ならば、送迎時に母親と立ち話をして徐々に生育歴を聞くこと、あるいは、個別懇談会とか家庭訪問の時などに質問して資料を得ることです。この時、保育者は「気になる子」だから聞かせてくださいという気持ちではなく、子ども理解のために参考までに教えてくださいという気持ちで親に聞いてみることです。この両方の資料から、助言者は子どもの発達段階を見当つけることが可能になります。

（2）助言者は子どもの発達段階を理解するだけでなく、提供者の保育力すなわち発達段階にも関心を持って理解することが必要です。一般的に二人遊びができるほどの乳幼児体験をしている保育者は、少なくとも自分自身が第五課題（二人遊び）仲良しまでの体験をしてきているので、「二段階人格形成」の説明を聞いても過去の体験を思い出すように理解できます。このことが子ども理解や関わり方に的確さが出て、私たちにとっては理解しやすい報告になると思います。また、ケースレポートを見ても要領よくまとめることができています。

　しかし、後から判明してきたことですが、この担任のように二人遊びができる段階までの乳幼児体験がないと、子どもの理解や関わり方の報告の中に自分自身の課題が絡みやすくなります。自発的に事例提供する時は、事例提供者が大なり小なりこれを自覚していることが多いように思います。しかし、仕事で順番や割り当てられて事例提供者になった時には、結果として報告を聞いても要領が悪い報告に出会うことがあります。

　後者の場合には、提供者の自己課題には触れないまま事例検討会を終わることもあります。それは義務的に提供している姿勢の中に、提供者が自己防衛を働かせていることがあるからです。意識的にあるいは無意識的に自分と向き合うことを避けているものを感じます。その時点では、保育者といっても生身の人間ですから、難しいことと思っています。むしろ、このことがきっかけでいつか自分と

向き合ってみる機会が訪れることを願うものです。

　前者の場合は、自発的に事例提供する姿勢の中に、自分と向き合う意識があることが多いのだろうと思います。この事例のように、検討の展開をみて、提供者の自己課題に助言者の方から取り上げることもあります。すると、提供者の自己課題を本人が認めると実践内容や報告内容が理解しやすくなります。この担任の場合は、展開の様子から見て自発的に事例検討にとり組んだところ、自己課題がはっきりしてからは、しっかりメリハリのある形で展開をしたことが理解していただけると思います。ただ単に事例提供者が自己課題を認めただけでなく、子どもの発達に合わせた関わり方に手応えを持つことができるようにまでなりました。

6　「育て直し」の同世代への影響
～表情が乏しく乱暴で言い訳が目立つ年長男児の場合～

　これまで、保育者による「育て直し」の取り組みを報告してきました。例えば、笑えない子どもを笑えるようにすること、スキンシップを受け入れられない子どもにスキンシップの心地よさをわかるようにすること、さらに、保育者が一時的に「代理ママ」となって人見知り・後追い課題を達成するように関わることもあります。口より先に手が出る子どもに、保育者が子どもに「代弁」することで、子どもが手より先に口で言えるようになります。また、保育者の指示に従えないでいる子どもに、気持ちを聞いたり確かめたりしてから保育者の気持ちを伝えていくと、子どもは気持ちを切り替えて譲ったり譲ってもらったりできるようになります。これらは本来、親から子どもに伝えられるものを、保育者が親に代わって子どもに伝えているといえます。

　保育者による気になる子どもへの育て直しが順調に展開すると、保育者は他の気になる子どもの育て直しにも取り組まざるを得なくなります。これは、クラスに育て直しを必要とする子どもたちがあまりにも多くなってきているという状況があるからです。

　しかし、クラスには育て直しを必要とする子どもが増えていますが、年齢相応ある

いは年齢相応近く発達している子どももいます。ですから、クラスをよく観察していると、保育者による気になる子どもへの関わり方を子どもたちが取り入れて、気になる子どもに取り組んでいる場面に保育者が出会うことがあります。

　事例研究に取り組んで3年目に入った経験豊かな保育者が取り組んだ事例への援助を紹介しながら、考えてみたいと思います。

第1回検討

〈提供のきっかけ〉

　担任は保育歴20年ほどの既婚者です。『あいち子どもケア研究会』の会員になり3年目に入りました。すでに研究会に参加してから、1年に1事例ずつ事例を提出し、繰り返し援助を受けながら保育に取り組んできた保育者です。

　対象児は、年度初めに転入してきた年長男児A君で、まだ入園して10日ほどですが、早々から担任には「気になる子」として目に留まりました。A君は表情が乏しく、言い訳や乱暴などが目立ちます。また、A君は「（自分は親から）橋の下で拾われた子だと言われている」と平然とした顔で言っています。母親からは、前の園でも乱暴で困っていた、たたいてもよいのでしつけてくださいとのこと。

　早速、A君をくすぐっては抱きしめることから取り組んでいますが、A君の理解と関わり方に不安を感じるので、自分の取り組みを点検しながら、保育していきたいとのことでした。

〈A君の家族構成ほか〉

　小学3年生の兄と両親との4人家族。市外の保育園で乳児保育から年中組まで過ごし、年長組になる時母方祖母の近くに転居し入園してきたものです。母親が忙しい時には、近くに住んでいる母方祖母にA君の送迎を手伝ってもらっています。

〈入園後の取り組み〉

　入園式の当日、A君は母親と登園してきましたが、クラスに入れようと手をつない

で連れて行こうとしたら、「ママがいい」と言って母親のいるところへ行ってしまいました。翌日、A君は普通の顔をして、父親や母親から「橋の下から拾われた子」と言われていると語っています。

　この他、自分がしたことであっても「俺は悪くない」と言い張る、トラブルのいきさつを聞いても肝心なことは言わない、「俺を馬鹿にして」「俺を仲間外れにする」など気になる言葉遣いや態度をとります。

　普段の会話の時には、視線は合い、知識は豊かです。延長保育を受けており、お迎えはほとんど母親です。皆と同じ4時頃のお迎えを喜んでいましたが、表情は喜んでいませんでした。

場面1

　給食の支度でクラスを出て戻ると、A君がバレーシューズを掲げていました。泣いている子どももいました。

担任1：A君に「どうした？」

A君1：「皆、俺を馬鹿にして　俺、悪くない」

担任2：A君の背中をさすりながら、「お話、聞くよ」と言ってもすぐには収まりそうになかったので、周囲の子どもからいきさつを聞きました。それによると、給食の準備にとりかかれないでいたので、周囲の子どもが教えてあげようとしたとのこと。

担任3：背中をさすっていたら、A君が落ち着いてきたので、「そういうこと？」

A君2：「俺1人に皆で言ってきた。言う時には1対1だろう」

担任4：教えてあげた子どもを近くに寄せて、「皆に1度に言われて嫌だったって。でも、いきなりたたかれたのもびっくりしたし、嫌だったよね」というと、頷いていた。

A君3：その会話を聞いて「俺、悪くない！」

場面2

　粘土遊びでケーキを作っている時のこと

担任1：「すごくすてきなケーキだねー。ケーキ職人さんが作ったみたい！」

A君1：「僕、ケーキ屋さんになりたい」

担任2：「そうか。なれるといいね」
A君2：「なるために勉強する」
担任3：「本当？」
A君4：「先生のために作るから、待っててね」
担任4：「先生、ケーキ好きだから買いに行くね」
A君5：「分量が難しいよ」
担任5：「分量が難しいか、そうだね。よく知っているね」
A君6：「テレビや本をみて勉強している」
担任6：「本当、すごいね」（A君が淡々と話すところが気になる）

【助言内容】

　出会ってまだ10日の段階では、A君を理解することは難しいだろうと思います。しかし、現在、A君はどの段階まで発達しているか、どの段階が課題であるかを見つけるようにしましょう。今までの資料では、能面づらではなさそうだし、興奮しても落ち着いてくるので、第二課題の「安全」までは達しているといえそうです。しかし、第三課題の「信頼」、母子関係の成立はできていないかもしれません。

　ひとまず、くすぐっては抱きしめるなどスキンシップをとるようにしてみる、またトラブルの時には、A君の気持ちを代弁して聞き出すように関わってみることが大切です。その結果、A君の発達課題が見えてくるものと思われます。

【感想】

　話すことで、当面自分が何をしたらよいかはっきりしてきました。発達課題を理解するように関わってみたいと思います。

第2回検討〈検討開始1ヵ月後〉

場面1

　自由遊びの時、A君が担任の近くに来て、

A君1：「えい子先生」
担任1：（わざと違った名前を呼んだな）
A君2：「えい子先生」
担任2：「えい子って、お母さんのお名前？」
A君3：「ちがう」
担任4：「じゃー、誰？」
A君5：「〇〇君のお母さんの名前」
担任5：「そうか、A君、好きなんだ」

　しばらくすると、同じように違う名前を呼んだので、「わざと言ってるね。くすぐっちゃうぞ」と言って、A君を追いかけてくすぐると、A君は「やめろ」と言ってにらみつけてきました。しかし、毎日のように追いかけてはくすぐることを繰り返し行ったところ、表情がゆるみ始めました。

場面2

　2週間ほど後に行われた誕生会の食事会で、A君は母親にべったりくっつき、自分の食べ物を母親の皿に入れて食べさせてもらおうとしていました。1人で食べることを求める母親に「食べさせて」と要求すると、母親は初めしかめっ面をして食べさせていました。そのうちに母親に「食べなさい！」と言われ、A君は仕方なく1人で食べていました。
　翌日、
担任1：「お母さんに『食べさせて』と言っていたよね」
A君1：「うん」
担任2：「見ていたよ。食べさせてもらっていたね」
A君2：「うん」
担任3：「おうちで食べさせてもらったことある？」
A君3：「そんなことできん」とのこと。

場面3

　母の日を前にしてプレゼント作りをしていた時のこと。皆に「お母さんのお腹から生まれたよね」と言うと、

Ａ君１：「僕は橋の下で拾われた」
担任１：「えっ、どうしてそんなこと言うの？」
Ａ君２：「だって、父さんに言われた」
担任２：「えっ、父さんがそんなこと言ったの？ひどいなー、悲しいな」
Ａ君３：「でも、父さん好き」
担任３：「うーん、そんなこと言う父さん、寂しいな」といったやりとりをしました。

　その後、『かあさん』という絵本を読んでいる時に、Ａ君は「うん、そうか、ぼくも母さんのお腹から生まれたのに…」と言いかけましたが、その後は何も言いませんでした。

　保育参観で、Ａ君は前日まで母親が来ることを楽しみにしていましたが、当日の朝、母親から父親が来るという電話が入りました。その父親も他の父親に比べて遅く到着し、しかも他の子どもの相手をしていました。Ａ君の様子がおかしかったので、担任は何があったのだろうかと思いましたが、後からこのいきさつを知って、Ａ君は母親が来なかったことにがっかりしていたのだとわかりました。

　この１ヵ月、途中入園の子どもに振り回されて、当初予定していたようにＡ君に関わることができませんでした。

【助言内容】

（１）Ａ君は母親を求めても、母親に拒否され、裏切られています。その結果、母親に対して怒り、あるいは憎しみを蓄えつつありそうです。母親に対してだけでなく、保育者に対してもひねくれた感情や怒りを持ちつつありそうです。

（２）Ａ君が母親に受け入れられていない気持ちを保育者は受けとめながら、くすぐって抱きしめるなり、スキンシップをとるようにしましょう。そうすることで、癒されるとともにスキンシップの気持ち良さを受け入れていくでしょう。

【感想】

　Ａ君について何となく予想していたことなので、気をつけて取り組んでいきたいと思います。

第3回検討〈検討開始2ヵ月後〉

場面1

　朝、職員室への人数報告の場面
　4～5人ほどで2階の部屋から1階の職員室へ報告に行く日課になっていますが、A君らは並び順でもめていました。そこには障害児担当の保育者がいたので、その場は任せました。午前中の保育の支度で少しその場を離れて戻ってみると、まだA君らはもめていました。担任がどうなっているのかを聞くと、A君とB君とが先頭をしたくてお互いに譲ることができないとわかりました。
担任1：「どうするの？」
A君1：「じゃんけんすればいい」
B君1：「いいよ」とじゃんけんした結果、A君が勝ったので、後ろに下がりました。
担任2：（A君について、いつまでも強情を張って困ったものだ）

場面2

　ブランコをこいでいた時のこと（同僚の保育者からの報告）
　保育者がブランコの側にいた時、A君はブランコに友達を座らせて立ちこぎをしようとしていました。それが動き出した時に、A君を見ると
A君1：「わー、できた。毎日お祈りしているのでできた」
保育者1：「すごい。毎日お祈りしているの？」
A君2：「うん。お祈りしているよ」。
　数分後、少し勢いが出てきた時に、A君から呼ばれたので見ると、A君は満足そうでした。
保育者2：「すごい　いろいろと工夫していたね」
A君3：「うん、そうか」
保育者3：「お祈りもしていたからね」
A君4：「お地蔵さんにお祈りしていた」とのこと。
　翌朝、保育者はA君親子の登園に出会ったので、母親に「友達をブランコに乗せて

立ちこぎができましたよ。毎日お祈りしていたそうです」と伝えると、A君は母親に話していなかったようで、母親は知りませんでした。母親から「そういうことがあったら知らせて欲しい」と言われたと、担任は報告を受けました。

担任は内心で「母親はおかしい、子どもに共感していない」と思っていたので、A君には保育者からブランコの話を聞いて嬉しかったことを伝えています。明日の保育参観には、はじめ両親と兄の皆で来ると言っていたので、担任は「みんなで来るんだ。先生に紹介してね」と言うと、A君は「違う。父さんだけ。母さんと兄ちゃんは家にいる」と言います。

【助言内容】

（1）A君は子どもとして当然のことですが、今も母親を求めていて、それが痛々しく感じられます。A君が母親に拒否されていることは明らかですが、それが母親とA君との間で起きている問題なのか、それともA君の甘えたい気持ちを受け入れて「育て直し」に取り組んでいる保育者に対して嫉妬心が芽生えている問題なのか、どちらでしょうか。転入園児の受け入れの大変さも加わっているので、保育の中で見ていくようにしたい。

（2）〈場面１〉では、B君１の後、担任は２人に任せないで調整に入った方がよいと思います。じゃんけんではどちらかが勝ってどちらかが負けることになりますが、２人がどうしても譲れなかった問題ですから、じゃんけんに負けた時にあきらめがつくか確かめることが大切です。さらに、勝った方は嬉しいでしょうが、負けた方がくやしい気持ちでいることを伝えておくと、相手に対する思いやりの心も芽生えることでしょう。あるいは、どちらかに譲る気持ちになれないかを聞き、譲ることができた子どもに感心するということも必要です。

【感想】

（1）転入園児に手がかかり、担任としてA君にあまり関わることができなくて申し訳ない気持ちでいます。

（2）じゃんけんのところで、担任が口を挟むことについては、説明を聞いてなるほどと思いました。

第4回検討〈検討開始5ヵ月半後〉

　その後、担任は検査入院のために休んだり、相次ぐ転入園でその子たちの受け入れに追われたりして、A君の相手が思うようにできませんでした。そのためか、くすぐって欲しい時にはわざと担任の名前を間違えて呼ぶことがはっきりしてきました。また最近、A君は月曜日に最も荒れ、徐々に落ち着いてくる傾向があることがわかりました。しかし、これがどういうことなのかはわかりません。

場面1：約束を破ったと怒った場面

　自由遊びの時間、A君は隣クラスのB君と遊ぶ目的で隣クラスに出かけました。しかし、隣クラスには障害児と担当保育者以外誰もいませんでした。A君はすごい勢いで「約束破った」と怒鳴りました。そこで、保育者はB君を呼んできてA君に謝らせ、一応A君も納得してその場はおさまりました。
　担任の耳にも入ったので、部屋に戻ってきたA君に聞いてみました。
担任1：「ものすごく怒っていたね。先生にも聞こえたよ」
A君1：「うん」
担任2：「約束を破られてそんなに怒ったの？」
A君2：「うん。約束破ってはいかん」。
　次のようなこともありました。お帰りの支度をしたあとに絵本の読み聞かせをしていますが、クラスのC君に対して、A君は「早くしろ」と怒鳴りました。ゆっくりテンポのC君がマイペースで帰り支度をしていると、突然A君はC君の頭をたたきました。C君もA君にたたき返してつかみ合いの喧嘩となり、担任は2人の言い分を聞いて何とかその場を収めました。
　何人かで砂場で遊んでいる時に、
担任1：「どうしてそんなに怒るの？　お話しできないかなー」
A君1：「病気の子（障害児）はいいけれど、他の子は許せん」
担任2：「一緒に遊んでいるので、友達だって言いたいことあると思うよ。お友達の気持ちも聞いてみてよ」
A君2：「うん、わかった」

少しは怒らなくなりましたが、相変わらず怒りっぽいところがあるので、担任はＡ君がこれからどうなっていくのか心配しているとのこと。
　最近、Ａ君は担任の胸を触ってくるようになりました。担任は甘えたいのかなと思って、そんな時はＡ君を捉まえて抱きしめるようにしています。また、母親にＡ君の母子手帳を見せてもらいましたが、人見知りや後追い現象はありませんでした。

【助言内容】
（１）こうしてみてくると、Ａ君はかなり感受性が鋭く、それだけに傷も深く傷つきやすい子どものようです。
（２）担任の胸を触ってくるようになったということは、母親に求めることをいったん中断して、担任に「代理ママ」を求めるようになりつつあるのかもしれません。Ａ君の気持ちを確かめ、また担任の体調の回復具合を見ながら、Ａ君に応えるようにしたらよいでしょう。他の子どもたちもいるので、担任は自分の体調を見ながら、無理しないように取り組んでいって欲しいと思います。

【感想】
（１）退院後の出勤したての頃よりは仕事に慣れてきているので、Ａ君への取り組みを進めたいと思います。
（２）Ａ君の母親は保育園から遠のいていますが、Ａ君と母親との関係がどのようになっているか関心を持ってみていきたいです。

第５回検討〈検討開始後８ヵ月〉

　Ａ君が怒る時には理由があることがはっきりしてきました。怒ってからでも理由を聞くと自分が悪いと思った時には自分から謝るようになりました。

場面１：保育者によって態度を変える場合
　出張や休暇で休んだ時のこと。代替に入った保育者によると、Ａ君は遊んでいて、おやつの当番をしませんでした。担任の言うことには従うけれど、他の保育者の指示

には素直に従わないというものです。

担任1：報告を聞いて、A君に「先生に聞いたけれど、おやつの時の当番をしなかったみたいだけれど、どうして？」

A君1：「だって、もっと遊びたかったんだもの」

担任2：「そうか、遊びたかったんだ。でも、おやつを食べた後にして欲しかったな。大きい組の人はお当番をするんだよ」

A君2：「うーん」

場面2：ドッチボールでのこと

　隣のクラスとドッジボールしていた時に、A君はC君とつかみ合いの喧嘩になりました。担任のクラスの子どもは何人かが入れ替わり立ち替わりA君の背中をさすりながら、「怒っているね」「どうしてたたいた？」など、たたくに至ったいきさつを聞いていました。そのうちにA君は気持ちが収まってきて、何かいけないことをしたという自覚があったらしく、まだ怒っているC君に自分から謝っていました。この間、隣のクラスの子どもたちは傍観していました。しばらくして、ドッジボールは再開されました。

　遊びが終わってからクラスの子どもに聞いてみたところ、「先生がしていることをした」。担任は遠巻きに見ていただけでしたが、自分の真似をしていたと聞いて感激し、保育の姿勢を反省したとのこと。

【助言内容】

（1）〈場面1〉では、トラブルに至ったいきさつを代替保育者にもA君にも丁寧に聞いてみるようにしましょう。代替保育者に聞いてみることにより、担任が何を大切にしているかが代替保育者にも伝わる可能性があります。また、A君は担任に改めて聞いてもらうことで、代替保育者とのトラブルのいきさつを再現し、自分が理解されたり反省したりすることもあるでしょう。

（2）〈場面2〉は、保育者冥利に尽きるというところです。担任による普段の子どもへの関わり方、特にA君への関わり方が他の子どもたちに学習されていたということでしょう。保育者がA君に「指示・命令・禁止」方式で関わってばかりいると、子どもたちにもそう関わればよいということが伝わるものと思います。

【感想】
（1）〈場面1〉では、代替保育者とA君との間に立って、どのようにしたらよいか、片方の味方になるばかりでもいけないと困っていましたが、納得がいきましたので行ってみたいと思います。
（2）〈場面2〉では、適切であるにしろ、不適切であるにしろ、子どもたちが保育者の姿勢を見ていると思ったらこわくなりました。保育者冥利と思えるにはもう少し時間がかかりそうです。

全体として

　この事例は、保育者の「気になる子」への関わり方を子どもたちが取り入れて、「気になる子」に関わっている場面を担任が見たという事例です。

　この援助事例の展開は、次のようなものでした。転入してきた年長児A君は、表情が乏しく乱暴で言い訳が目立ちますが、トラブルの時に「代弁」すると年長児くらいの表現もするので、担任は理解に困っていました。ひとまず担任はA君をくすぐって抱きしめたり、「代弁」方式で関わったりしました。A君が母親を求めても拒否されていることはわかってきましたが、母親は保育園と距離を置くようになったので、それほど母親とは関わることができないまま、担任は病気でしばらく休暇を取ることになりました。担任が再出勤してまもなく、A君は担任に「代理ママ」を求め始めました。その一方で、担任はA君がトラブルに絡んだ時には「代弁」をしてきました。すると、A君が怒って興奮した時に、クラスメイトが担任の真似をして関わったという場面に、担任が遭遇したものです。この時、担任は自分の保育を子どもが取り入れていることに感動するとともに、身の引き締まる思いがしました。

　担任ができる範囲で「気になる子」に適切な関わり方をしていたため、ある子どもはそれを見ていて、自分が「気になる子」に関わる時に、それを模倣するように関わったのです。自分がかわいがってもらっているので、担任が「気になる子」に関わる姿を見て、親が妹や弟に関わっているように思ったことでしょう。クラスメイトとして対等に関わってもうまくいかないことはわかっていますが、だからといって「気になる子」にどう関わったらいいかはわからないものです。しかし、担任の関わり方が

「気になる子」とかみ合っていたため、それがモデルとなり、それを取り入れて関わったものと考えられます。

　年中組や年長組になると、少なくても「対等な二人遊び」ができるようになっている子どもたちがいるはずです。その子どもたちは、担任が「気になる子」に対してどのように関わっているかを見ています。担任の関わり方が「気になる子」に適切であれば、その子はしだいに「気になる子」ではなくなってくるので、担任の関わり方をとり入れるのです。

　この事例は、乳幼児期であっても二人遊びができる年齢になると、乳幼児体験が不足している乳幼児は、同世代の子どもから「育て直し」を受けることができることを表わしています。子どもたちは「育て直し」の「情緒体験」をしたともいえます。家庭においてかわいがってもらった子どもは、妹とか弟が生まれると、親に自分がしてもらったのと同じようにかわいがる姿が見られます。

第6章

事例検討（2）
「虐待」にどのように取り組むか

1 「虐待」が疑われるが、判断が難しい場合
～「虐待」が疑われる年中女児の保護者の援助～

第1回検討

担任から提供された情報を整理してみると、次のようになります。

〈現在の問題〉

小さい子をたたく、つねるなどの暴力や小動物の虐待などが年中組になって再び現れたので、どう保育したらよいのか、また、親にはどのように指導、あるいは援助したらよいのかわからなくなりました。

〈担任〉

男性保育者、幼稚園で4年の経験があり、通算して7年の保育経験者。

〈A子の家族構成〉

両親とA子（年中児）の3人家族。隣棟に父方祖父母が住んでおり、毎日のように行き来があります。

〈生育歴、家族状況〉

微笑み、しがみつき、人見知り・後追いなどの生育歴は不明です。その他の問題点はありません。

〈園での取り組み〉

年少組に入園して園生活に慣れてくると、思い通りにならない時にかんしゃくを起こすようになりました。落ち着きなく動き、集団行動もとれなくなっています。園で飼っているモルモットやウサギをつかまえて、乱暴に投げることもありました。そこで、実際の年齢よりも1歳くらい年下だと思って、かわいがるようにしました。母親

について母方祖母が「自分が産んだ子どもに青あざが残るほどたたくような娘に育てたつもりはない」と言っていたと、園長はうわさ話を聞いています。

　年中組になって落ち着いてきたように思いましたが、再び年少組の時と同じように落ち着きも集中力もなく、集団行動がとれなくなってきました。小さい子にかわいいと言って近寄り、いきなりたたいたりつねったりする行動が見られたり、また園で飼っている小動物を地面にたたきつける姿も見られるようになりました。なお、入園以来、身体に青あざが残っているところは見たことがありません。

　そこで、母親に園でのＡ子の姿を説明し、Ａ子の気持ちを受け入れてもらうように協力をお願いしようとしましたが、理解してもらえませんでした。

【助言内容】

　園の中は子どもと保育者の世界であり、そこには親はいません。まず保育者としてはＡ子の育て直しから取り組むべきでしょう。Ａ子は５歳になろうとしている年中組なので、本来なら対等な二人遊びはできていてよいはずです。喧嘩しても仲直りして遊ぶ仲良しが何人かいるはずです。

　Ａ子には微笑みはあるし、甘えたがるとのことでしたから、第二課題の安全感覚までは身につけているようです。しかし、たぶん人見知りや後追いの体験はないでしょう。小さい子や小動物にあたっていますので、かわいがられていないといえます。第三課題の「信頼」を達成しているとは思えませんが、多めに見ても１歳になったくらいの子どもと思って関わってみてください。先生方、それもできれば女性の先生に懐くことが必要です。Ａ子は先生大好き、保育園大好きになることでしょう。

　親指導あるいは援助よりも、Ａ子の保育や育て直しに手応えを持つことがまず大切です。子どもとの関わり方に自信が持てないで、保育者が親指導・援助などできるとは思いません。既に親に関わっていても協力関係がとれないのですから、これ以上悪化させないことです。Ａ子の育て直しに手応えを持ってからでも、親指導・援助に取り組むのは遅くないと思います。

【検討後の感想】

　Ａ子を満１歳くらいに見て保育すると聞いて、それほど低い年齢と見ることに驚いています。それならば、職員室に来て遊ぶことを認めて、声をかけるようにしていき

たいです。今までは、年中組になったのだからそこまで許してしまっては自分のクラスに入ることを嫌いになるかもしれないので、いけないことだと思っていました。

第2回検討〈検討開始1ヵ月後〉

　最初の助言を受けた後の数日後、1歳児の新入園児の相手をしていると、A子は「かわいい」と言って近寄り、その子の首を絞めました。
　一方で、職員みんなでA子に関心を持ち、声をかけたり手をかけるようにしました。すると、A子が赤ちゃん返りをするようになりました。「おしめ して」とA子が言うので、タオルや帯紐でおしめにすると、今度はベビーカーに乗りたがります。乗せてもらうと、そこで「あば、あば」と赤ちゃんになりきったような声を出しました。
　また、帰宅拒否の態度や行動を表しました。降園時間が近づくと、母親に見せるつもりか、帯紐を引きずって歩いたり、園服を隠したりします。この姿を見た母親は、知らん顔をしていました。担任が母親にA子の気持ちなどを説明すると、母親は「先生たちは大変だー」と他人事のような言い方をしました。A子は乳母車に乗って「ママー ママー」というので、園長らは「はーい ママだよー」と答えていました。
　次の日A子は、母親にベビーカーに乗せてもらったと喜んでいました。

【助言内容】
（1）A子がここまで赤ちゃん返りするとは、前回は予想できませんでした。第三課題の「信頼」あたりから経験していくことになりそうです。
（2）それにしても、虐待していた母親がよく乳母車に乗せたと思いますし、感心します。何が起きたのかいずれわかることと思います。
（3）また、園長以下、職員全員で取り組もうとしているのは貴重なことです。これからも続けてください。

【感想】
　今日、A子から聞いた母親の動きには、正直言って驚きました。手がかりが見つかったので、これからも続けて取り組んでいきたいです。

第3回検討〈検討開始2ヵ月後〉

　前回の検討から1週間後、突然A子が怒鳴りました。「（私は）赤ちゃんでないの！」「母さんがいかんと言ったの」などと言って、帯紐や紙おむつをやめました。その後1週間くらいして、表情が硬くなり、問題行動が再び始まりました。小動物を抱いて首を絞めたり、足で踏みつけたり、小さい子をいきなりたたくなどの行動です。
　親子にどのように対応していったらよいのか困っています。

【助言内容】

（1）前回、母親がA子の気持ちを受け入れて乳母車に乗せたというのは、A子の期待であったか、保育者が聞き違えてしまった可能性があります。このまま様子を見るか、あるいは母親との立ち話で家庭での様子を聞いてみてもよいでしょう。例えば、「A子が『お家で赤ちゃんになって、母さんに乳母車に乗せてもらった』と言って喜んでいましたが……」と。

（2）A子の保育について、A子は頭が良さそうなので、気持ちの切り替えができるかもしれません。例えば、「園では赤ちゃんになってもいいけれど、家では頑張ることができるかな？」などと言ってみてください。A子は園と家で使い分けができる可能性があります。

【感想】

（1）A子は頭のよい子なので使い分けをすると思います。説明を聞いてなるほどと思う反面、痛ましいとも思えて複雑な気持ちです。

（2）母親への声のかけ方についてはヒントになりました。なお、母親は娘時代に自殺未遂があったが、結婚後はないとのこと。かつて母親が「双方の祖父母がA子に優しいので自分には合わない」と言っていたことを思い出しました。

第4回検討〈検討開始3ヵ月後〉

　その後しばらくは落ち着きのない園生活を送っていましたが、1週間ほどして、A子は「抱っこしてもらって職員室で給食を食べたい」と言ったので、それを受け入れました。それからA子は職員室に入ると、カーテンを閉め、1人で布団に入っていることが目立つようになりました。おとなしくしているので、A子のしたいようにさせて、園長（女性）が様子を見ている感じです。

　主任（女性）が立ち話で母親の気持ちを受け入れるように心がけたところ、母親は「A子にはみんなと同じ行動をして欲しい。A子が赤ちゃんになることをどうしても許せなかった」とのこと。伯母（母親の姉）が病弱で両親にかわいがられていたことをうらやましく思っていたとつぶやいたとのこと。主任はどのように応答してよいかわからなかったので、耳を傾けるだけで余分なことを言わないようにしていたとのことでした。

【助言内容】

（1）A子にとっては保育園が「家」になり、家が「社会」ないしは「保育園」になっているようです。「家」と「園」との逆転現象が起きています。A子にとって本来ある姿ではありませんが、今のA子にはホッとする「家」が見つかってよかったと思います。

（2）職員室でベッドに入っている時ですが、園長先生が手の空いた時に添い寝をしてみてください。場合によっては絵本を読んであげてもよいかと思います。A子が人とのつながりを求めるように、保育者が関わることをしたいものです。

（3）母親の内面を聞き出せたことについてはよくやったと思います。母親への援助に入る時機といえますが、そのためには母親の気持ちを聞いて共感し、その上で子どもへの関わり方を具体的に伝えることになると思います。これに取り組んでみる気がしないのなら、虐待といった差し迫った状況にはないので、まずはA子の育て直しに取り組んで保育に自信をつけましょう。

【感想】
（1）今までＡ子にとって、「家が一番、母親が一番」となるように願ってきましたが、思い直してまずはＡ子を受け入れるようにします。
（2）母親指導・援助については、母親の話を聞くことで精一杯なので、Ａ子が育ち直ってからにします。

第５回検討〈検討開始５ヵ月後〉

　その後２週間ほどして、Ａ子は再び赤ちゃん状態となり、自分から「おしめ、して」と言ってきたり安心して甘えるようになると、「お母さんがたたいた」と言うこともありました。それとなく見ていますが、傷跡や青あざを発見することはありません。Ａ子は職員室で過ごす時間が多くなりました。母親の迎えの時には、母親に対して泣いて「いや」と言って逃げ回る、帰宅拒否の姿を見せるようになりました。
　母親によると、家ではＡ子が「保育園がいい」とか、日曜日の朝起きると「今日、保育園は？」と言うことがあるとのことでした。

【助言内容】
（1）Ａ子は使い分けをして赤ちゃん返りをし、園を心の基地にして、さらに自分の気持ちを親に向かって出すようになりました。
（2）母親への指導・援助の機会が来たといえますが、母親がはっきりと疑問を持って向かってくる様子ではないし、母親と話す気持ちになれないのならもう少し先のばししましょう。

【感想】
今の調子でＡ子に取り組んでいきたい。

第6回検討〈検討開始7ヵ月〉

　A子は職員室に入ることが少なくなり、入り口で用件を言って部屋に入らないことも出てきました。年下の2歳児や3歳児と遊ぶようになりました。保育者が隣に座って背中をさすったり声をかけたりしながら食べていると、A子の食べる量が増えていきました。
　発表会の練習が始まると、担任はいつの間にかA子に対してみんなと同じ行動を要求するようになっていました。例えば、我慢をすること、守らなくてはならない約束事を伝えることなどです。すると、A子が小さい子に手を出すようになったので、担任は反省しました。

【助言内容】
（1）A子にとっての安心できる場所がはっきりしました。次には安心できる人に誰がなろうとしているのか関心を持ちたいものです。第二課題（安全・安心）から第三課題（信頼）へと移行していきます。
（2）担任はA子の発達段階がみんなと同じであると思い込み、みんなと歩調を合わせること、我慢することを教えようとしています。でも、自分自身で気がついたのは貴重なことです。

【感想】
　A子が少し改善されてくると、年齢相応の動きを期待する担任の保育姿勢が出ていると反省しています。

第7回検討〈検討開始8ヵ月〉

　年末年始の休みの後、しばらくは職員室に入ることがありましたが、間もなくなくなり、年下のクラスや自分のクラスに入っていられるようになりました。A子から「園長先生、大好き」という言葉がよく聞かれるようになりました。A子が甘えたい

様子で園長の側に寄ってきた時には、すぐに抱くようにしています。最近では、自分のクラスに入って遊ぶようになりました。

【助言内容】

抱く時には、気持ちをくんで黙って抱くのではなく、「何？」「抱っこして欲しいの？」などと声をかけましょう。そのように声をかけることで、言葉で気持ちを伝えることを覚えることになります。第四段階（言葉）の課題達成に取り組むことになります。

【感想】

きめ細かい言葉がけが不足していたと思います。また、どうしても年齢を基準にA子を見てしまう気持ちがあると思いました。

第8回検討〈検討開始10ヵ月〉

A子は「抱っこして」とか「お膝に入りたい」と自然に言えるようになりました。他児と関わる時間も増えてきました。職員室にはA子がいつ来ても遊べるようにおもちゃを用意しましたが、使うことはありません。

卒園式の練習では、担任はでき栄えに関心が向いてしまいました。新年度（年長組）が始まって1週間ほどA子は頑張りましたが、その後小動物や小さい子に手を出す問題行動が見られるようになりました。担任がA子に対する自分の関わり方を反省したところ、A子は小さい子に優しく接するようになり、自分も同じようにおんぶや抱っこをして欲しいと訴えるようになりました。しかし、まもなく母親の目を気にしてやめました。

また最近、A子の食事を介助している時、他児から「赤ちゃんみたい」とか「どうして自分で食べないの？」などの声を耳にしました。

【助言内容】

（1）担任が自らA子への関わり方を反省し、改善したことはすばらしいと思います。

　　　　A子にお詫びして、年齢をさげてスキンシップをとるようにしたことと思います。
（２）A子は「年は年長さんになったけれど、小さい子として見てね」と訴えているようです。１歳か２歳くらいに見て関わってみることです。
（３）職員室にA子が使うようにおもちゃ箱を用意したことには感心します。
（４）A子への食事介助の時に出た他児からの声は、A子が育ち直ってきたので、「私も見て欲しいな、私にもそうして欲しいな」という気持ちが表れた可能性があります。これを１人ひとりの発達段階を見る機会ととらえましょう。

【感想】

　A子との保育を検討してきて、具体的に反省し、子どもの理解や関わり方を勉強していると思えるようになりました。

第９回検討〈検討開始11ヵ月〉

　A子の影響を受けたのでしょうか、他児でも求めてくる子にはおんぶや抱っこをしました。その後、おしゃぶりをくわえているA子を赤ちゃんにして、他の子が母親役となり、ままごと遊びが始まりました。A子は「赤ちゃん」と呼ばれることを喜んで、赤ちゃんになりきっていました。また、A子は他の子が持っているものを欲しがったり、隠したりするようになりました。保育者は代弁をして、A子が表現するように関わりました。担任の仲立ちで自転車を交代して使えるようになりました。
　母親がA子に手をかけてくれているらしいと、A子との会話からわかりました。

【助言内容】

（１）母親がA子に関わるようになった内容を確かめ、確かなことであるなら母親をほめることをして欲しい。A子の育ち直りにともなって、母親も親としての働きを始めたのかもしれません。
（２）A子は２歳くらいの育ちになったのかもしれません。第四課題（言葉）から第五課題（二人遊び）に取り組みはじめたようです。
（３）ここまでA子が発達してきても、母親が何も言ってこないのは不自然です。自

ら反省して親としての取り組みをはじめたのか、あるいは園などに不満を言う形で自分の話を聞いて欲しいという動きが出るかもしれません。その時には、まず母親の気持ちを聞くようにして、今までの保育を説明するのは後にしましょう。母親がどのように育てられ、どのように子育てをしたのかというあら筋をつかむことに取り組みましょう。

【感想】
（1）もう一度確かめてみますが、母親をほめることは思いつきませんでした。
（2）A子の発達段階については、2歳児並みかなと思っていました。ずいぶん成長してきたなーと思います。

第10回検討〈検討開始12ヵ月〉

　前回の2週間後、A子が「お母さん」と言ってよく泣くようになったと母親が言ってきたことをきっかけに、園長は母親と2時間半ほど面談をしました。事前に聞いていましたが、母親にA子の変化を説明しようとすると嫌がったので、言われていたことを思い出して母親の生い立ちを聞くようにしました。
　その結果、母親は祖母に甘えたかったが、病弱だった伯母（母の姉）が祖父母にかわいがられていた。母親は丈夫だったので、曾祖父母に面倒を見てもらっていた。それで、病気になりたくてもなれず、寂しい思いをしてきたとのことでした。一通り聞いた後でA子の育ち直りの様子を説明すると、母親は耳を傾けてくれました。
　その日のお迎えの時は、急がせたりする冷たい態度はなくなり、翌日からはA子も機嫌よく登園し、落ち着いた生活をするようになりました。
　2週間後の保育参観の時には、「自分は『お母さん』と言って泣いたことがない」とか、「『お母さん』と言って泣いた養女となった叔母（母親の義理の妹）が羨ましかった」などと母親は語ってくれました。怒るとたたいていたと語る母親でしたが、A子のペースに合わせて関わる姿が目立つようになりました。

【助言内容】

（1）予告したことになりますが、母親との面談については、園長が自分の気持ちをコントロールしてよく母親の気持ちを先に聞かれたと感心しています。

（2）今になってやっと、A子にとって「家が心休まる家」となり、「園は園」という本来の姿になったと思います。

【感想】

母親との面談では、初めはどうなることかと思いましたが、助言を思い出して何とか母親の気持ちを先に聞くことができました。

第11回検討〈検討開始 14ヵ月〉

園長との面談以後、母子関係は明らかに好転し、母親は子どもとの関わりが楽しいと言いました。母親は実家によく泊まりに行っていましたが、それを耳にしていなかったので不思議に思っていると、祖母との関係も改善できたそうです。祖母に対する母親の思いを聞いた祖母が謝ったことで、母親の持っていたわだかまりがとれたということでした。

A子はクラスの中での「家族ごっこ」で赤ちゃん役をするとともに、他児と同じような行動もとれるようになりました。2歳児と喧嘩をすることもあり、双方の言い分を聞くと、仲直りできるようになりました。

【助言内容】

（1）これで、園と母親とが協力してA子の育て直しに取り組む体制が整ったと思います。

（2）A子の育ち直りが加速することでしょう。A子は第五段階（二人遊び）の課題に取り組んでおり、まもなく仲良しの友達が見つかるでしょう。

【感想】

取り組んだばかりの頃はどうなることかと思いましたが、みんなで援助を得ながら

取り組んできて本当によかったと思います。このように展開するとは信じられませんでしたが、今まで多くのことを勉強させてもらったと思います。

第12回検討〈検討開始 16ヵ月〉

　少し前に、新たに0歳児が入園してきたので、A子が再び赤ちゃん返りをするのではないか、あるいは赤ちゃんに焼き餅を焼いて乱暴を働くのではないか、立て直すのにまた半年くらいかかるのではないかと心配しました。しかし、ベビーカーに乗っている赤ちゃんに優しく関わっていました。以前のように職員室を居場所にするのではなく、担任の側にいます。少しなら同世代の子どもとも遊ぶようになってきました。

　母親もずいぶん変わってきました。表情もよく、お迎えの時も「まあ、ちゃんと待っていたねー」と肯定的な表現が多くなってきました。

　担任としては、A子よりも他の子にウエイトをかけるようになりました。

第13回検討〈検討開始17ヵ月〉

　園長と担任が今までの取り組みを振り返って語りました。園長は、A子の入園以来、何とかしなくてはいけないと思ってきましたが、ここまで変化するとは想像がつきませんでした。A子にはとても貴重な勉強をさせてもらいました。今では母親の車を見つけると、職員をおいて駆け出す姿が見られて、少し寂しい気持ちにもなります。

　担任は当初必死でしたが、ここまで変化するとは思いませんでした。A子が少し良くなるとすぐに年齢をつり上げて働きかける自分でしたが、これからも自分の癖には気をつけたいと思います。

全体として

　この事例には、勉強となる内容がたくさん含まれていると思います。

（1）「虐待されているか」の判断と通報の難しさ

　Ａ子が「青あざがつくほどたたかれた」「小動物の虐待」「年下の子に乱暴」などと聞いたり見たりすると、「虐待されている」といえそうです。しかし、Ａ子の場合は、青あざを発見することがなかったので、園では「虐待と通報」を意識しませんでした。「乱暴で困った子ども」という「気になる子」として、親の協力を得て改善しようとしましたが、親の協力が得られませんでした。

　この時、園長は公開講座に参加してＡ子の保育を相談したことで、問題解決の方向に動き出しました。もし、Ａ子の乱暴がエスカレートしたら、保育者は親にその事実を話したでしょう。そうすると、ますます溝ができる方向に動き、家庭での虐待行為がひどくなっていったかもしれません。

　園児がいきなり「虐待死」することはないと思っています。事前に最近様子がおかしいとか、「気になる子」であったなどの予兆があり、子ども自身も年齢相応に育っていることはないと思います。保育者にとっては、子どもが通ってくる限りその日一日の保育をどのようにするか、それを問題として取り上げるようにしたいものです。保育者は常々、「気になる子」とその親の指導・援助の実績を積むことが大事です。

（2）「家」と「園」との逆転現象について

　当初、Ａ子は家でも園でも心休まる場所はなかったと思います。保育者がＡ子の赤ちゃん返りを受け入れたら、赤ちゃん返りを起こしました。Ａ子は赤ちゃんとなり、やがて赤ちゃん扱いしてもらうことを母親に求めましたが、母親には拒否されました。

　園は困りましたが、Ａ子が使い分けをできるかどうかにかけてみました。Ａ子は見事に使い分けをし、部屋を暗くしてベッドに１人でいることからはじめました。第二段階（安全・安心）から育ち直っていったといえます。Ａ子には園が「家」であることがはっきりしたのです。本来、「家」は家であって欲しいのですが、「虐待」「気になる子」の場合にはひとまず園が「家」になることで子どもは救われ、発達経験としても大切です。

　虐待が疑われるＡ子のような時には、Ａ子が育ち直るだけでは問題解決に至りません。母親が辛い生い立ちを誰かに聞いてもらって、子どもとしての気持ちの

整理がついてからでないと、親の役割をとろうとはしません。親がそうなってはじめて、A子にとって家が心休まる家となり、親が親という本来の環境が整ったといえるのです。

(3) 親指導・援助について

子どもが変化・成長すると、A子が親に甘えようとしたように、子どもが親に働きかけます。第3回目、第4回目、第9回目には親援助の機会が訪れています。この時、どの保育者にとってもチャンスとなるわけではありません。チャンスとなるためには、子どもの育て直し経験とともに、子育てを放棄したり放任したり不安がっている親（気になる子の親）の気持ちを聞き出し、一緒に子育てに取り組んだ経験が必要です。この事例の場合、保育者に親と向き合う自信だけでなく、A子を育て直すことにも援助が必要な状態でしたから、まずこれに取り組んで育て直す自信を持ってもらうようにしました。

2 明らかに「虐待」とわかる場合
～「虐待」の深刻化に悩む年長女児の保育者への援助～

ここでは、明らかに「虐待」とわかる場合の検討・取り組みを紹介します。

保育園や幼稚園で明らかな「虐待」に気づくのはどのような時でしょうか。入園と同時に「虐待」されていると判断するのは、①未就園児で虐待されているために入園してきた場合、②前園から転居あるいは転園により入園してきた場合、気になる子ではあったが園外の通報（照会）で表面化した場合、などがあります。また、在園中に「虐待」されていると判断するのは、①気になる子として保育しており、親指導・援助もしているにもかかわらず、ある時から「虐待」と判断する場合、②気になる子として関心を持っていたが、園外からの通報があった場合などがあります。

さらに、在園児が1人である場合と兄弟で在園している場合には、在園する兄弟すべてが虐待を受けている場合と、その内の誰か1人が虐待を受けている場合があります。虐待を受けている子どもと受けていない子どもがいる場合では、保育はさらに難

しさを増します。

　虐待者を見ても、子どもの送迎者が虐待している場合と園に顔を出すことがなかったり少なかったりする親の場合があります。親といっても、子どもと血のつながりがある場合とない場合があります。さらに、血のつながりがないといっても戸籍上は家族を形成している場合と同棲しているような場合があります。

　明らかに園児が「虐待」を受けている時、保育者は保育をどうしたらよいのか、親あるいは虐待者との関係はどうしたらよいのかなど、園長を含めて保育者には頭の痛い問題です。いつ命を落とすことになるのか、いつマスコミの取材を受けるような状況になるのかなどを気にして、緊張感が走ります。

　園にとっては、児童相談所に通報したからといって、園児がすぐに保護され、園に籍がなくなる場合だけではありません。むしろそのまま籍が残る場合が多く、通園を続けることもありますし、園児が児童相談所によって施設や保護所に一時保護されている場合でも、その子どもの保育をどうするか、親や虐待者との関係をどうするか、関係機関との連携はどうするのかなどに取り組まなくてはいけません。

　「虐待」が明らかになれば、園は児童相談所や役所（指導保育者あるいはチーム）とのつながりができることとなり、保育や親への対応について、園の職員だけで考えて取り組むには大変な困難が生じます。そのため園外からの指導・援助が必要となります。関係者とネットワークを組んで検討することもあります。これらの援助をあおいで安心することで改善の方向へ向かう場合もありますが、保育者が元気の出てくるような園での保育や親に対する指導・援助を受けることは少ないようです。

　悪化の一途をたどって家庭裁判所の力をあおいで施設入所となって、園から籍が抜けるという場合もあります。このように保育者が最も悩むのは、「虐待」と認識して親子に関わっているにもかかわらず、好転するどころか悪化していく場合です。子どもだけでも園を好きになってくれたり、保育者を好きになってくれれば「まだ何とかなる」と希望を持てます。しかし、一般的にはこの悩みが深まっていくばかりということが多いと言えます。

　ここでは、いつ「死亡事件」になってもおかしくない緊迫した状況になって、園から相談を受けて一緒に取り組んだ事例を報告します。

第1回検討

〈相談のきっかけ〉

　A子は、入園して2年目の年少組の頃から「身体的虐待」を受けており、保育園だけでは手に負えなくなったので、児童相談所に通報しました。早速、児童福祉司と心理判定員が園と家庭を訪問しました。園とネットワークを組んで検討を重ねながら取り組みはじめましたが、身体的虐待だけではなくネグレクト（養育拒否）まで加わってしまいました。親がA子の施設入所の説得に応じないこともあって、家庭裁判所の許可を得て強制的に児童養護施設に入所させて、保護しようという話まで出てきています。そのために、新しい傷を発見した時は写真を撮って記録するように指導されています。いつ死亡事件となっても不思議ではない状況で、保育者としては心配ばかりが深まるということでした。

〈A子の家族構成〉

　会社員の父親と外回りを担当している事務員の母親、年長児A子、3歳年下の弟の4人家族。マンション住まい。

〈生育歴、家族状況〉

　マンションを購入したものの景気低迷と共に収入が減り、母親も働くことになりました。A子は1歳児で保育園へ入所しています。

　A子は母親になついている感じはありませんでしたが、園生活を楽しんでいるように思えました。友達に誘ってもらえれば混ざって遊ぶ姿も見られました。おとなしい子どもなのかもしれませんが、頼りなさを感じます。

　実母は入園当時から子育てにはあまり関心がありませんでした。外回り事務員ということもあってか自分は着飾ってもA子には手をかけておらず、「子どもが好きではない」と言っていました。A子は親の顔色をうかがうところが見られました。

〈園での取り組み〉

　３歳年下の弟が生まれてから母親のＡ子への八つ当たりが始まり、やがてひっかき傷が全身に増えていきました。夏場でも同じ服を２〜３日続けて着ていたり、大便のついたパンツをはいていたりすることもありました。園の備えつけを着せて帰してもそのまま登園してくることがありました。母親には注意をするのですが、徐々にカラ返事をすることが多くなっていきました。あまり母親に言ってもいけないかと思って、園でＡ子の衣服を洗濯するとか、体を拭いてあげるとか衛生面に気をつかいました。また、午後登園してきて食事をとっていない時に園にあるものを与えることが何度もありました。父親が連れて帰るのですが、父親が用事をしている間に、Ａ子と弟がいつの間にか路上をうろうろしているところを、警察に保護されたこともありました。

　園ではＡ子のことを本当に心配して保育にあたってきました。虐待している母親は最初には部屋まで送ってきましたが、それが玄関先での受け渡し、園庭での受け渡し、門での受け渡しとなっていきました。最近では門から遠くて比較的交通量の多い道路でＡ子と弟を降ろし、母親が車で門を通過してから携帯で園に着いたことを伝えてくる状態になっていました。

〈担当者〉

　児童相談所の指導で、大規模園なので皆で取り組んでも行き違いが起きやすいので、Ａ子の担任とＢ主任（当時）、Ｃ副主任（当時、相談時には主任に昇格）の少人数で情報を共有する形で取り組んできました。親指導にはＢ主任、Ｃ副主任が中心となってあたりました。当初はその継続体制でしたが、途中で体制を替えて取り組まれています。

【助言内容】

　担任、Ｂ前主任、Ｃ副主任の３人と面談をしたかったのですが、結果的にＢ前主任とのみ初めて会いました。最初に話を聞いた後の様子を聞きましたが、新たな傷があるといった状態が悪化している様子はありませんでした。

　しかし、Ｂ前主任の話を聞いていると「これだけ私たちはＡ子のことを心配し保育にあたっているのに、両親は親ではない、ひどい両親でＡ子がかわいそうである」という思いが伝わってきました。

事前に頼んでおいたにもかかわらず、どうして担任やC副主任が同席しなかったのか、そこに何か職員間のチームワークにも問題を感じましたし、状況が悪化しているようにも思わなかったので、これから1ヵ月ごとくらいに面談することについて了解を得ました。初めての面談で助言することはかえって状況を悪化させると判断しました。

第2回検討〈検討開始2ヵ月後〉

　この時も、面談をしたのはB前主任のみでしたので、明らかに何かわけがありそうだと思い、その様子を聞くことから始めました。
　A子は、プールが始まるので、髪を短くするように母に頼んでもそのままであり、登園時間は遅く、まちまちです。保育参観日にはA子も弟も休みました。年長児の社会見学の時は出発間際に登園しました。A子は機嫌よく参加していましたが、表情が暗くなってきているように思います。弟の身体が汚く服も汚れていたので、洗って乾かして着せて帰すこともしましたが、母親は気がつかないのでやりがいがないと保育者がつぶやいていました。
　母親の迎えは少なくなり、迎えに来た父親に伝えても母親に伝わっていないことばかりで、「あいつ（母親）は何をしているか、わからん」とも父親は言っていました。

【助言内容】
（1）B前主任は、本当によく2人の子どもの世話をしてきたと思います。しかし、母親に対して母親としてせめてこれくらいはして欲しいという気持ちが強く出ているように思います。今までを振り返って子どもを送ってくる母親の動きを見ると、それがかえって母親との関係を悪化させているのではないでしょうか。
（2）そこで、母親を理解し直しましょう。母親は少なくてもかわいがってもらった経験がないでしょう。かわいがってもらっていた人が自分の子どもに対してここまで冷たいことはできないからです。母親は自分が乳幼児期に親や保育者から経験してきたことを繰り返して行っている可能性がありますので、それを聞く気持ちになってみましょう。

（3）A子が担任ほか保育者になついている感じがしません。園に近いところに住んでいるので、担任を好きになり園が楽しいところであれば2人で登園してくることがあってもよいと思います。だから、次回は担任に直接お会いして、A子の理解（発達段階）と関わり方を確かめて、助言したいと思います。

【感想】

　初めての指導を受けました。それまで、児童相談所や役所からは様子を報告してくださいとか写真を撮っておいてくださいと言われたくらいで、A子や親の理解の仕方などは園で考えてくださいと言われるばかりでした。確かに親ばかりに期待していたと思い当たりますので、反省します。

第3回検討〈検討開始3ヵ月後〉

　その後、園で話し合った結果として、C主任と担任が面談することになりました。そこで、あらためて、私の所感を伝え、取り組み方の基本を伝えました。保育者の熱心な取り組みが、A子にかわいがってもらっていない母親に嫉妬心を起こさせていたのではないか。だから熱心に取り組めば取り組むほど、保育者と母親との関係が疎遠になっていったようです。

　この2ヵ月ほどは、A子にひどいひっかき傷がないだけでも母親なりに何か努力しているように思われます。それが、2人の面倒をみないという態度、すなわち放任・養育拒否の態度なのかもしれません。その後も母親は登園する時は2人を門の手前で降ろし、門を通過してから園に携帯で知らせることをしています。

　担任にA子の様子を聞くと、甘えたそうでも見ているだけで、今でもスキンシップをとろうとしても多分避けるだろうとのことでした。以前にA子を抱っこしようとして体を硬くしたことを記憶しているとのこと。担任になった頃は、何とか正面から抱っこして情緒の安定を図ろうとしたのですが、思うようにはいかなかったとのこと。「人見知り、後追い」の経験は母親に聞かないとわからないとのこと。

【助言内容】

（1）今、A子は甘えを自分から求めようとはしない発達状態の時ですので、正面から抱っこをすることは避けましょう。並んで座るとか後ろ抱きをするとかを試みて、A子が受け入れることができるスキンシップのとり方を探しましょう。普段の保育の中では、正面を向き合わないように気をつけ、手をつなぐとか背中をさするようなことを取り入れましょう。

（2）新たな傷跡が発見されていないことなど、全体として虐待が悪化している様子はないので、これを維持するように母親に「母親をする」ように期待する刺激を与えないようにしましょう。それよりも話しやすい父親を通して、母親の生い立ちを聞き出すなどしてみてはどうでしょうか。

【感想】

（1）担任は正面抱きをしようとしていたことを涙しながら反省していました。自分では良かれと思っていたことが、初めて聞いたこととはいえ、A子のためになっていなくてすまないとのこと。

（2）C主任はまずは母親を責め込まないようにしたいとのこと。何となくB前主任はのめり込みすぎているように思ったけれど、思い当たることが他にもあるとのこと。

第4回検討〈検討開始4ヵ月後〉

担任は早速A子の横に座り、背中をさするようにしたり手を肩に乗せるようにしました。A子がそれを避けずに、心なしか身体を寄せてくるようにも感じたので、身体を寄せるようにし、さらに膝に入れるようにしていきました。すると、A子の表情が明るくなり、自分から担任に近づいてくるようになり、会話も増えていきました。最近では片膝に腰を下ろすように座ることもできます。あらためて、自分が間違った関わり方をしていたと思ったとのことでした。

母親の都合だと思われますが、登園時間が遅いために運動会の練習に参加することができません。A子は関心があり、早く登園した時には表情や態度がはっきりと違う

ことがわかりました。

　弟は乳児期からあずかっていますが、人見知りや後追いは見られませんでした。おんぶや抱っこも自分から求めてくることはなく、表情も暗い感じです。

　Ｃ主任としては、前回の反省に立って、母親に対してはそっとしておく感じで関わるように努力したとのことでした。そして、この２ヵ月で母親には変化が見られました。遠足の申込みについては、申込期限の前に母親の方から電話がありました。今まではこちらから連絡するしかなく、申込み期限を過ぎて業者に申込む直前にやっと返事を聞くことができる状態でした。また、母親は昨年に交通事故に遭い、腕にパイプを埋め込んでいるのですが、痛み出したので入院するかもしれないと自分から口にしました。母親が自分から口を開くことは本当に久しぶりで驚きました。

【助言内容】
（１）予想したより早い展開なので、少なくとも悪化している印象はありません。担任はＡ子との会話で気持ちを把握していないようでしたので、スキンシップをとりながらＡ子から受ける感じとか表情とかを言葉にして言ってみることをすすめました。
（２）弟には、１日１回でもよいので、くすぐっては抱き締めることを繰り返し行いましょう。笑い声が聞こえるようにしたいものです。
（３）母親にこれほど早く目に見える変化が出るとは予想していませんでした。親に対する思い方を反省してみることの大切さをまた経験しました。

【感想】
（１）親子にこれほど早く変化が見られるとは思いませんでした。担任も喜んでいま言っていっていました。
（２）Ｃ主任としても何か貴重な勉強をさせてもらっている気がしてきたとのことでした。

第5回検討〈検討開始5ヵ月後〉

　A子が大変に安定し、母親が明るくなりました。
　A子には、引き続き担任から声をかけて友達と遊んでいる中に誘ったりしています。担任の隣で一緒に給食をとると、担任の言葉を真似るようにA子も「おいしい」と言っておいしそうに食べるようになりました。友達もそれを見てか、A子を誘い入れたり、「やれたねー」と声をかけています。A子が喋ったらしく「先生、A子が喋ったよー」と報告もありました。ままごと遊びの中にも入れてもらったり、皆と画用紙を回して絵を描く仲間になって楽しく遊んでいるA子の姿も見られるようになりました。2ヵ月前までは、1人でフラフラしていることが目立っていましたので、大きな違いです。
　A子の求めに応じてA子を膝に入れて本を読みますが、いつの間にか膝に頭をおいた姿勢になり、本を読んでもらうというより、膝枕をしてもらい喜んでいる感じがします。
　弟については、保育者が抱っこやおんぶをするとすんなり入ってきます。また、自分からも膝に入ってくるようになりました。くすぐると声を出して笑い、「もっとして」と求めてきます。弟が誰を一番好きであるかは不明です。
　母親が明るくなり、気さくにC主任に話しかけてきます。今の仕事が長く続いていること、最近車に追突されたこと、どうやら交際している男性がいるらしいことも話してくれました。子どものことより仕事が中心で母親自身の話を聞いてほしいという感じです。園行事にも協力的で、運動会や遠足も時間を守り、子どもの服装もこざっぱりした感じに変わり、以前のような着たきり雀という感じがなくなってきました。
　父親は仕事が変わり、収入が少し増えたようです。

【助言内容】
（1）母親の変化については、母親に何があったのか、立ち話の中でC主任の感想も交えながら母親に聞いてみましょう。
（2）子ども2人は明らかに育ち直りつつありますね。保育者の育て直しに取り組んだ結果が現れていると思います。

【感想】

（１）母親の変化がどうしてこのようになったかは聞いてみたいと思います。半年前のことを思うと、心配が先に立つことがなくなっています。危機を脱した感じはあり、ホッとしています。

第6回検討〈検討開始7ヵ月〉

　発表会の練習が始まった頃から、A子の動きが一段と変わってきました。自分から膝に入れるようになっていたので、それを受け入れるようにしていました。練習に入る前に担任の膝に入って、練習に出かけるようになってきました。

　発表会の練習では、初めは声が出ませんでしたが、徐々に声が出るようになり、発表会の当日にははっきりと声を出せました。担任はA子を特別扱いするようにしてきました。2～3歳児のように思って励ますと、A子は喜ぶようです。

　父親には後追い現象が見られますが、保育者には見られません。A子の基本的信頼関係の構築を終えたと判断してよいかわかりません。

　母親の変化についてはそれとなく聞くようにしてみましたが、なるほどと思い当たることは見つかりませんでした。店で今までより責任を持つように任されたことぐらいで、どこまで立ち入って聞いたらよいのかわかりません。悪くなっていないからいいかと感じています。

　母親の子どもへの関わり方にやや優しさが出ているように思います。以前はぶっきらぼうな言い方をしていましたが、子どもたちの服装も着たきり雀ではなくなってきましたし、臭いがすることもなくなりました。

　弟については、次のことについて観察を続けています。くすぐり、父親への後追い、自分から保育者の膝に入ってくる、お手伝い、自己主張、順番を待つ、仲良しはいるか。他人が持っているものをいきなり取り上げるようなことはありません。園庭で1人遊んでいると、A子が弟を連れて友達の中に入り、遊んでいる姿を見ることもあります。

【助言内容】
（1）Ａ子の発達段階については、第三段階（信頼）の積み残しがあるのか、第五段階（二人遊び）あたりまで達成されているのか判断しにくいです。Ａ子が自分のした失敗を自分から保育者に報告できているかどうか、友達同士の中で自分の非を認めて、謝って仲直りしているかどうかという辺りを観察してみましょう。
（2）母親の変化については、不思議ですね。母親をどう理解したらよいのか、何が転機になったのか考えてみたいと思います。

【感想】
　１年ほど前までの身体的虐待はすっかり影をひそめました。あのようなことがなぜ起きていたのかわかりませんが、とにかく好ましい方向に動いているので、安心しています。

第７回検討〈検討開始８ヵ月〉

　以前のＡ子は登園しても部屋の入り口でぐずぐずしていましたが、この頃はスムーズに部屋に入り、担任に近づいてきます。担任が「おはよう」というと、Ａ子は表情をくずして小声ですが「おはよう」と言うようになりました。他にも担任の側に来て小声で話すことが多くなってきました。
　友達関係では、以前の友達とは違う友達と一緒にいることが多くなりました。その友達というのはおとなしいがしっかりしており、司会を自らかって出ることものあるような子どもです。お互いに笑顔で話をしている姿も見ます。しかし、自分の失敗を保育者に打ち明ける姿は一度も見ていません。
　弟は、仲のよい友達はいません。自己主張はできています。オモチャをどうしても欲しい時には取り合いになります。担任が「寒いからお部屋にいよう」と言いますが、どうしても出たい時には担任をたたくようにして出たがりますが、「もう少し暖かくなってからにしよう」と言うと納得します。Ａ子と同じで、自分の失敗したことや都合の悪いことを打ち明けることはまだできていません。例えば、小便を失敗した時にその場でじっと立ちすくんでいます。

母親は、夕方に小料理屋で働くようになりました。「子どもたちは知人に見てもらっている」とは言うものの、嘘をついているように感じられます。父親が帰宅するまでの時間が気がかりです。母親が夕方に働き始めたのは、保育料の滞納があり、催促されていると聞いているので、そのせいかもしれません。

【助言内容】
（1）A子も弟も失敗や都合の悪いことを打ち明けられないということは、第三課題の「信頼」の課題を達成していないことになります。「失敗は誰にでもあるので、教えてくれると嬉しいな」と子どもに言うことでしょう。
（2）母親も父親もいなければ、以前だったら家を出てフラフラして保護されるようなことになっていたと思うので、問題が深刻化しているかどうかに関心を持って見守るようにしましょう。

【感想】
　子どもたちの課題がはっきりしたので、担任と一緒に取り組んでみます。

第8回検討〈検討開始10ヵ月〉

　例年、保育参観日にはマラソン大会を行って汁粉を振る舞っています。練習の時はもじもじしていたA子でしたが、本番が近づくにつれ皆と同じように張り切って走っていました。このことを母親に報告すると、「そのようなことができるの？」と喜んでいました。
　しかし、参観日の当日、A子はマラソン大会が終わってから登園してきました。その時に次のような会話がありました。主任「今日は参観日だよ」、母親「本当？」、主任「前から言ってあったよ。お母さんとお面作りに行こう。それには間に合うから」、母親「集金に行かなくては」、主任「後1時間くらいで終わるから、集金は後にしたら？」母親は車の方に動きながら「待っている」と言います。主任「誰が？」、母親「お客様が待っている」、主任「ほんと、私が頼んであげるよ」、母親「いや、10分ほどで戻るから」と言って車に戻りました。

そこからは母親に任せましたが、結局帰って来ませんでした。その日はそのまま延長保育の終了間際に迎えに来ました。なお、Ａ子はお部屋で皆と同じようにニコニコしながら鬼のお面を作りました。

　次の日、主任と母親の間で次のような会話がありました。主任「最近のお母さんの様子から、信じていたよ」、母親「でもね、お客さんが他へ行こうと言ったので…」、主任「携帯からでもかけてくれたらよかったのに」。主任は今さら言っても仕方がないと内心思いつつ「お姉ちゃんはお面作りをしていました。弟は心に傷を負ったと思うよ」、さらに「あずけっぱなしの態度では保育園としてもお母さんの姿勢を正してもらいたい」「保育園を替えてもらってもよい」などと言ってしまいました。

　すると、母親は「Ａ子　早くしなさい」と怒鳴って帰っていきました。主任は「しまった」と思いながらも、やはり母親の態度に黙っていられませんでした。主任は今は母親との関係修復に悩んでいます。

　昨日、代替保育者として主任がＡ子のクラスに入りました。Ａ子がニコッとして折り紙を持って近寄ってきました。主任「折り紙、折るかな？」Ａ子はうなずきました。主任「何を折るかな？」、Ａ子は黙っていましたので、主任「箱を折ろうかな？」と言って折り始めると、Ａ子も真似をするように折り始めました。

　弟は対等な仲良しがいません。どうも表現力が乏しいようだと思いますので、「代弁」をするように心がけています。

【助言内容】

（１）主任の気持ちは痛いほどわかります。母親の気持ちとかみ合っていなかったということでしょうが、その後のＡ子の反応を見ると、それがきっかけで悪化の方向に動いていないということに注目したいですね。

（２）母親との関係修復については、主任の方から言い過ぎたことを謝ることでしょう。母親も同じようにされたことがあるのかもしれませんし、言い訳をしていたのかもしれません。主任としては、「ある人に相談したら、母親の気持ちをわかるようにと注意されたよ。ごめんね」とでも言ってみることです。

【感想】

（１）そう言われてみると、母親に避けられているほどには感じていないので、自然

に任せて助言を参考に母親に話しかけてみます。
（２）子どもの発達段階を見抜くことが難しいです。言われてみて手がかりをもらっている感じです。

第９回検討〈検討開始11ヵ月〉

　その後、数日して母親とは会いましたが、主任から謝るチャンスもなく、会話はできたのでそのままにしています。最近では子どもを送ってきた時に、玄関までつれてくるようになっています。学校のことや卒園式の服装を心配しています。
　Ａ子は、さらに前向きな動きがでてくるようになりました。卒園式の練習をしていますが、声を出すところでは皆と同じような声が出るようになっています。担任が遅番の時、ままごと遊びでＡ子が母親役をしていたので、それを確かめたところ、Ａ子は「お母さんが好きだから」とニコニコしながら応えていたとのこと。
　弟はくすぐると子どもらしく反応するし、「代弁」にも反応します。オモチャを友達に取り上げられた時にその場で泣くことはありますが、助けを求めるとか訴えてくることがありません。

【助言内容】
（１）Ａ子は第三課題（信頼）の達成は確かめられませんでしたが、１年でここまで改善されてきたことを大事にしましょう。後は小学校へ引き継ぐことでしょう。
（２）弟も第三課題（信頼）第四課題（言葉）を視野において保育を続けましょう。
（３）結果をみると、主任が毅然と母親に伝えたことは悪いことではなかったといえそうです。この１年を振り返ると、よくここまで改善されたと驚きます。何が転機となったのかを知りたいところですが、関心を持って分析してみます。

【感想】
　ひどかった時のことが遠い昔のように思えます。しかし、それにしてもよくここまで改善されてきたと思い、満足しています。

〈追記〉

　その後、弟が卒園する時には、母親がC主任に近づいてきて小声でありましたが、「ありがとうね」と言って頭をちょこんと下げました。まったく予想をしていなかったので、母親の気持ちにびっくりしましたが、嬉しかったとの報告がありました。

全体として

（1）この事例の展開について

　全体として好転したことが認められると思います。しかし、好転したからよいだけですませないで、どこで何が起きたのか分析してみる必要があると思います。1つの理解の仕方を紹介します。

　この保育園を訪ねた時に見せてもらった事例ファイルには、生々しい傷跡を写したカラー写真のコピーが何枚も綴じられていました。見るに耐えなくなりましたが、何とかすべて見せてもらいました。

　私が相談を受けた時には新たな傷を負うことがなくなり、放任、養育拒否されるようになっていました。そうした母親の態度にB前主任は正義感を持つとともに、なお一層子どもに同情を寄せ、保育に集中しました。そして、親が身体に傷をつけるくらいなら保育者に養育を任せた方がよいとでも考えていたのではないでしょうか。

　そこへ私が相談を受け、B前主任に反省を迫ると共にC新主任が取り組むことになりました。虐待する親の理解のし直しと担任による2人の子どもの育て直しに取り組むようにしました。C主任に代わって、母親は責められることが少なくなりました。2人の子どもの姿がよい方向に変化するに伴って、母親はイライラをつのらせないようになりました。

　実は、母親も子どもを傷つけるだけではいけないと思いかけており、自分では2人の子どもを育てることができませんでしたが、保育者により子どもが親の願う方向に成長する姿を見て、どこかで安堵したのではないでしょうか。母親なりに自分でできるところから取り組んでいたのではないでしょうか。弟が卒園する時のお礼がそれを証明していると思います。

　この分析が適切かどうかはわかりませんが、援助経験を積み重ねるとこのような分

析も可能になります。無理もないことですが、保育者は好転したからそれでよいと安心してしまわないで、好転したからこそ時機を見て、親と共にここまで展開してきたことを振り返ることをすすめます。好転した後なので、親も協力してくれます。

　答えは、専門家ではなく当事者が持っています。その積み重ねから共通点を見出したものが理論ではないでしょうか。

（2）虐待者は犯罪者ではない！
　虐待相談に従事していると、かなりの人たちが虐待者についてまるで犯罪者のように思っています。また、虐待者を人として抹殺するに等しいという気持ちで見ている人にも出会います。「親だから、そして親なら虐待するのはおかしい」という思いがあります。しかし、「虐待」という犯罪はないのであって、傷害罪・傷害致死などという犯罪で処罰されます。虐待罪があるなら通報先は、児童相談所ではなく警察にすべきことです。

　虐待者の生育歴を知ると、虐待を受けていた人がすべて虐待をしているわけではありません。幼少時に虐待を受けていても、子どもを虐待していないだけでなくかわいがっている人もいます。

　虐待者の理解の仕方にはいろいろとありますが、発達の視点で見てみましょう。私の提唱する「二段階人格形成」でみると、対等な二人遊びや対等な三人遊びができる人で、虐待している人は見当たりません。虐待者はむしろかわいがってもらった記憶の乏しい人、すなわち第三課題（信頼）までを達成していない方たちが大半です。この段階までの人は、かわいがられていないことを無意識に押し込めてしまい、自分と向き合うことを苦手としていますので、よけいに感情的になりやすいのです。

　そこに自分の産んだ子どもが、祖父母だけでなく保育者であってもかわいがってもらっている姿を見ると、押し込めていた寂しさや怒りを刺激してイライラがでてきます。力や言葉で八つ当たりや無視するなどの態度をとるようになると思います。自分がかわいがってもらいたい気持ちを抑えきれなくなってイライラした気持ちがでてくるのでしょう。

　一方、幼少時にかわいがってもらっていないと自覚できている人は、かわいがり方がわからないことはあっても、虐待に発展することは少ないのではないかと思っています。子どもの発達に合わせたかわいがり方を教えてくれる人を捜し、見様見真似で

関わるようになります。子どもの反応を見て自信を持つようになります。あるいは、親になる前に「育ての親」に出会っていると、そこでかわいがってもらっているので子どもをかわいがることができるのです。

　保育者が虐待者に関わる時に、虐待してよいという価値観はもちろん存在しませんので、その気持ちが相手に伝わってしまい、思わぬところで関係を悪化させる場合があります。ですから、虐待者に関わる際には、「極端に子育てのできない人」ととらえて、どこの段階まで育っている人か、自分の生い立ちと向き合う気持ちがあるかを見るようにしたいものです。自分と相手との共通点と違いを理解することから取り組むと、好ましい関係をもつことができます。

(3) 保育者のサポート体制の整備

　この事例では事例研究の一環でテスト的に取り組んでみました。しかし、「虐待」が深刻であり長引くほど、保育者はもちろん、相談・援助する者も緊張感が高まります。園においては担任、主任、園長というラインのスタッフの精神的緊張は相当に高まります。

　ひどい「虐待」事例の時には、児童相談所、役所の担当課、警察、児童委員、保健師等の関係者で連携をとります。その中に保育者も加わるわけですが、そこでは、主に児童相談所が中心となり、虐待状況の情報交換、保護の必要性などが話題の中心になります。そして、多くの場合、虐待状況の観察と報告、証拠の確保が求められているようです。もちろん、こうしたことはいざという時には必要なことですが、保育者にとっては保育をサポートして欲しいというのがあります。虐待されている子どもに毎日どのように保育するとよいか、親あるいは虐待する親とどのように向き合っていったらよいのかなど、そうした相談に乗って欲しいのですが、「それは園で考えてください」と任されてしまう場合が多いようです。園にとっては通報することは当然であっても、保育の相談先が見あたらないので一段と緊張が高まっていくことになります。

　明らかな虐待ではなく、「虐待かもしれない」という事例であれば、ますます園に任されてしまうことが多くなります。「虐待」に関する研修会に参加するものの「園で取り組む虐待」を取り上げられることは少ないようです。しかも、「虐待」が発生すると、具体性と判断力が求められますので、園だけで考えることは困難を伴います。

市町村によって、気になる子や被虐待児への対応はまちまちです。保育士、心理職、保健師などのチームをおいて巡回指導体制を取るようになった市が出はじめました。虐待問題の解決はもちろんですが、保育者をサポートする体制作りが求められています。

3　「虐待をしている」と申し出た親
〜2歳女児の母親との面接事例〜

　担任が親と話し合う機会としては、個別懇談や家庭訪問などが設定されている場合があります。この場合は、限られた時間でお互いにどこかで構えていますが、ある程度の話し合いや情報交換はできます。

　その他に随時、親から働きかけてくる場合があります。また、担任をしていない子どもの親の相談にのる場合としては、電話相談や親子の集いでの相談などがあると思います。この時は質問を受けたり、相談を受けたりという形ですが、保育者も一緒に考えたり、様子を見て返事をするなど、穏やかに応答できます。しかし感情的になって親から苦情を言われたり、批判や非難、中傷などを受けたりすると、保育者も人間ですから感情的になりやすく、話し合いはこじれやすくなります。また、保育者が親に話しかけた時に、嘘をつかれたり避けられたりすると、保育者も感情的に非難したくなったり、拒否したくなったりするものです。

　そうした中で、「虐待しているかもしれない」親、あるいは「虐待している」親と話し合うということは、保育者にとって最も困難を感じるものです。さらに、「虐待している」親が、自分から保育者に申し出てくるというのは珍しいことのようです。

　しかし、保育者への事例援助を重ねていくことによって、保育者が子どもの育て直しに取り組み、子どもに変化・成長が見られるようになると、保育者の予想に反して親と言葉を交わすことができるようになります。世間話にのってきたり、子どもの変化を伝えると応答してきたりするなど。この時保育者は、親が子育てを放棄しているとか、保育者を避けていると判断していることが多いので、意外に感じるものです。

　保育者はどのようにして相談にのっていったらよいでしょうか。また、担任をして

いない園長や主任が親と話し合う時には、どのようなことに気をつけて相談にのったらよいでしょうか。

筆者は男性で保育経験がありませんが、ここでは、保育者への事例援助をしてきた経験から、保育園で親と面談した事例を紹介します。

第1回面談

この事例は、母親からの相談を受けて、保育園で園長の同席の元で3回面談した事例です。

〈相談のきっかけ〉

何度か訪問したことのある保育園の園長から電話がありました。親から「2歳児（未満児クラス）Ａ子を虐待するようになったので、一時的に子どもと離れた方がよいと思う。以前に緊急一時保護で利用した児童養護施設にあずかって欲しい」との申し出がありました。母親の普段の様子からは信じられませんでしたが、担任に確かめてもらっても、Ａ子が「虐待」されているようには思えないという報告だったそうです。こういう場合はどうしたらよいですか、というものでした。

Ａ子については、別件で保育園を訪問した時の遊んでいる様子を思い浮かべることができたので、私にとっても意外でした。友達の中に入って遊ぶこともできるという話でしたから、可能性として、母親にはＡ子への関わり方がわからないからだろうと推測し、母親が希望するなら面談の時間を作る旨の回答をしました。園長が話し合った結果、保育園で母親と面談してから考えることになりました。

面談は職員室の一角にある、子どもベッドがおいてあり、カーテンで間仕切りできる場所で、園長も同席して始まりました。園長の仲立ちで紹介された後に、私が面談を始めていきました。母親の印象は、こざっぱりした服装で、うつむきかげんのせいか、おとなしくひ弱な感じで、「虐待」しそうだという雰囲気は感じませんでした。

最初に、改めて面談へのいきさつを説明し、差し支えなければ家族構成、生育歴などの概略を聞かせてもらうことにしました。

〈A子の家族構成〉

　母親とまもなく３歳になるA子、別れた父親の元で小学校に通っている姉（小３）の３人家族です。姉は学校が休みの時には母親の元で生活し、通学期間中は父親の元から通っています。母方祖母は母親の高校時代に病死、高校卒業後に住み込み就職してから祖父とは音信不通です。

〈生育歴、家族状況〉

　姉を産んだ後、姉が２歳頃からしつけで父親と折り合いが悪くなり、別れ話が持ち上がりましたが、話し合っているうちにA子が生まれました。A子の親権者は母親ですが、父親に姉を見てもらうことで離婚し、A子と２人の生活が始まりました。A子が２歳半を過ぎた頃から姉の時と同じように子どもに手を出すようになったとのことです。してはいけないこととわかっていても、つい手が出てたたいたり蹴ったりしてしまうとのことで、少しの間子どもと離れて自分の気持ちが落ち着けば大丈夫だというものです。少し前に、母親が検査入院と入院手術の時に児童相談所の計らいで、A子を近くの児童養護施設に２回、約10日ずつ一時保護してもらったことがあり、あれは大変助かったとのこと。今回それを利用できないかと考えたとのことでした。

〈面談の様子〉

　そもそも今回の「虐待」はいつ頃から始まったのかを聞いてみました。
　１ヵ月ほど前から母親は咳が続いたので診察を受けたところ、「喘息」の診断が出たそうです。喘息発作が出て、やがてうつぶせの姿になると、A子が「大丈夫？」と声をかけて背中をさすってくれますが、それがうとましく感じられ、A子を払いのけると、A子は泣き出してしまいます。母親は発作が収まってもA子が泣いていると、それがうるさくて毛布を巻きつけて縛ったこともあるそうです。しばらくすると、A子はそこをすり抜けて１人で遊ぶそうです。
　さらに、母親は小動物が好きで、ベランダで飼育しているのですが、A子も関心があるようで母親が世話をしていると、同じようにしたくてベランダに出ようとします。しかし、母親は面倒な気持ちになってA子を部屋の中に突き返すそうです。そこまでしなくてもよいと自分でも思うのですが、早く水換えや餌を与えて部屋に戻りたい気持ちだそうです。

同じように、外から電話がかかってくると、Ａ子が替わって電話に出たがります。叔母や親戚の人の時は仕方なく出しますが、知らない人の時には「知らない人だからダメだよ」と言っても出たがるので、突き返したり蹴飛ばしたりするそうです。
　一緒に風呂に入り、身体を洗う時にタオルに石鹼をつけて自分で洗おうとします。それはＡ子に任せますが、いつまで経ってもタオルを渡さないし、そのうちに遊び始めるので、つい頭をたたくことがあります。あるいは、石鹼が顔につくとか目に入るとかして泣き出すことがありますが、そういう時には「ほら、みたことか」と思って、頭やほほをたたいたりします。
　また、ご飯を食べている時に、ご飯にみそ汁やお茶、牛乳をかけるとムカッとくるそうで、たたいたりご飯を取り上げたりするそうです。牛乳をかけるのは、コーンフレークに牛乳をかけて食べるので、ご飯に牛乳をかけるのだと思いますとのこと。母親自身は小さい時ご飯にみそ汁をかけたことがありますが、祖父にひどくたたかれたことがあると言います。それもイヤな思い出だと言います。
　祖父自身は酒こそ飲みませんでしたが、叔父（母親の弟）のお嫁さんや祖母の姉妹に手を出そうとしました。祖母が床についていた時も、死ぬまで続いたそうです。母親がテレビを見ながら食事をしたり膝を崩していたりしているとすぐにたたかれました。ひどい時は止めにはいった祖母の肋骨にヒビが入ったこともありました。何度も救急車を呼んだ記憶があると言います。
　また、祖父から叔母（母親の妹）との間で差別扱いをされてきたそうです。叔母（母親の妹）は祖父に殴られることもなく、むしろかわいがられていました。叔母（母親の妹）だけを連れて外出し、母親１人で留守番をさせられた記憶もあると言います。母親はいつの頃からか自分のような体験はいつまでも心に残るので、自分の子どもにはしたくないと思ったそうです。
　しかし、姉の時にも２歳半頃から虐待してしまい、父親（夫）と口論が始まったといいます。里子に出す話を持ち出されたこともありましたが、子どもを手放す気持ちは全くなく、父親（夫）には自分の気持ちがわかってもらえなかったと言います。
　Ａ子を産んでからは母親なりにかわいがってきましたが、２歳を過ぎたあたりから何でも自分でやりたがり、口答えが出てくるようになって、Ａ子をたたいたり蹴ったりするようになってきたそうです。そこで、叔母（母親の妹）夫婦にも相談した結果、Ａ子にイヤな思い出を残したくないので、一時施設にあずかってもらい、気持ちを整

理できたらすぐに引きとりたい気持ちでいるとのことです。

　なお、母親自身は精神科医の開催するセミナーにも参加し、カウンセリングを受けたこともありますが、そこでは根深いものがあるので難しいと言われたそうです。今現在も精神科クリニックに通って投薬も受けていますが、「虐待」については内緒にしているとのことでした。

〈所見と助言〉

　母親が虐待のいきさつを詳しく語ることができること。母親自身の人生を語ることができること。子どもとのやりとりも詳しく思い出して再現できること。Ａ子は表情もあるし、おんぶや抱っこもできること。時々オモチャの取り合いをすることもあるそうですが、友達の中に入って遊ぶこともできるなど、「虐待」されていることを疑うような発達の姿ではなさそうです。生育歴を見ても、姉とＡ子はいずれも２歳頃までは母親にかわいがられ、２歳過ぎあたりから母親が手を出すようになっていることから、母親はＡ子の発達課題に合わせた関わり方がわからないのだろうと推測しました。

　そこで、施設に一時あずかってもらって冷却期間をおき、また頑張ることも１つの方法ではありますが、Ａ子の発達の姿と関わり方を一緒に考えることにしましょう、１週間ほどＡ子の行動や気持ちを見て母親がそれを言葉にして言ってみながら、母親が受け入れられることは譲り、どうしてもＡ子にしてもらいたいことは譲ってもらうように言いましょう、と具体的に提案しました。

　例えば、ご飯に牛乳をかける時のＡ子の気持ちを、面談の中では母親が自分から語ることができました。私に尋ねられて答えたのではなく、自分からＡ子の気持ちを推測して言えたので、これからはそれをその場でＡ子に言うことをしましょう。母親はＡ子の気持ちを推測したものの、Ａ子に手を出していたから問題になるのです。ここまで自覚しているお母さんなら、Ａ子に言ってみてから次の対応策を考えても遅くはないと思います。とにかく一晩でもよいので言ってみましょうと提案しました。

　しかし、母親は今晩手を出してしまうかもしれないし、子どもの心に傷を残すようなことはしたくないと頑強に主張します。「母親がかつて味わった気持ちを子どもに味あわせたくないとの気持ちを強く持っている」ことはわかっていることを繰り返し母親に伝えながら、次の提案をしてみました。

仮にＡ子が母親の気持ちを受け入れて施設で一時過ごして戻ってきても、母親としてはＡ子にどのように関わったらよいかわからないままではないだろうか。そこが問題ではないだろうか。Ａ子の気持ちを受けとめて母親の気持ちを出すことができていなかったら、Ａ子をがっかりさせるだけに終わらないだろうか。母親自身が幼少時代に何かをしたがってもその気持ちを受けとめてもらえず、親あるいは大人にすぐ手を出されてきたのだから仕方がないことだけれど、その悲しみを繰り返してしまっていますなどと言いました。

　幸い児童相談所にも知り合いがいるのでお話しておきますし、どうしても無理な時には園長先生から児童相談所にお話をしてもらいましょうと母親に伝えました。内心ここまで母親の意に反して言い張って本当によいものかとの気持ちもよぎりましたが、この母親ならできそうだし、それをしないで一時保護した方がＡ子の心に傷（見捨てられ体験）がつくという気持ちからでした。そして、毎週の面談をして一緒に取り組むことも伝えました。

　最後に母親は「やってみます」と言ってくれました。別れ際に思いついて、母親にＡ子とのやりとりをメモしておいてくださいと頼んだところ、「忘れてしまうので、自分で使いかけのノートにメモするつもりでいました」と返事をしてくれました。嬉しく思ったことを伝えて別れました。

第2回面談〈1週間後〉

　園長によると、翌朝の母親の様子を見ると、特に変わった様子は見られなかったので強いて自分から声をかけなかったそうです。母親からは施設にあずかって欲しいという言葉は聞かれなかったので、面談のあることだけを確かめたそうです。

　前回面談をした前日、Ａ子は園でカセットをいじり始めたそうです。担任が何度注意してもやめなかったそうです。Ａ子は最後に「バカ」と担任に言って、その場を離れたそうです。担任は面談の様子を聞いて、Ａ子の気持ちを確かめないで「壊れるからやめなさい」とか「他の子どももしたがるのでやめなさい」とかいった注意の仕方をしてしまったことを反省していたとのことでした。

〈面談の様子〉

　母親がノートにやりとりをたくさんメモしてきましたので、ひとまずそれを見ながら助言しました。いくつかを紹介します。○印は筆者のコメントです。

　園からの誕生日祝いのプレゼントを開くと、アンパンマンのレジャーシートでした。そのキャラクターを指して、「これ何？これ何？」と聞いてくるので、「知っているくせにいちいち聞いてきて」と思いながらも１つひとつ答えていました。そのうちに母親はイライラしてきて「もうイヤだ」というと、Ａ子はシートを振り回して怒っていました。

○　母親が怒り出したのは、２周目から３周目に入る頃だそうです。そこで、母親の内心「知っているくせに」という思いをいかして、「何だろうね？」「忘れちゃった？」「Ａ子ちゃん、言えるかな？」などと返してみたらどうかと助言しました。母親は、今までなら初めから「知っているくせに聞くな」と思ってむかついてたたいていただろうと言っていました。

　母親が小動物の世話をするためにベランダに出ると、Ａ子が一緒について来て母親のサンダルを履きました。そこで、自分のサンダルを持ってくるようにＡ子に伝えると、玄関から自分の靴を持ってきて履き、母親の真似をするようにほうきで掃き始めました。

○　母親によると、今までなら母親のサンダルを履いた時点で「また、汚す」「頭にくる」とカチンときていましたが、この時は内心汚れたら替えればいいやと思えたそうです。

　問題のお風呂では、身体はやはり自分で洗うと言い張るので、Ａ子に任せながら、ちょっとタオルを持って「ここはこうするとよいよ」と教えると、そのようにやろうとしていました。

○　母親によると、今までは「できないくせにやろうとする。できるようになったらやらせる」と考えていたようです。前回のアドバイスを思い出し、少し教えてみたらこのような展開になったとのこと。髪を乾かす時も、母親が歌をうたうようにして乾かすとＡ子はおとなしくしているとのことでした。

　髪を乾かしてから、いつもは２つに髪を縛るところを１つに縛ろうとしたら、Ａ子

は2つに縛れといってブラシを渡してくれませんでした。そこで、頭を2～3回たたいたところ、案の定泣き出しました。
○　母親によると、いつもは朝忙しいので梳かしやすいように2つに縛るのですが、次の日は休みだから1つでもよいと思ったそうです。しかし、A子には説明していなかったそうですので、後からでもよいので伝えるように助言しました。また、休みであってもA子は2つに縛りたかったかもしれないねと言うと、そういえば「○○ちゃんと一緒なの」と言っていたことがあると思い出しました。さらに、母親自身も5～6歳頃自分にも似たような経験があり、祖母が聞き入れてくれなかったので人形の首をとってしまったことがあると語ってくれました。

結局、髪を2つに縛り、パジャマを着せ、歯を磨いて放っておきました。母親が台所で仕事をしていると、いつもはブラシを立てておくところに戻さないで放置しておくことが多いのに、母親に手渡しに来ました。「ありがとうね」と思わず言うと、A子はまた部屋に戻って行きました。しばらくして覗くと、いつもならぬいぐるみを持ってゴロンと眠そうにしているのに、珍しく母親のハンドバッグを抱えて横になっていたので、内心珍しいことだし寂しいのかなと思って、布団の所まで連れて行きました。布団を掛けてあげると、「お母さんは？」というので後から来るので先に寝ていなさいというと、A子は納得したのか静かに目を閉じました。
○　この場合は、母親はそのまま添い寝をしてもよかったのではないかなというと、病気になった時は添い寝をしているが、保育園に入ってからはしなくなったとのことでした。

朝食の時、スープの中にちぎったレーズンパンを入れていたので、「そんなふうにしておいしいの？」と聞くと、A子は「おいしい」と言ってそのまま食べていました。
○　母親によると、自然な会話ができたと言います。ここで思い出したことですが、母親もコーヒー牛乳にパンを入れて食べたことがありました。さらに、その後、ご飯に牛乳をかけることがなくなっているとのことでした。

〈全体として〉
　最初の2～3日は、内心カチンときても自分を抑えつつ、A子の機嫌をとっている

感じがしました。しかし、声のかけ方を変えるとＡ子の反応が違うし、イライラしてもたたかないで大声を出して済むようになりました。Ａ子の行動を見ていて、そういえば自分もしていたなと思い出すことがあります。

　この２～３日、保育園で泣き別れをするようになりました。最近、朝起きると、Ａ子が抱っこと言ってくるので、朝の支度の手を休めて体温を測ったり着替えを手伝ったりしています。以前は内心うるさいなーと思い、早く着替えなさいとかトイレに行きなさいと指示していたそうです。これについては、母子関係の深まりと判断し、今の関わりを続けるように支持しました。

　Ａ子に１回はお話しすると、今までと反応が変わってきているので、しばらく続けたいとのことでした。今までは、１回言ったらかつての自分のようにすぐに従って欲しかった母親であったとのことです。

第３回面談〈開始３週間後〉

　園から帰ると、Ａ子はすぐに冷蔵庫から買い置きの風邪薬を取り出して飲むと言い張ります。「これはお熱が出て、コンコンが出たら飲むんだよ」と言っても納得せず、泣き始めました。以前ならここで手を挙げていたのですが、「保育園で誰かがお薬飲んでいたの？」と聞くと、そうだと言います。この先どうしたらよいかと考えているうちに、注文してあった写真が届いていたので「写真を見ようか」と言ったところ「ウン」と言ったので、薬を冷蔵庫にしまい２人で写真を見ました。

　そうしていると、焼き芋屋の流す音楽が聞こえてきました。Ａ子はそれに気がつくやいなや布団に潜り込んでじっとしていました。音が遠くなると布団から出てきました。また、母親がベランダで小動物の世話をしている時、同じように音楽が聞こえてくると、Ａ子は「いやだ　いやだ」と言って泣き出し、窓越しに母親の世話をしている様子を見ていました。母親はＡ子がおびえている様子なので、「大丈夫だよ。今日は言うことを聞いているから」というと、布団に潜り込むのをやめたそうですが、母親にぴったり抱きついて離れようとしない時もあると言います。これには、以前、母親がＡ子を自分の思い通りにしようとする時、脅すように「焼き芋屋が連れて行ってしまうよ！」と言っていたからだろうと言います。

〈全体として〉

　母親が手をあげていないことを私がほめると、母親は電話のこと、入浴のことなど上手く関われるようになったと言いました。以前はA子がすぐに言うことを聞いてくれないとすぐに手をあげていました。A子が泣くとよけいにイライラして、たたいたり蹴っ飛ばしたりしていました。今はA子の気持ちを聞いたり、母親の気持ちを説明したりすると、A子は聞きわけてくれます。また、以前はおんぶや抱っこもうっとおしくて突き放していましたが、これもここ数年のことかと思うとやってあげなければという気持ちになったと言います。そうすると、母親がイライラしなくて済むと言います。

　かねてから申し込んであった公営住宅に当選したので、姉を引きとり、親子3人で住もうと考えました。父親のところへ話し合いに行く時、わざわざA子を連れ、電車を使って行ってきました。横断歩道の渡り方などを1つひとつその場で教えるのにちょうどよい機会だと考えたからです。

　姉を引きとることについては、叔母（母親の妹）夫婦も喜んでくれました。叔母（母親の妹）夫婦だけでなく親戚も皆心配してくれました。自分の家族の困難に対して応援してくれる人がいると気がついてから、必ず自分の力で子どもたちを育てようと思う気持ちがはっきりしてきたと言います。今までは、なぜか「妹なら心配してくれるのが当たり前」と思っていましたが、叔母も結婚して家庭を持っているのにいちいち細々としたことまで心配して電話をくれることに感謝の気持ちがわいてきました。今までとは違う新しい親子関係が持てるようになって、気がつきました。

　A子を育てる時には、自分がたたく姿は自分でも嫌いでした。たたきながらたたく自分が怖かったし、嫌いでもありました。ここで具体的に声のかけ方を教えてもらい、そのように声をかけてみると、A子の反応がこんなにも違うものかというほどに変わってきました。自分のことが好きになれないといけないと思います。A子をたたいていた時は、育児の醍醐味を捨てていたと思います。子どもたちと話をしたり折り合えると、母親は会話が楽しくなると言います。

　また、ここに通い始めてから精神安定剤も飲まなくなりましたし、不眠症の薬も飲まなくて済みそうです。主治医も早目にやめてみましょうと言ってくれています。

　約束した形での定期面談はここで終了し、後は保育園に相談することで引き継ぐようにすることを提案し、母親の了解を得ました。

その後〈1ヵ月後の電話〉

　園長によると、母親は表情が明るくなってきたし、気楽に話しかけてくるようになってきました。A子は友達とのトラブルもめっきり減り、トラブルになっても少しの仲立ちで仲直りして遊び始め、仲良しが見つかりかけています。姉のことでは、通っていた学校でいじめに遭っていたらしいとか漢字が読めないとかで自分で児童相談所へ電話し、相談にのってもらえるようになったと話してくれたとのことでした。

　園長は担任共々、子どもへの声かけが勉強になったとのこと。面談が3回で終了するとは当初思っていませんでしたが、「虐待」といっても母親の養育能力の高さに助けられての結果であることを確かめて、ひと区切りすることになりました。

全体として

　母親との最初の面談で、母親に問題意識があると思ったので、少しでも早くA子および家族状況と心配の内容を知ることから始めました。

　母親の話を聞きながら、A子の発達課題はどの段階かな、母親はどの発達段階かな、母親が自分の生い立ちと子育てをどこまで詳しく語り、自分と向き合う気持ちはあるかなどについて関心を持って聞きました。

　母親がいう「虐待」をしてしまったのは、姉にもA子にも2歳を過ぎてからであること、またA子には表情があり、子どもたちの中に入って遊ぶことができることがわかってきたので、2歳過ぎの発達段階だろう。すなわち、第四課題の「言葉」の段階だろう。表現力をつけるために代弁を必要としている、言葉を理解して行動に移すためにお手伝いをしたがるというあたりだろうと思いました。

　母親は、初回の面談にしてはずいぶんいろいろと語ってくれました。それだけ母親が自分と向き合い、問題意識を持ちながら子育てをしてきた証しでしょう。母親はA子の発達段階がわからないのか、それがわかっていても適切な関わり方がわからないのだろう。したがって、A子を一時保護して冷却期間を設ける方法以外に違う方法があるとはっきりしてきました。

そこで、やりとり場面をあげて、母親として適切な関わり方を具体的に説明しました。当初はそれを聞き入れることができず、今までのやり方に固執していたようですが、その母親の思いを受け入れつつ、A子に対する新たな関わり方を提示して、母親に取り組んでみることをすすめました。1回だけでは先の見通しが持てないと思い、この母親なら1週間ぐらいごとに面談して、一緒に考えていくことで学習していけると思いました。園長が同席していますので、少しくらいなら園長先生に相談してもらって支えてもらうことも可能だと判断しました。
　結果的には3回で終了しましたが、それはあくまで結果であって、当初は3ヵ月くらいかかると思っていました。振り返ってみると、母親が2歳くらいまでかわいがることができる段階まで育てられ、子どもを育てる力があったこと、何とか母親自身が経験したイヤな思いをわが子に繰り返したくないと努力する気持ちでいたことによると思います。
　普通「虐待している」などと聞くと、それだけでも構えてしまいますが、私たちの思いとは別に、自分の親や自分が誰にも受け入れられない怒りに渦巻いている親もいれば、自分のされてきたことを繰り返さないようにさらに適切な関わり方を求めている親もいます。それだけに、保育者は子どもの育て直しに自信を持つことが大切ですし、親を発達段階で理解するように努めることが必要です。

4　虐待の「世代間連鎖」について
～兄弟で通園している男児の保育者への援助～

　「世代間連鎖」というのは、虐待が世代を超えて伝わるという現象、すなわち、虐待を受けて育った子どもが親になった時、子どもに虐待をするようになることを現す言葉です。調査による違いはありますが、虐待を受けて育った親の半数以上が子どもを虐待していると言われます。
　最近では、未就園児や在園児だけでなく、中学生が虐待死したり、衰弱して保護されたり、祖父母までが親とともに孫を虐待死させたりする事例も出てきました。虐待が若い二世代間だけではなく、三世代間にわたって起きています。

ところで、虐待された経験を持つ親全員が子どもを虐待しているわけではなく、自分が虐待をされても虐待をしていない親がいることも事実です。これはどういうことでしょうか、関心を持ってみたいものです。

第1回検討

〈相談のきっかけ〉
　B園長は、園長自身が事例研究に関心を持ち、自ら事例提供を繰り返してきた方です。この事例では、A君が他園から転園してきたという話を聞いた時から、「虐待」が絡んで難しそうだとは思っていました。B園長からはA君が転園してきた4月に概略を聞き、まずは子どもの育て直しに取り組むことが大切であると助言しています。しかし、自分の力だけでは担任（A君にはC担任、弟にはD担任）への援助や親指導ができないということで、8月に事例提供しました。

〈A君の家族構成ほか〉
　母方祖母、母親、年中児A君、2歳児の弟の4人家族です。父親とは年少の時に別れ、その時から母方祖母と同居して現在に至っているとのこと。
　A君と弟は、アトピーがひどく、治療して治まっても直ぐに再発するとのこと。
　母親は、母親のイメージとかけ離れた若づくりをしており、弟に女児の服装をさせて喜んでいることもありました。
　A君が年中になる時に、母親の仕事先が変わったことを機会に転園してきました。入所申請を受けつけた後の会議で、偶然にも前園の園長から母親がA君を虐待しており、相談にのっていた担任が、一向に改善されないので困っていたとの情報を得ました。また、知人からの情報では、「保育の仕方が悪いので、子どもの乱暴が直らない」と母親が園長に抗議したことがあったらしいとのことです。

〈入園後の取り組み〉

　入園当初からＡ君も弟も乱暴で他児に危害を加えるので、できるだけおんぶしていました。弟はまもなく担任になつき、表情も明るくなり、乱暴も減ってきました。言葉が使えるようになって、友達と仲良く遊ぶ姿も見られるようになってきました。

　一方のＡ君は入園当初から、登園してくるとぐったりしていて目もうつろでした。１〜２時間おんぶしていると、降りて子どもの中に入っていき、目立ったトラブルも起こさずに遊んでいました。しかし、延長保育の部屋に移ると、弟のおもちゃを取り上げ、弟に投げつけたり、蹴ったり殴ったりします。保育者がＡ君の気持ちを代弁しても、かえって興奮して攻撃的になるばかりでした。

　Ｂ園長は、普段は保育室から離れた部屋にいるので、Ａ君に関わる機会はほとんどありませんでしたが、６月のある日、職員室近くの花壇の花をつまんでは捨てていたので、Ａ君に「どうしたの？」「イライラしているねー」「花さん『痛い 痛い』と言っているよ」と声をかけましたが、聞こえないのか無視してさらに続けます。膝を貸すように抱き留めて、同じように声をかけても膝から降りたがります。そこでＡ君を膝から降ろすと、今度はアリを見つけてはつぶしはじめました。これは家庭で何かあると思いました。

　７月初旬になって、母親から弟の担任に手紙が手渡されて、家庭の様子がわかりはじめました。世話になっていることの謝辞から始まって、何枚も書き直しをしたこと。自分は以前ほどではなくなったが、子どもを殴る、蹴るなどしているので「母」と呼ばれるには値しない。特にＡ君はアトピーがひどい時には夜起きて泣くので、初めはあやすがそのうちに殴る、蹴るなどしてしまう。母親は後悔するものの、同じことを繰り返してきた。前の園でも２回ほどひどくケガをさせてしまったことがあった。それでも、「母ちゃんが好き」と言って、父親の方へ行こうとしないので、子どもに謝った。殴りたくなる時には深呼吸して殴らないようにしているが、その代わり、「出て行け」「誰かにやる」などと暴言を吐いていた。それで、どうすればよいかと悩んでいる内容でした。

　７月中旬、母方祖母が送迎をしていた時期があり、内科病棟に入院中の母親から「まもなく退院できるが、子どもをよろしく頼む」との手紙が届きました。

　８月初旬、弟の担任に電話が入り、次のような報告がありました。──母親は兄弟喧嘩に切れてしまう。他の子どもと違ってうちの子ども、特にＡ君は乱暴だ。Ａ君に

はケガをさせたことがあるが、それを誰にも言わなかったので申し訳なく思っている。虐待されていても「好き」と言うので、虐待されている子どもの特徴とはいえ、母親にはつらい。母親はカッとなると自分が押さえられないので、自分自身が嫌いで仕方がない。母親も両親にたたかれて育ったので、親とはそういうものだと思っていて、虐待しているとは思っていなかった。前の園では担任が自宅まで何度も足を運んでくれた——などというものでした。

　弟のＤ担任は、母親が助けて欲しいと訴えていることは理解できるが、虐待していることを自覚している母親への援助をどうすればよいかわからない。また、Ｄ担任から事情を聞いた園長自身もどのように相談・指導に当たったらよいかわからないというものでした。

　お母さんを好きかどうかとＡ君に聞くと、「時々嫌い」との返事で、弟は「いつも好き」との返事が返ってくるそうです。

　Ｂ園長は、次の点についてアドバイスを求めてきました。

① 虐待されているＡ君の育て直しにどのように取り組んだらよいか。
② 延長保育でＡ君にたたかれたり蹴られたりしている弟に対して、どのように対応したらよいか。
③ 親は「虐待している」と自覚しているのに、やめることができないのはどう考えたらよいか。
④ 親はＤ担任に依存してきているが、親と担任という関係を保ちながら、援助・指導をするにはどうしたらよいか。

【助言内容】

（１）かなり困難な事例であるにもかかわらずわかりやすく報告されており、今まで園長自身が事例提供して勉強を続けてきた成果がよく表れていると思います。

（２）Ａ君の発達段階はどこでしょうか。機嫌のよい時に対等な二人遊び（第五課題）ができているかという点について、もう一度確かめてみてください。

（３）兄のＡ君が弟に乱暴をふるうのは、母親にかわいがられている弟への嫉妬からくるものでしょう。

（４）Ａ君が母親を「好き」というのはいつ頃からか、「時々嫌い」というのもいつ頃からか、確かめてみましょう。７月上旬の手紙の時期、８月上旬の電話の時期な

ど、母親の気持ちの変化との関連がありそうです。
（5）母親が虐待することに自覚があることに関して
① 　母親は初め手紙で、次は電話で、よくここまで自分を語ってくれていると思います。経験の乏しい保育者だと、何も助言できない自分を責めることになりますが、こういう時は保育者にできる範囲でよいので、母親の気持ちによく耳を傾けて聞き続けることが大事です。そして、保育者はこの母親が親からどのように育てられ、今までどのように子育てしてきたのか、あらすじをつかむようにすることです。この母親が手紙や電話をしてきたのは、この保育者は虐待する私を馬鹿にしない、信頼できると判断したからでしょう。母親は弟を育て直してくれたD担任なら自分の幼少時の辛い体験を受けとめてくれるとの期待から、自己開示したのではないかと推測されます。
② 　親が入院している間、祖母が手伝ってくれたことが、母親と祖母との母子関係が改善されるきっかけになった可能性があります。
③ 　親の虐待は、「身体的虐待」から「心理的虐待」に変化してきています。暴力をふるわなくなったから虐待が改善の方向に動いているとの判断をしてはいけません。「虐待」のタイプが変わってきているだけで、依然として「虐待」は続いているし、このままでは改善の方向には進まないでしょう。
④ 　親は兄弟喧嘩をうまく仲裁できずに、キレてしまっています。その自覚があるので、その時どうしたらよいかを知りたいのでしょう。母親は兄弟それぞれの言い分を聞かないで、「兄だから我慢しろ」「兄が譲れ」などと言って弟をかばい、兄に我慢をさせている可能性があります。A君でも弟でもトラブルになった時に、保育者が具体的にどのようなやりとりをしたら納得して仲直りしたか、連絡帳に綴ってみるとよいでしょう。
⑤ 　保育者でも親指導は可能だと思いますが、できそうにない場合、自助グループ（他機関紹介）を紹介すれば、この母親は出かけるだろうと思います。

【感想】
（1）子どもの荒れは、言われてみると減ってきているように思うので、2人の担任とともにこれを確かめたいです。2人の担任は子どもへの関わり方を母親に伝えることはできるので、早速伝えたいと思います。

（2）母親に生い立ちを聞いてみたいと思います。
（3）虐待とか子どもを殴ったとか聞くと、穏やかでいられない自分がいる気がします。園長自身が母親の怒りに冷静さを失っていた気がするので、気をつけたいと思います。
（4）自分が事例を出す時には、自分の責任でしっかりと聞くことが大切であり、曖昧な状況判断や推測では肝心の心の状態が見えてこないことが改めてわかりました。助言を受けながら取り組んでいけば、何とかなりそうな気がしてきました。

第2回検討〈検討開始1ヵ月後〉

　弟のD担任は、早速弟への関わり方を連絡帳に具体的な問答形式で書いて渡すようにしました。また、母親との立ち話でも生い立ちに関心を持って話を振るようにしたところ、20歳前に祖父が壮絶な死に方をしたと聞いて、母親の心中を思うと軽々しく生い立ちを聞く気持ちにはなれなくなってしまいました。
　一方、B園長は前の保育園長に電話をして様子を聞きました。
　A君は年少からの入園でしたが、その時には父親と別居状態でした。虐待を知ったのは、入園して数ヵ月経ってからでした。A君の額に傷がついたのを知ってからは巡回指導班に相談しました。しかし、担当者は話を聞いてくれはしたものの、助言や指導がありませんでした。その後、母親が担任と遅くまで話し込むようになり、担任の負担を考えて、園長自身が相談にのることにしました。園長が「子どもに傷をつけるようなことをしてはいけない」と母親に注意してから、母親は陰で担任と話をするようになりました。母親は手紙を書くことが好きで、虐待が始まってまもなくから手紙が園に届いているとのこと。その内容は、当初から家では怒ってばかりいるが園で子どもが大切にしてもらっていることへの感謝にはじまって、母親自身は愛情たっぷりにかわいがっていきたいとか、どうしても手をあげてしまうので母子心中を考えたとか、自己嫌悪に陥っている時に担任に励ましてもらったというようなものでした。
　B園長からの報告を聞いたD担任は、以下のような感想を漏らしました。
　母親の気持ちとしては、今の園で保育してもらおうと思っていること。母親は子どものことよりも自分を受けとめて欲しい気持ちでいること。これが虐待であるかどう

か考えると難しいが、2歳児の喧嘩の仲裁ができないくらいのことなら「虐待」と騒ぐのはよくないだろう。この母親の相手をしていくのは、「保護者に対する保育に関する指導」の範囲を超えるのではないか。A君の弟に対する乱暴はひどすぎて、母親が切れる気持ちがわかるというものでした。

お盆の休み明けには兄弟のアトピーの悪化を心配していましたが、兄弟とも肌がきれいになっていたので驚きました。また、祖母も含めて家族旅行をしており、兄弟もそれを楽しそうにそれぞれの担任に話してくれました。「虐待」が悪化していないことを確信できました。

D担任からの報告で、B園長は弟が対等な二人遊びができていると判断していましたが、それは誤りでした。仲良しの相手に機嫌をとって遊んでもらっている構造になっているし、何人かで遊ぶ時には仕切ってしまうので遊びが長続きしないとのこと。

一方、兄のA君はごっこ遊びのつもりでも、相手をひどくたたいたり蹴ったりしてしまうので遊びが続きません。母親から手紙が届いた前後を振り返ってみると、泣いて登園することが減り、おんぶや抱っこで癒すことも減ってきているとのことでした。

さらに、D担任からの報告では、連絡帳に継ぎ足しするようにして子どもとのやりとりを具体的に書いていますが、母親は「自分にはできない」と書いてくるとのこと。D担任としては徐々にわかってくれればよいと考えて答えているとのこと。

園長は2人の担任からの報告を受けてから、母親と立ち話をしました。2人のアトピーが改善されていて嬉しいこと。それは母親の努力の結果だろう。男の子2人はエネルギーが有り余っているほどで、母親がつい怒ってしまうことは当たり前であり、母親が虐待しているとは思っていないこと。兄弟ともに確かめたが、2人とも本当に母親が好きだと思っていることなどを母親に伝えました。母親は涙ぐみながら「皆に支えられてやっています」とのこと。また、母親の入院中は祖母が2人の子どもをよく世話してくれたと喜んでいました。

その後に開催された「保育参加」には、母親はB園長の予想に反して一番に参加しました。なお、「保育参加」というのは、B園長の発案によるもので、数年前から希望する親には保育に入って他の子どもの相手をしてもらい、昼食をとりながら懇談会をして子育ての参考にしてもらおうという企画です。

その懇談会で、びっくりするようなことが起きました。ある年少児の子どもを持つ母親から兄弟喧嘩の時、頭にきてしまって、「『あんたなんか知らない。お母さんの子

どもでない』などと子どもに言うが、子どもはフーンという態度で、それにまた腹が立つ」と語りました。その時、A君兄弟の母親から「私も『そんなに喧嘩するなら2人とも家から出て行け』と言っていたが、D先生から言われて、喧嘩の理由を聞いて、言い聞かせるようにしたら、あまりひどい喧嘩をしなくなったよ」「D先生から言われて、くすぐって抱っこしたら、2人とも変わってきたよ。お母さんもやってみたら」「今日もうちの子は、保育園ではお兄ちゃんで小さい子の世話をしたり、家でも私の手伝いをしたりしてくれていて助かる。お母さんももう少しの辛抱だと思うよ」「A君が兄らしくなったこと。食事を作ることを手伝いたがるので母親と一緒にしている」などと発言がありました。この時の懇談会は、この母親のおかげもあってか、本音を出し合い、久しぶりに中身の濃い話し合いができました。

　ここでB園長やD担任は、母親の生い立ちが悲惨であり、「虐待している」と言うことによって、保育者が子どもより母親自身に関心を向けるようにしていると理解しました。D担任は、母親が自分に代理ママを期待しているように思うが、それはとても重荷であり、母親指導はできないと言います。

【助言内容】

（1）兄弟喧嘩への具体的助言に対して、母親が「できない」と言ったことについて。自分が親からしてもらっていると保育者の助言だけで子どもに関わっていくことができます。しかし、親にしてもらっていない発達段階での関わり方は、手とり足とり教えてもらわないとできないのです。この母親は後者なので、母親の取り組みに沿ってつきあっていくことが大切です。ここでは母親を「育て直す」ことになります。

（2）特に、D担任はこの母親を自分が代理ママとなって受けとめる必要があり、自分にはとてもできないと思っていますが、私の理解とは違います。母親は具体的な関わり方を教えてもらいたい、教えてもらっているD先生に見捨てられないようにしっかりと引き寄せておきたいという気持ちでしょう。説明を聞けば聞くほど、依存してくる母親は、自分がD担任に抱き留められたいのではなく、具体的な関わり方を教えて欲しいという必死の思いで頼ってきていると思います。

【感想】
（１）担任から子どもとのやりとりを具体的に聞くことが、園長の責任で事例を出す時には大切であるとよくわかりました。
（２）園長もD担任も、母親自身が保育者に抱き留められたいと理解しています。D担任は自分なりに子どもとのやりとりを書いて伝えてきたので、母親からの手紙の内容が以前の保育園に出していたものと同じと聞いてがっかりしたようです。母親からピクニックにも誘われたが、自分も家庭訪問したりして母親を支えていかなくてはいけないなら、そこまで頼られても困るとのこと。

第3回検討〈検討開始1ヵ月半後〉

　改めて4月以降の取り組みについて、B園長、C担任、D担任3人で日を追って振り返ってみました。

　前園では、虐待する母親のつらさには共感してもらえたのですが、腫れ物に触るような扱いで、子どもへの具体的な関わり方を教えてもらうことができないでいました。母親が求めているものが得られないために、先の見えない悪循環に陥っていました。7月に母親が入院した時に、母方祖母がA君と弟の世話をしてくれたり、母親を見舞ってくれたりしたことが母親には嬉しかったようです。母親の中学時代に祖母はギャンブルに凝っていて母親らしいことをしてくれませんでしたが、自分のことを本当に心配してくれていることを感じとり、祖母を許す気持ちになれたのでしょう。母親の母子関係の改善が見られたので、兄弟の悪化が見られなかったのではないでしょうか。そこで、母親は虐待する母親ではなく、よい母親になろうと努力をし始めました。

　D担任に自分のつらさを手紙や電話で訴えたところ、D担任から喧嘩した時の関わり方を具体的に教えてもらったり、子どもの愛し方を教えてもらったりすることができました。当初は教えてもらってもできないと言っていましたが、母親の祖母に対するわだかまりがなくなった後なので、教えてもらったような関わり方を子どもにしてみたのでしょう。A君に謝り、かわいがると日に日に反応が変わってきました。母親は盆休み中もD担任に教えてもらった関わり方を続けたので、お盆明けに兄弟が一段と安定した姿で登園してきました。

以上のような流れが、その後のＢ園長との立ち話で「皆に支えられながらやっているんです」という言葉にもつながったのだと思います。さらに、保育参加の後の懇談会での母親の発言内容は、貴重な裏づけとなっています。
　Ｄ担任は、母親が子どものことよりも、「私を見捨てないで、自分の代理ママになってくれ」と要求しているととらえましたが、助言を思い出しながら振り返ってみると、母親がＤ担任に自分が見捨てられないように気をつかっているとか、母親がＤ担任の気持ちをうかがっているといったものはないとわかりました。この母親はＤ担任に相談すればわからないことを教えてくれる、この人を大事にしたら子どもの育て方を教えてもらえる、この人を大切にしよう、この人と話すと安心できる、この人は自分の悪い親子関係を救ってくれると思っているのではないかと、Ｄ担任には思えるようになりました。

【助言内容】
　前回の助言を参考に保育者が振り返った時、助言が保育展開の見直しに役立ち、それがこの親子に役立っていくと思うと大変嬉しいです。それにしても前回、保育者が自分の見解をどこまでも主張したことは大切なことです。助言する方も、内心では自分の見解が適切であるか自問自答していました。

【感想】
（１）Ｄ担任は、母親からもらった手紙が前園に出していた手紙とほとんど同じ内容と聞いて、自分のプライドが許さなかったのでしょう。「自分を見捨てないで」と訴えているだけかと思っていましたが、電話や手紙の内容を思い出してみると、「どうしたらいいか？」「どうしたら子どもを叱らなくなるか？」という内容を何度も聞いていました。ご助言いただいたように、母親は担任から子どもへの関わり方を教えてもらいたがっていると理解できました。これからも、弟には言葉による表現力をつけるように保育し、母親には今まで通り信頼関係をもとに、家庭における具体的場面での助言や母親が変わってきたきっかけなどを聞くようにしたいです。
（２）Ｂ園長は、Ａ君や弟の発達段階を自分なりに把握するようにし、また担任の取り組みを具体的に把握するようにした上で、母親との調整役をしていきたいと思

います。4月からの保育展開について助言されたので、改めて今までの保育を理解し直すことができました。園長自身も母親を誤解していました。今では母親は素直に担任に援助を求めてきていると理解できます。

　事例を提出するということは、自分のすべてと向き合うことになり、途中で逃げ出したくなる時もありますが、子どもだけでなく虐待している親も、保育者自身も向上できるので、これからも続けていきたいです。

第4回検討〈検討開始2ヵ月半後〉

　登園してきた母親はD担任と話したそうでしたが、D担任は他の親と立ち話をしていたので、母親は園で連絡帳に書き始めました。余白が少なくてティッシュペーパーに書き始めたので、メモ帳を渡しました。

　その内容は次の通りです。前夜、母親が登園準備をしていたら、A君の連絡帳の一部がなくなっていました。部屋を探すと、9月のページが切り刻まれて放置されていました。母親は朝起きて2人に問いただしましたが、2人とも自分がやったとは言いません。母親は2人の態度を見ていて、弟がやったのだと思いました。そこで、弟と2人になって、「上手に切ったねー。うまいじゃん。あんたが切ったの？」と聞くと、弟は「うん」と白状しました。しかし、その後自分はしていないと言っていたので、こういう時はどうしたらよいか、嘘をつかない子どもにしたいがどう直せばよいか悩んでいる、といったものでした。

　D担任は連絡帳に、弟は白状したし、もうやらないと約束したので、今朝の母親の対応、つまり嘘を付いたことを頭ごなしに叱らなかったことはよかったと思う。後は、弟を抱いて母親に素直に言えたことをほめること。A君には疑ったことを母親が謝ったかどうか、A君の気持ちの聴き方などを具体的にメモしました。さらに、わからないことあれば、電話するように書き添えたとのこと。

　翌日、D担任が登園してきた母親に声をかけると、「あれだけ書いてもらえれば、もう聞く必要はありあせん」とのこと。

　次の日の連絡帳には、きめ細かく教えてもらっていることの謝辞とA君がC担任に作ってもらった連絡帳を弟がうらやましそうに見ていたので、母親は弟がまたはさみ

で切るつもりかと思って聞いてみたところ、「もうやらない」と言ったと記載されていました。

　B園長が部屋をのぞいた時に、弟が「園長先生、お兄ちゃんの帳面を切っても母ちゃんが怒らなかったよ」と悪びれた様子もなく話し、「もう切らないよ」と言ってくれたので、嘘をつく子どもにはならないと思いました。D担任には、この母親が自分に求めていたものが本当に子どもへの関わり方であったとはっきりわかりました。

　その後の連絡帳を見ると、子どもたちがテレビに夢中になっている時に母親が昼寝をしてしまった。目覚めて台所をのぞくと、知らないうちに茶碗などがきれいに洗って水切りに伏せてあった。子どもたちに聞くと、2人でやったというので、嬉しくなってほめたことが書いてありました。

　また、別の日の連絡帳には、次のような記録も書いてありました。登園する時に、1人で歩いている5〜6歳の男の子を見つけたので「どうしたの？」と母親が声をかけると、男の子は安心したのか、しゃがみ込んで泣き出した。抱っこして「ママにしかられたの？」と聞くと、頷きながら母親にしがみついて泣き出しました。怒られて家を飛び出したものの、家に帰ることができずにいたようでした。手をつないで男の子の家の近くに行くと、皆で探していました。怒られた子どもの気持ちがわかったような気がするとのことでした。

　A君がC担任におんぶされて出席の報告に来た時、以前とは違って嬉しそうな表情をしていました。「A君、おんぶされて嬉しそうだね」と声をかけるとニコニコしています。A君は担任についてまわっていますが、元気な子ども3〜4人と遊ぶ姿も見られるようになりました。

　運動会の前日、年長組の担任が切迫流産のおそれが出て、予定より早く産休に入ることになりました。B園長は産休に入った時には、年少組を補助の先生に任せ、D担任を年長組の担当にしようと考えていました。保護者には事情を説明し了解を得るようにしましたが、母親にはD担任から担任ではなくなるけれど、園では会えるのでできる範囲で相談にのることを知らせました。母親からは、今まで世話になったお礼とこれからも相談にのって欲しいという依頼の他、自分だけではなく他の母親もD先生の元気な声に励まされているので、頑張ってくださいなどと書かれた手紙が届きました。

　年長組の担任になったD保育者が延長保育の当番の時、この母親が自分から父親と

の離婚のいきさつを話してくれました。その報告を聞いたB園長は、育て直しが軌道にのってからは生い立ちを聞いてもよいと聞いていたが、改めてそれを体験的に学習できたそうです。事例を出さなければならない子どもの親は、心に深い傷を負っていることが多く、子どもに変化・成長が見られる前に、母親の生い立ちを聞き出すのは大変なことです。

　２日前のこと、B園長とD保育者が事務仕事をしていたら、母親が職員室をのぞきました。母親が幼稚園時代に担任にいじめられていたと聞いたことがあったので、B園長が母親に「D先生が担任を外れて寂しいかな」母親「寂しいよ」B園長「D先生の子どもになりたいかな」母親「うん、園服を着たい。この園は先生と母親が仲良くていいな」などとやりとりしました。

【助言内容】

（１）母親がD担任に期待していたのは、子どもへの関わり方であったことがはっきりしました。母親指導にあたって、担任は子どもの発達課題の理解と適切な関わり方ができないと具体的指導ができないことがはっきりしたと思います。事例に取り組んでいる保育者にとっては、子どもが「虐待」されている現実を知るとか、親が「虐待しています」などと訴えてきた時には、その衝撃を受けとめることに精一杯となり、冷静さを失うのは当たり前のことでしょう。

（２）今回のように事例を文字にして事例提供すると、その準備の段階で気持ち（取り組み）の整理ができます。難しいと感じる事例ほど、とにかく文字にしてみることが気持ちの整理に役立つのです。女性保育者は公私とも大変でしょうから口頭報告でもよいのですが、できるだけパソコンなど使って記録をすることをおすすめします。

【感想】

（１）４回の事例検討で、母親による「虐待」行為は解消されました。保育者ができる母親援助の仕方を勉強しました。それにしても、この事例では母親をどのように受けとめるかで、自分自身のあり方と向き合う勇気が問われました。

（２）D担任はこれからもこの母親とつきあうことになりますが、あくまで保育者と母親との関係を維持しつつ関わっていきたいです。保育者として、母親の育て直

しには取り組みません。

全体として

　この事例でいうと、保育者はまず、子どもの「育て直し」に取り組みました。その後、ギャンブル依存状態（養育放棄）の母親（祖母）に育てられた子どもが母親になって子育てをする時に、この母親ははじめ身体的虐待をし、心理的虐待に移っていったことがわかります。母親は身体的虐待はやめたものの、子どもにどう関わったらよいかがわからず、答えを求めても得られませんでした。

　4月からの保育展開について助言され、保育者が母親理解のし直しを行ったところ、虐待していた母親は保育者から適切な関わり方を具体的に教えてもらい、子どもの発達に合わせた適切な関わり方ができるようになりました。虐待の連鎖は断ち切られたと表現できる事例です。虐待調査時点によっては、虐待されていても虐待していない事例となります。

　ところで、この事例は、虐待の「世代間連鎖」という言葉を使って表現すると、「虐待の世代間連鎖が断ち切られた」ということになりますが、それは適切な表現といえるでしょうか。子ども時代に両親に殴られたり、母親に放置されたりしてきた母親は、初めは同じように子どもを殴ったり物を投げたりしていましたが、それを自分自身でやめようとした、すなわち「虐待の世代間連鎖」を切ろうとしたのです。

　しかし、母親は精神的に苛ついてしまい、子どもに対して暴言を吐くといった「心理的虐待」をするようになりました。それにもかかわらず、子どもが母親をかばったり、子どもに好きだと言われたりするので、母親は自己嫌悪に陥り、いたたまれなくなってきます。保育者から子どもの発達に合わせた関わり方を教えてもらい、それを実行してみて子どもの反応が変わってくると、母親は子どもをかわいく思えるようになっています。まだ自分1人の力で子どもに関わっていけるわけではありませんが、母親としての実感を持つようになったのです。それだけでなく、自分と同じような悩みを持つ母親に体験談を語るまでになりました。「虐待の世代間連鎖」を断ち切っただけではすまされない経験をしています。

　こうしてみると、「虐待の世代間連鎖」という言葉は、虐待の形成過程を表したも

のと言えます。保育者が虐待問題を理解する時に、虐待者が子どもを虐待しなくなることを要求したり、身体的虐待がなくなれば世代間連鎖が断ち切られたと理解することは、保育に取り組む上では障害になるといえます。保育者は虐待者に子どもの発達に合わせた関わり方に手応えを持てるように親指導をして、はじめて問題解決になるからです。

【著者紹介】

角田春高（かくた・はるたか）

●昭和46年3月、愛知県立大学文学部社会福祉学科卒業と同時に、愛知県職員となる。愛知県心身障害者コロニー短期母子療育施設「緑の家」でケースワーカーを皮切りに、児童相談所、保健所、福祉事務所、保育大学校に勤務。乳幼児から老人世代までの相談活動から一生の中での「今」に相談に乗ることを学んだ。

●昭和58年頃、精神障害者とのデイケア活動や相談活動を通して「育て直し」を着想。さらに、子どもは7つの発達課題を繰り返して大人になると「二段階人格形成」を構築し、その後の相談活動で検証を重ねてきた。

●また、昭和61年から保育者との事例研究会でスーパービジョンに取り組む。平成5年4月から保育大学校で教鞭を執るとともに、気になる子に対する「育て直し」保育の検証と普及に努める。平成11年4月、愛知学泉短期大学幼児教育科教授となり、保育者養成と現職教育で「二段階人格形成」による「育て直し」を提唱、普及に努める。

平成25年3月同短期大学を定年退官

臨床心理士（第3102号）保育心理士（第1113号）

あいち子どもケア研究会会長

【単著】

「育て直しの育児学」相川書房　1999年
「今からはじめる育て直し」エイデル研究所　2003年

【分担執筆】

「児童青少年の問題行動・症状の実際的なとらえ方とつきあい方について」

安田生命25周年記念研究論文・療育指導レポート入選作品集

「保育所における社会福祉援助技術"気になる子"の援助事例」最新社会援助技術、（株）みらい

「げ・ん・き」連載中（エイデル研究所）

あきらめないで「育て直し」「育ち直り」－乳幼児体験の大切さ

2007年11月30日　初刷発行	著　　者	角田春高
2016年 6月15日　2刷発行	発 行 者	大塚智孝
	印刷・製本	（株）シナノ
	発 行 所	エイデル研究所
		102-0073 東京都千代田区九段北4-1-9
		TEL 03（3234）4641
		FAX 03（3234）4644

© Kakuta Harutaka
Printed in Japan　ISBN978-4-87168-433-0 C3037